은사 (Ⅱ)

성령의 역사인가, 사탄의 장난인가?

CHARISMATIC CHAOS
Copyright 1992 by John F. MacArthur, Jr.

Requests for information should be addressed to:
Zondervan Publishing House
Academic and Professional Books
Grand Rapids, Michigan 49530
1994/ Korean by Spring of Life,
Seoul, Korea.

Translated and published by permission
Printed in Korea
Korean Copyright © 2008

은사 (II)

성령의 역사인가, 사탄의 장난인가?

생명의 샘

차례_

은사 (I)
예언자인가, 광신자인가, 아니면 이단인가?

서 문

제1장 체험이 진리에 대한 타당한 기준이 될 수 있는가?
제2장 하나님은 지금도 계시하시는가?
제3장 예언자인가, 광신자인가, 아니면 이단인가?
제4장 성경을 어떻게 해석할 것인가?
제5장 하나님은 오늘날에도 기적을 행하시는가?
제6장 "제3의 물결."
　　　그 배경은 무엇이며, 그 물결은 어디로 흘러가는가?

은사 (II)

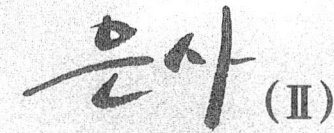

은사 (Ⅱ)
성령의 역사인가, 사탄의 장난인가?

제7장	성경의 은사는 어떻게 작용하는가?	**7**
제8장	초대교회에서는 어떤 일이 일어났는가?	**39**
제9장	하나님께서는 지금도 병을 고치시는가?	**77**
제10장	방언의 은사는 오늘날을 위해 있는 것인가?	**121**
제11장	진정한 영성(spirituality)이란 무엇인가?	**161**
제12장	하나님께서는 건강과 부를 약속하시는가?	**193**

결 론   **239**

제 7 장
성령의 은사는 어떻게 작용하는가?

베니 힌(Benny Hinn)은 성령으로 사람들을 기절시킨다. 기름 부음이 그의 손에서 일어나는 것을 느낄 때 그는 신자들의 이마에 손을 대거나 그들을 향해 손을 흔든다. 그러면 신자들은 쓰러져 입신한다. 올란도 크리스천 센터(Orlando Christian Center)의 목사인 베니 힌은 전국적인 텔레비전 방송망을 갖고 있다. 그 방송국을 통하여 사람들은 거의 매주 성령으로 입신한다. 베니 힌은 때때로 참석한 모든 관중들을 향해 "성령의 기름 부음"을 베풀기도 한다. 그러면 대부분의 관중들은 뒤로 넘어져 입신한다.

베니 힌의 능력은 특별한 성령의 은사인가, 아니면 단지 최면술과 암시의 능력을 사용하는 것인가? 확실히 마태복음 7:21-23과 24:24, 그리고 마가복음 13:22과 데살로니가후서 2:7-9에 있는 성경 말씀의 경고에 비추어 볼 때 우리는 이적과 기사를 행하는 모든 사람들이 다 하나님으로부터 그러한 능력을 받았다고 당연시해서는 안 된다. 사탄의 모방과 속임수들은 교회에 있어서 매우 실제적인 위협이 된다. 한 가지 확실한 사실은 베니 힌이 행한 일은 성경이 말하고 있는 그 어떤 성령의 은사들과도 일치하는 점이 없다는 것이다. 성령의 사람들을 죽은 듯이 만드는 은사주의적인 관행은 너무나 흔하기 때문에, 많은 은사주의 지도자들은 성경이 그와 같은 은사에 대해 완전히 침묵하고 있다는 사실에 매우 놀랄 것이다. 초대교회 시대의 어떠한 사도나 지도자들도 사람들을 쳐서 성령 충만한 경직 상태로 만드는 능력을 가지고 있지 않았다. 그러나 그러한 관행은 공공연하게 보여지는 초과학적 은사들과 더불어 사람들의 격심한 동요로 은사주의 운동을 유형화시킨다.

성령의 은사와 인간의 마음

오순절 운동은 그 초기부터 영원히 신비하고 특이한 성령 은사의 출현을 사모해 왔다. 이것이 오순절 운동의 합리적인 진행을 막는 요소였다. 이 책에서 전반적으로 제시되는 것처럼 설명하기 쉽지 않은, 심지어는 믿기 어려운 신비한 현상에 관한 이야기들도 은사주의 운동과 오순절 운동의 전통 속에 사는 사람들에게는 일반적이다. 표면적으로는 모든 이야기들이 너무 환상적이어서 어떤 열심 있는 추종자도 그대로 믿을 수 없는 듯 보인다.[1]

---

1) 은사주의자들의 가르침은 그것을 추종하는 모든 사람들의 믿음의 시작을 상당히 저급한 것으로 만든다…… 방언의 습관, 성경에 대해 협소하게 국한된 이해, 기적의 갈구, 은사주의적인 사고의 극단적인 주관성 등, 이 모든 것이 합쳐져서 단시간에 그리고 필연적으로 그러한 결과를 낳는다. 사람들이 한번 은사주의적인 환경에 의해 정신적으로 제한되고 나면 그들은 오랄 로버츠가 말한 키가 900피트나 되는 예수님의 환상을 보았다는 주장과 같은 아주 놀라운 생각들도 진지하게 받아들일 수 있게 된다. 은사주의적인 형태들은 정신을 아주 건강하지 못한 상태가 되도록 흐트러뜨리며 그 결과 사람들은 거의 아무것이나 다 믿게 된다.[Peter Masters and John C. Whitcomb, *The Charismatic Phenomenon*(London: The Wakeman Trust, 1988), 67]

많은 사람들이 하나님의 권능은 비세속적이며 혼란스럽고 전율스러운 방법으로만 행사되는 것으로 생각한다. 그 결과 몇몇 은사주의 지도자들은 논리와 이성, 그리고 상식을 경멸한다. 그것은 그들이 비세속적이며, 혼란스럽고, 전율스러운 방법으로 역사하시는 하나님의 권능에 관한 소문을 수용하기 때문이다.

더 나쁜 것은 오순절파와 은사주의자들 모두가 잘못된 관념에 빠져 있다는 것이다. 즉, 진정한 영성이란 사람들의 이성을 초극하는 것, 또는 이성으로는 이해할 수 없는 것이라는 잘못된 관념에 빠져 있는 것이다. 오순절파와 은사주의자들 모두 성령의 은사를 인간의 이성 능력을 초월하여 작용하는 것으로 생각하는 듯이 보인다. 어떤 사람은 성령의 능력이 증명되는 가장 확실한 때는 어떤 사람이 혼수상태로 빠지는 때라고 생각한다. 따라서 은사주의자들의 이론을 보면 인사불성, 발작, 잠재의식의 메시지, 최면상태, 광적인 행위, 광란, 히스테리, 심지어는 치매와 비슷한 행동에 관한 터무니없는 설명들로 가득 차 있다. 이러한 것들은 하나님께서 그 운동 가운데 활동하고 계신다는 증거로써 종종 인용된다.

한 예로, 케네스 하긴(Kenneth Hagin)은 그가 설교하던 어느 날 밤 영광의 구름이 그를 둘러싸 그가 있었던 곳이 어디이며 그가 무슨 말을 했었는지를 모르겠다고 주장한다. "15분 동안 나는 그 전에 내가 무슨 이야기를 했는지 한마디도 기억할 수 없었습니다. 나는 영광의 구름 속에 있었습니다. 제단 주위를 걷고 있다는 것을 깨달았을 때에는 당황해서 얼굴을 붉혔습니다. 나는 단상 위로 올라가서 다시 설교단 앞에 섰습니다. 그리고 이렇게 말했습니다. '아멘, 기도합시다.' 그리고 그들에게 성령 충만함이 있었습니다."[2]

---
2) Kenneth E. Hagin, *Understanding the Anointing*(Tulsa: Faith Library, 1983),48.

"때때로 설교하고 있을 때, 하나님의 성령이 나에게 오셔서 내 주의를 끄십니다. 그럴 때면 나는 단 한마디도 할 수 없습니다."³⁾ 라고 하긴은 쓰고 있다. 계속해서 그는 프레드 프라이스(Fred Price)와 함께 사역할 때 있었던 한 시간에 관해 이야기한다. 그것은 예배시간에 있었던 "성령 충만"이었는데 그는 그것을 성령 충만으로 믿고 있었다. 하긴의 말에 의하면 그는 수 시간 동안 영어로 소통을 할 수 없었다고 한다.⁴⁾

유사한 맥락에서 하긴은 다음과 같은 이야기를 한다.

> 나는 1920년 이전 언젠가 세인트 루이스(St. Louis)에서 발생했던 일에 관한 신문 기사를 읽었는데 그 내용은 다음과 같다. 마리아 우드워드-에터(Maria Woodworth-Etter)수녀는 미국의 초기 오순절 운동 기간 동안 전도사로 봉사했다.
> 그녀는 70대 때에도 사람들이 꽉 들어찬 천막 안에서 설교를 하고 있었는데 설교를 하는 중에 그녀는 자신의 손을 들어 설교의 요점을 설명하려 했다. 그때 하나님의 성령이 그녀에게 임하셨다.
> 그녀는 그 상태로 굳어 버렸고 삼일 주야를 동상처럼 서 있었다. 그 일에 관해 생각해 보라. 그녀의 온몸은 하나님의 성령의 지배 아래 있어야만 했다. 그녀는 삼일 주야를 그곳에 서 있은 채 어떤 육체적인 활동도 하지 못했다.
> 신문 기사에 따르면, 대략 150,000이 넘는 사람들이 그 삼일의 기간 동안 그녀를 보려고 방문했다고 한다. 삼 일째 되는 날 밤 하나님의 성령이 그녀를 풀어 주셨다. 삼일이 지난 뒤였지만 그녀는 자기가 삼 일 전의 그 설교를 하고 있다고 생각했다. 그녀는 같은 장소에서 같은 설교를 계속 했다.⁵⁾

왜 사람들은 그와 같은 행동이 하나님의 권능을 보여 주는 것이라고 생각

---

3) Ibid., 82.
4) Ibid., 82-83

할까? 이것은 이해하기 힘든 것이다. 롯의 아내의 경우를 제외하고는 그와 같은 성령의 예를 성경에서 찾아볼 수 없다. 교묘하게도 하긴은 자신이 경험한 몇 가지 일화로 그 이야기를 대치하려 한다.

어느 날 밤 16살짜리 소녀가 성령 충만함을 받았다. 그는 방언을 말하며 간구의 상태가 되더니, 손을 들고는 한 장소에서 8시간 40분을 서 있었다. 그녀는 눈 하나 깜박이지 않았고 한쪽 발에서 다른 쪽 발로 몸무게를 이동하지도 않았다.
때는 1월이었다. 그녀는 난로에서 멀리 떨어져 서 있었다. 그녀의 어머니는 그녀가 감기라도 걸릴까 걱정되어 그녀를 방 중앙에 있는 난로 가까이로 옮겨 놓아도 괜찮을지를 내게 물었다. 그와 같은 상황을 이전에 한번도 본 적이 없었기 때문에 "모르겠습니다"라고 나는 대답할 수밖에 없었다.
몸무게가 250파운드나 나가는 목사님이 내게 이렇게 말했다. "하긴 형제, 당신이 그녀의 한쪽 팔꿈치를 들고 내가 다른 한쪽 팔꿈치를 들어서 그녀를 난로 가까이로 옮깁시다."
그러나 그녀를 옮길 수가 없었다. 마치 그녀는 마룻바닥에 못 박혀 있는 것과도 같았다.[6]

하긴은 계속해서 다음과 같이 말했다.

또 다른 어느 날 밤 강단에 서서 설교를 하고 있는데 하나님의 권능이 한 여인에게 임하는 것을 보았다. 그녀는 사람들에게 구원받으라고 권하기 시작했다. 그때 나는 말했다. "자매여, 계속 하십시오. 하나님의 말씀에 순종하십시오."

---

5) Kenneth E. Hagin, "Why do people fall under the power?" (Tulsa: Faith Library, 1983), 4-5. 비록 하긴이 이야기를 뒷받침하는 신문보도를 언급하고 있기는 하지만 확실한 인용을 통해서 그의 주장을 구체적으로 증명하지는 못하고 있다.
6) Kenneth E. Hagin, "Why do people fall under the power?" 9-10

그녀는 눈을 감은 채 넓은 단상 위로 올라갔다. 강단의 한쪽 끝에서 다른 쪽 끝으로 걸어가면서 죄인들에게 구원받으라고 권고하기 시작한 그녀는 단상의 끝까지 걸어가곤 했다. 당신은 그녀가 발을 헛디딜 것이라고 생각할지 모른다. 그러나 그럴 때마다 그녀는 방향을 바꾸곤 했다. 사람들이 강단으로 다가오기 시작했다. 그녀의 눈은 감겨 있었지만, 한 사람씩 그녀에게 다가올 때마다 그녀의 영이 그것을 알아차리고는 기뻐서 춤을 추곤 했다. 그러고 나서 그녀는 다시 권고하기 시작했다. 스무 번째 사람이 다가왔을 때-모든 죄인들이 그날 밤 구원을 받았는데 하나님이 나의 증인이요, 내 아내가 나의 증인이며, 그 빌딩 안에 있던 모든 사람들이 나의 증인이다-그녀는 단상 끝에서 약간 떨어진 공중에서 춤을 추기 시작했다. 그녀는 공중에 뜬 채 춤을 추고 있었다! 그녀의 발은 바닥에 닿지 않았다. 모든 사람들이 그것을 보았다. 내가 손을 뻗었으면 그녀를 만질 수도 있었을 텐데…… 그런 후에 그녀는 돌아서서 춤을 추며 단상의 반대편 아래쪽으로 갔다. 그곳에서 그녀는 춤을 추다가 멈추고는 마침내 눈을 뜨고 자기 자리로 돌아갔다.[7]

솔직히 말해서 그러한 것은 진정한 진리라기보다는 괴기 영화의 한 장면을 말하는 것처럼 들린다. 공중 부양(levitation), 달라진 상황, 마룻바닥에 못 박혀 있는 듯한 발-그러한 것들은 참된 성령의 은사가 아닌 마술(신비 사상) 장치에 불과한 것이다.[8]

나는 결코 너무 동떨어지거나 비전형적인 예만을 든 것이 아니다. 또한 그러한 광경들을 보고한 사람들이 너무 편협하거나 구시대적인 전도자들도

---

7) Ibid.,1-11
8) 마스터즈(Masters)와 휘트콤(Whitcomb)이 말한 바와 같이 "만일 그리스도인들이 현대의 은사주의 지도자들이 말하는 실증적이지 못한 주장들을 믿는다면 그들은 어떤 것이라도 못 믿는 것이 없게 될 것이다! 그들이 어이없고 과장된 허풍쟁이들과 영적으로 망상에 빠진 광대들의 이야기를 믿는다면 어떻게 마지막 배교의 사탄에 의해 난무하게 되는 거짓 기사들에 대항해서 온전히 서 있을 수 있겠는가?[Masters and Whitcomb, *The Charismatic Phenomenon*, 68]

아니다. 사실상 모든 은사주의 운동의 주요 부분들은 그와 같은 이야기들로 특정 지워진다. 심지어 제3의 물결 운동도 학문 세계와의 강한 결속에도 불구하고, 인간의 지성을 속박하지 않는다고 믿는 표적과 기적들에 대해서 뚜렷한 편견을 보인다.

캐롤 윔버(Carol Wimber)는 "분수령적인 사건의 경험"을 이야기한다. 그녀의 주장에 따르면, 그녀의 남편이 시무하는 교회가 강력한 복음주의적 교회가 되었다는 것이다.

때는 1981년 어머니 주일의 저녁예배 때였다. 한 젊은이가 설교를 듣기 위해 존 윔버(John Wimber)를 초대했는데 그 젊은이는 자신의 경험을 이야기했다. 젊은이의 경험담이 끝나갈 때 쯤, 초대 연사는 25세 미만인 사람들은 모두 앞으로 나오라고 말했다.

우리 중 어느 누구도 다음에 무슨 일이 일어날지 알지 못했다. 그들이 모두 앞으로 나왔을 때 연사는 이렇게 말했다. "지금까지 수년 동안 이 교회는 성령을 근심케 했었습니다. 그러나 이제 성령님께서 이곳에 오시고 계십니다. 성령이여, 오시옵소서."
그러자 성령께서 강림하셨다.
앞으로 나왔던 청년들은 대부분 우리 집 근처에서 자랐으며 잘 아는 사람들이었다. 그들 중에는 우리 교회에 다니는 아이들도 네 명이나 있었다. 한 친구인 팀(Tim)이 뛰어오르기 시작했다. 그는 두 팔을 휘두르다가 쓰러졌는데 한 손으로 우연히 마이크 스탠드를 건드려서 스탠드와 함께 쓰러졌다. 그는 자신의 입 옆에 있던 마이크 선과 엉키었다. 그때 그는 여러 나라의 방언으로 말하기 시작했으며 그 소리는 체육관(현재까지 우리는 고등학교에서 모임을 갖고 있다.) 곳곳으로 퍼져 나갔다. 우리는 결코 스스로를 은사주의 운동의 지도자라고 생각하지 않는다. 또한 지금까지 방언의 은사를 강조해 오지도 않았다. 우리는 이전에 몇몇 사람들이 경련을 일으키며 뒤로 나가떨어지고, 얼마 후에 치유가 되는 것을 목격했지만 이번 사건과는 확실히 다른 것이었다. 대다수의 젊은이들이 경련을 일으키며 넘어졌다. 마치 전쟁터 같았다. 곳곳에서 사람들이 쓰러지고, 울고, 아우성치며, 방언으로 말하고 있었다. 많은 사람들이 소리를 질렀고 요란한 행동을 보였다. 이런 상황 속에서도 팀은 혼자서 마이크를 통해 계속 이야기했다.[9]

이러한 종류의 혼란을 하나님께서 역사하고 계신다는 진정한 증거로 받아들일 수 있을까? 존 윔버(John Wimber)조차도 처음에는 확신하지 못했다. 윔버 부인은 이렇게 말했다. "남편은 그날 밤, 부활에 관한 성경 구절을 읽으면서 보냈어요. 남편은 성경에서 분명하게 제시된 것 외에는 어떤 일도 하기를 두려워했습니다."[10] 바람직한 염려였음에도 불구하고 캐롤 윔버는 남편의 밤샘 연구가 "결정적인 해답을 제공하지 못했다."라고 말한다.

새벽 5시가 될 때까지 존은 아무것도 알아낼 수 없었습니다. 그는 하나님을 향해 울부짖었습니다. "주여, 당신의 역사였습니까? 그렇다면 말씀해 주시옵소서." 잠시 후에 전화벨이 울려서 받아 보니, 콜로라도 주 덴버에서 목회하고 있는 친구로부터 온 전화였습니다. 그는 이렇게 말했습니다. "존, 이른 시간에 전화해서 미안하네. 하지만 정말 이상한 일이 있었네. 그래서 자네에게 이야기해 주려고 이렇게 전화를 했다네. 그것이 무엇을 말하는 것인지 모르겠지만 하나님께서는 내가 자네에게 이렇게 말해 주기를 원하신다네. '존아, 내니라'"

그것이 바로 존에게 필요했던 전부였습니다. 그는 그 떨림을 이해할 필요가 없었습니다. 그리고 왜 그런 일이 일어났는지 알 필요도 없었습니다. 그가 알고자 했던 것은

---

9) Caraol Wimber, " A Hunger for God," Kevin Springer, ed., *Power Encounters*(San Francisco: Harper & Row, 1988), 12.
10) Ibid., 13

단지 그 일을 하신 분이 성령님이셨는가 아닌가 하는 것뿐이었습니다.[11]

크게 잘못된 것이다. 만약 존 윔버가 계속해서 성경을 읽는다면, 그는 사도 바울이 고린도에 있는 교인들을 책망하였음을 알게 되었을 것이다. 고린도 교회의 교인들이 책망을 받은 것은 윔버의 교회에서 발생했던 소란과 비슷한 소란을 교회 안에서 허용했기 때문이었다. "그러므로 온 교회가 함께 모여 다 방언으로 말하면 무식한 자들이나 믿지 아니하는 자들이 들어와서 너희를 미쳤다 하지 않겠느냐…… 모든 것을 적당하게 하고 질서대로 하라 (고전 14:23, 40)." 물론 하나님의 말씀만이 그와 같은 사건을 평가할 수 있는 믿을 만한 기준이다. 성경을 진솔한 마음으로 읽는다면 윔버는 그가 찾고자 했었던 분명한 대답을 얻을 수 있었을 것이다. 그러나 윔버는 그렇게 하는 대신 예상치 못한 전화를 통해 상담을 받게 되었다. 물론 그 전화가 사탄의 책략이었을지도 모른다. 그러나 존 윔버는 그의 교회 안에서 일어난 일이 무엇을 의미하는지 알려고 하지 않았다. 그것을 성경과 대비해 보려고도 하지 않았다. 그는 그것에 관해 알 필요가 없었다. 그는 신비적인 표적을 경험하였으며 그것으로 충분했다. 그는 초성경적인 현상들을 무서워하지 않았으며 하룻밤의 공부만으로 성경이 그에게 어떤 해답도 주지 않았다고 결론지었다. 성경에서 해답을 얻는 대신 신비적 표적을 결정적인 것으로 받아들였다.

---

11) Ibid.

성령의 은사인가, 아니면 영적인 재난인가?

지성을 뒤로하고 신비주의가 판을 치게 하는 은사주의 성향은 바울이 고린도전서 14장에서 반대했던 내용의 핵심이다. 고린도전서 14장에서 사도 바울은 고린도 교인들의 방언의 오용에 관해 책망하면서, 교회 안에서 성령의 은사 사역은 사람들의 마음을 교화시키는 것을 목표로 해야 한다고 주장한다. "그러나 교회에서 네가 남을 가르치기 위하여 깨달은 마음으로 다섯 마디 말을 하는 것이 일만 마디 방언으로 말하는 것보다 나으니라(14:19)." 그 원리는 모든 성령의 은사에 그대로 적용된다. "그러면 너희도 신령한 것을 사모하는 자인즉 교회의 덕 세우기를 위하여 풍성하기를 구하라(14:12)." 12) "하나님은 어지러움의 하나님이 아니시오……(14:33)."

그러나 혼란과 혼돈은 전형적으로 은사주의적인 집회들을 지배한다. 노블 헤이즈(Norvel Hayes)는 자신이 치유했다는 귀머거리에 대한 이야기를 했다.

> 그 사람은 앞쪽으로 곧바로 넘어져서 얼굴을 땅에 박았다. 그의 이빨들은 모두 부러졌으리라 생각했는데, 이빨들은 멀쩡했다. 그 뒤에 그는 튀어 올랐다가는 다시 넘어졌다. 충격으로 코가 부러졌을 것 같았으나 아무렇지도 않았다.

---

12) "영어로 edify(덕을 세움)라는 단어가 희랍어 신약성경에 사용될 때는 항상 확실한 진리를 배우는 것과 관련해서 또는 모든 신비와 미신과 어지러움을 쫓아내는 것과 관련된 맥락에서 사용된다. 덕을 세우는 것은 교훈과 격려와 말씀의 증거에 의하여 이루어지며 혹은 능력을 보여 줌으로써도 이루어진다. 그러나 모든 경우에 있어서 분명하고 확실한 교훈을 받은 자들은 다른 사람들에게 은혜를 끼치는 자들이었다. 그러므로 그들의 깨달음으로 교회를 세울 수가 있었다. 모든 논란에도 불구하고 그런 것을 다 뛰어 넘어서 edify라는 단어가 진정으로 의미하는 것은 하나님에 대한 지식을 세워나가는 것이다(롬 14:19; 15:2; 고전 4:12-16; 10:23; 14:3; 고후 10:8; 12:19; 13:10; 엡 4:12-16; 살전 5:11; 딤전 1:4-5)." [Masters and Whitcomb, *The Charismatic Phenomenon*, 50-51.]

또 다시 그는 바닥으로부터 튀어 올랐다가 다시 넘어졌다. 이번에는 그 자리에서 약 60초 동안 조용히 누워 있었다. 그때 그의 입이 열리더니 마치 쥐소리처럼 작으면서도 날카로운 소리를 내기 시작했다. 그 소리는 점점 커져서 마치 큰 쥐소리처럼 들렸고, 결국은 날카롭게 울어대는 하이에나 소리같이 되었다.

얼마 후 그 사람은 머리를 흔들더니 바닥에서 일어났다. 그는 마치 지팡이로 머리를 얻어맞은 사람처럼 행동했다. 그러자 양쪽 귀는 열려졌고 귀 속에 있는 근육의 결절들이 없어졌다.

……사람들이 자리에서 벌떡 일어나더니 나를 향해 뛰어오기 시작했다. 그리고는 이렇게 말했다. "저를 위해 기도해 주세요!"

내가 손을 들고 기도를 시작하자 마치 하나님의 바람이 내 손 안에 임하는 것 같았다. 목사님들을 포함하여 사람들이 바닥 여기저기에 쓰러졌다. 하나님은 성령 세례를 그들에게 베푸셨다. 사람들은 바닥에 쓰러지자마자 방언을 하기 시작했다.[13]

하긴은 도저히 믿을 수 없는 이야기들을 한다. 그것들은 그가 행한 불가사의한 치유에 관한 것들이다. 그리고 그것은 "특이한 성령의 기름 부으심"을 통해 그가 사역하는 동안에 일어난 일이라고 주장한다.

서너 번 병든 사람들을 위해 기도하는 동안 성령께서 내게 충만히 임하셨다. 때때로 나는 시간들 사이로 5, 6년 전이나 후로 왕래했다.

맨 처음 그러한 일이 일어난 때는 1950년이었다. 나는 오클라호마에서 설교를 하고 있었다. 한 여인이 기도를 받기 위해 앞으로 걸어 나왔다. 그녀는 자신이 72세라고 말했지만 막 아기를 낳으려는 것처럼 보였다. 물론 그녀의 배는 불러 있었다.

………………

내가 막 그녀에게 안수를 하려고 할 때 하나님의 말씀이 내게 임했다. 하나님께서는

---

13) Norvel Hayes, "What To do for Healing"(Tulsa: Harrison, 1981), 13-14

이렇게 말씀하셨다. "주먹으로 그녀의 배를 때려라."

마음속으로 나는 이렇게 말했다. "주님, 저를 곤경에 빠뜨리실 작정이시군요. 내 주먹으로 그녀의 배를 때리라니요! 그렇게 하고 싶지 않습니다."

그러자 성령이 내 곁을 떠나셨다.

성령 충만이 나를 떠났을 때 나는 생각했다. '내가 그녀 위에 놓아 치료하리라.' 내가 다시 그녀에게 안수하자 성령의 기름 부으심이 다시 시작되었다. 또 다시 주의 말씀이 내게 임했다. "네 주먹으로 그녀의 배를 쳐라" 나는 그 일을 행하기 전에 먼저 군중들에게 그 상황을 설명해 주어야 한다고 생각했다. 그래서 나는 그들에게 주님께서 내게 무슨 말씀을 하셨는지를 말해 주었다. 그리고 주먹으로 그녀의 배를 때렸다. 그러자 그녀의 배는 마치 풍선 속에 핀을 찔렀을 때와 같이 내려앉았다. 하나님과 수백만의 군중들이 나의 증인들이다.[14]

하긴은 또한 머리를 때리라고 명령받은 어떤 남자와 신장을 때리라고 명령받은 여대생에 관해 말한다.[15] 그러한 치유법들은 확실히 위험하다. 특히 나이 많고 허약한 사람들에게 있어서는 더욱 그렇다. 그러나 많은 다른 은사주의 지도자들은 하긴의 이야기를 의심하지 않고 그대로 모방하려 한다.

85세인 한 여인이 베니 힌(Benny Hinn)에게 치유를 받기 위해 앞으로 나오고 있었다. 그때 성령으로 입신한 어떤 사람이 그녀 위에 쓰러지는 바람에 엉덩이뼈가 골절되어 죽었다. 그 여인의 가족은 이 사건에 대해 베니 힌에게 5백만 달러의 손해 배상을 청구했다.[16]

일반적으로 은사주의로 인한 혼돈은 육체적으로는 치명적인 것이 아니

---

14) Kenneth E. Hagin, *Understanding the Anointing*, 114-115
15) Ibid., 116-117
16) "한 노파가 그녀에게 내린 성령 안에서 죽임을 당한 어떤 사람에 의해 살해되었다", 국내외 종교 보고서(*National & International Religion Report*) (1987년 9월 21일)., 4.

다.[17] 그러나 그 운동은 영적인 재난을 가져온다. 나는 그리스도인 남자로부터 한 통의 편지를 받았다. 그 내용인즉, 그의 아내가 광신적인 은사주의 집회에 빠져들게 되었다는 것이었다. 그는 상심하여 내게 조언을 구했다. "그녀는 여성 은사주의 운동 단체에 소속되어 있습니다. 그들은 그녀에게 자신들이 가르친 것과 같은 방언 등을 내가 하지 못하기 때문에 내가 구원받을 수 없을 것이라고 확신시켰습니다. 마침내 그녀는 내 곁을 떠났고, 두 달 전에 이혼 소송을 제기하였습니다. 이제 얼마 안 가서 우리 가정은 끝장날 것입니다."

걱정에 가득 찬 어떤 부모가 우리 교회에 도와달라는 편지를 썼다. 그들의 딸은 제3의 물결 운동에 소속된 큰 교회에 출석하고 있었다. 그 부모의 편지 내용은 이렇다.

1989년 겨울에 제 딸은 방언을 하기 시작했습니다. 얼마 후에는 천사를 보기 시작했지요. 갑옷 입은 천사가 항상 딸아이의 집 앞에 서 있고, 또 다른 천사는 침실을 지키고 서 있다고 했습니다. 딸은 남편이 사업상 출장 가 있는 동안 보호를 받기 위해 하나님께 천사를 보내 달라고 기도했다고 합니다.

몇 달이 지나지 않아 악령들도 보기 시작했습니다. 어느 날 저녁에는 원숭이를 닮은 악령이 남편의 머리 위에 앉아서 자기를 조롱했다고 합니다. 딸은 악령이 차량 위에 올라가 있거나 지붕 꼭대기에 있는 것을 보기도 하고, 천사와 싸우는 것을 목격했다고도 합니다. 때때로 딸은 사람들을 둘러싸고 있는 흑암을 보기도 합니다. 딸아이는

---

17) 그러나 뱀을 만지는 교회들 내에서의 치사율은 상당히 높을지도 모른다. 뱀을 만지는 사람들은 마가복음 16장 17, 18절의 말씀을 극단적이고 문자적으로만 해석하는 은사주의자이다(은사 I 4장 참조). 노스캐롤라이나의 Canton Charles는 뱀을 만지면서 설교하는 설교자이다. 그는 주 당국에 대항하여 죽은 뱀들을 만지고 독을 마시는 회중 예배를 열기도 했다. 그는 1985년 8월에 테네시주의 그린빌에서 예배 중에 방울뱀에 물려 스트리키닌(Strychnine)약을 마셨으나 죽었다. 그 후에도 거의 매년 뉴스 매체에는 뱀을 다루다가 물려 죽은 예배 인도자들에 관한 보고를 하고 있다. 그것은 바로 성경을 잘못 이해한 값비싼 대가인 것이다.

이런 것들을 볼 수 있는 것이 하나님의 은사라고 생각합니다.

내가 딸아이에게 그 영들을 시험해 보라고 말했을 때 그 아이는 화를 냈습니다⋯⋯ 딸아이는 주님께서 "그래, 이것을 행한 이가 나, 바로 여호와니라"라고 말했다고 합니다. 나는 그것들이 전부 악마의 소행이라고 생각합니다. 딸아이에게 성경을 읽어 보라고 말했지만, 그 아이는 단지 성령께서 자신에게 가르쳐 주신다고 생각하는 성경 구절만을 읽었습니다.

우리는 딸아이를 방문했습니다⋯⋯ 그녀가 참석하는 모임에도 같이 갔습니다. 캔사스 시에서⋯⋯ 어떤 선지자가 왔습니다. 그는 그 방안에 있던 사람들의 과거와 현재와 가까운 미래의 일들을 말했습니다. 그 말들 중 어느 정도는 믿을 수 없을 만큼 적중했고, 나머지는 아직 일어나지 않았습니다. 이제 딸애는 자기 혼자 힘으로 이런 은사를 개발하기를 원합니다. 그리고 가끔씩 그 애는 어떤 사람의 이마에 기록되어 있는 죄악을 보기도 합니다. 그럴 때면 딸아이는 그 악령을 쫓아내고 싶어 합니다.

성경이 우리에게 말하고 있는 것과 같이 딸아이에게도 그 영들을 시험해 보라고 말했기 때문에⋯⋯ 그 애는 요즈음 자신이 무엇을 보고 있는지에 관해 나에게 말하려 들지 않습니다. 우리 사이에 어떤 벽이 있음을 느낍니다.

다른 많은 은사주의자들과 마찬가지로, 그 젊은 여성은 자신의 경험이 성경 연구와 영적 분별력보다 우선순위에 있음을 믿게 된 것이다. 그녀는 어머니의 성경적 조언(사랑하는 자들아 영을 다 믿지 말고 오직 영들이 하나님께 속하였나 시험하라 많은 거짓 선지자가 세상에 나왔음이니라〈요한 2서 4:1〉)을 무시하고 불쾌하게 여겼다.

그러나 그녀는 비록 자신의 어머니가 영의 세계로부터 온 존재를 볼 수 없다 해도 어머니의 말씀에 귀를 기울여야만 했다. 사실상 그녀는 계시된 진리의 유일한 근원을 성경이라고 생각하는 사람들의 충고를 받아들여야만 했다.

그녀는 자신이 성령과 고차원적인 관계를 맺고 있다고 믿고 있으며, 그녀가 필요로 하는 성경은 그녀의 마음속에 감동으로 다가온다고 생각하는 구절뿐이다. 그것도 전후 관계를 무시한 구절이다. 반면에 그녀는 온갖 영들과 교감하며 그것들을 본다. 그녀는 그 영들 중에 어느 것이 악령인지를 알고 있으며, 다른 영들은 시험해 볼 필요가 없다고 본다. 그녀는 초감각적인 능력을 개발하려고 노력했다. 만약 영적 재앙에 대한 처방책이 있었다면, 그녀는 그것을 알아내었으리라.

은사주의 운동은 분명히 커다란 영적 재난을 야기시킨다. 그 이유는 은사주의 성경과 건전한 이성을 사용하여 진리를 분별하려는 사람들을 방해하기 때문이다. 그 대신에 진리는 주관적인 것으로 간주되며, 보통 표적과 이적, 혹은 다른 초자연적 수단들을 통하여 나타난다고 평가한다. 하긴은 참된 성령의 은사와 거짓된 성령의 은사를 판단하는 기준을 다음과 같이 설명한다.

하나님께서 움직이실 때 모든 사람들이 복을 받을 것이다. 만약 중요한 일이 육체에 속한 것이라면, 모든 사람들은 아픔을 느끼게 될 것이다. 그리고 중요한 일이 악령에 속한 것이라면, 마치 당신의 목 위로 머리카락이 뻣뻣하게 곤두서는 것을 느낄 것이다. 바로 그러한 방법을 통해 모든 사람들은 자신이 영적 분별력을 갖고 있는지 없는지를 판단할 수 있을 것이다. 아주 간단한 방법이 아닌가?[18]

그들은 어느 정도의 영적 분별력을 가지고 있는가, 혹은 가지고 있지 않은가?

은사주의적인 신비주의가 어떤 점에서 잘못된 것인지는 은사주의 지도자

---

18) Kenneth E. Hagin, "Learning to Flow with the Spirit of God" (Tulsa: Faith Library, 1986), 23.

들의 말을 예로 들면 분명해진다. 이는 부인할 수 없을 정도로 분명한 사실이다. 그들은 영적 분별력이 불필요하다고 말하고 있기 때문이다. 하긴의 말에 의하면, 당신은 무엇이 진리이고, 무엇이 육체적인 것이며, 무엇이 악령에 속한 것인지를 분별할 수 있다. 물론 그것은 단순한 체계인 생체 지기 제어(biofeedback)라는 어떤 과정을 통해서 이루어진다.

은사주의자들은 반복적으로 동일한 메시지를 듣는다. "당신의 주관에 의지하라", "이성을 무시하라", "당신의 감정에 귀를 기울여라."[19]

앞에서 이미 살펴본 그러한 종류의 극단적인 신비주의는 성경이 말하는 참된 영적 분별력에 관한 가르침들을 모두 부정한다.

성령의 은사들은 교회 안에서 이성의 부재로 인한 무지와 혼란과 혼돈을 일으키려는 것이 아니며 남에게 보여 주기 위한 것도 아니다. 성령의 은사들이 주어진 것은 그리스도의 몸을 세우기 위함이지 은사 받은 개인들을 위한 것이 아니다(고전 14:4-5, 17, 26). 한 가지 분명한 사실은, 만약 어떤 사람이 자신의 은사를 자신의 유익을 위해 사용하거나 혹은 구경거리로 사용하여 영적으로 멍한 상태에 들어가거나, 다른 사람을 의식 불명의 상태로 만든다면, 그가 행하는 일이 어떤 것이든 그는 하나님의 은사를 올바로 사용하지 못하는 것이다.

실수를 범하지 말라. 오늘날 많은 사이비 은사들이 진짜로 통하고 있으며, 그로 인해 교회는 올바로 서기보다는 산산이 부서지고 있다.

---

19) 케네스 코프랜드는 다음과 같이 썼다. "믿는 자들은 논리를 따르지 않는 성향을 가진다. 우리는 상식에 의해 인도되지도 않는다…… 예수님의 사역은 논리나 이성에 의해 이루어지고 있지 않다."[Kenneth Copeland, "The Force of Faith"(Ft. Worty: Kenneth Copeland Ministries, n.d.), 10]

고린도 교회 안에서의 은사

사도 바울이 고린도전서에서 성령 은사의 오용에 관하여 무엇을 말하고 있는지 좀 더 면밀히 살펴보자. 성령 은사의 남용은 현대의 은사주의 운동에 있어서와 마찬가지로 고린도 교회에 있어서도 커다란 문제였다. 제2차 전도 여행 중에 고린도에 교회를 세웠던(사도행전 18장) 바울은 고린도 교회 성도들의 영적인 건강과 영적 생활에 특별히 관심을 가졌다. 그는 18개월 동안 고린도에 머물면서 교회를 세우고 안팎의 대적들로부터 교회를 보호하였다.

바울이 떠나자 다른 지도자들이 고린도 교회에서 사역을 하기 위해 왔다. 그들 가운데 몇몇 사람은 명성을 얻었으며 몇몇 사람들은 악명을 얻었다. 불행하게도 바울이 떠난 후 몇 년이 못 되어 심각한 윤리적, 영적인 문제들이 고린도 교회에서 대두되었다. 그 상황이 너무나 심각하여 바울은 고린도 성도들에게 보낸 첫 편지(고린도전서)에서 오직 그 문제만을 다루고 있다. 분열, 개인숭배, 배타심, 도덕적 타협과 절망적인 병폐들이 교회를 괴롭혔다. 육욕이 영성을 지배하였다. 성의 악용, 간음, 근친상간, 간통이 묵인되었고 세속성과 물질주의가 들어왔다. 교회의 성도들은 세속 법정에 서로를 고발했다. 심지어 어떤 붕당은 사도적 권위에 대한 반역을 조장하고 있었다.

교회는 죄악으로 물들어 가는 그 성도들을 훈련시키려는 데 완전히 실패했다. 부부간의 갈등이 심화되었고, 독처하는 사람들의 역할이 잘못 이해되었다. 자유가 남용되었고, 우상 숭배가 성행했으며, 이기주의가 판을 쳤다. 교만심이 교회 내에 퍼져 있었고, 심지어 사탄을 숭배하는 의식까지 교회 내로 스며들었다. 사람들은 하나님께서 남성과 여성을 위해 의도하셨던 바를 오용하였다. 주의 만찬을 더럽혔으며 사랑의 축제를 파괴시켰다. 이런 모든 현상을 통해-사람들이 이런 상황 하에서 충분히 예견할 수 있는-성령의 은사는 왜곡되었고, 잘못 사용되었으며 남용되었다.

고린도 교회는 하나의 부패한 교회였다. 고린도 교회 사람들은 그들이 이전에 가지고 있었던 이교도적 관습으로부터 수많은 악행과 그릇된 일들을 자신들의 교회 생활 속으로 기꺼이 끌어들였다. 그들의 문제는 성령 은사의 부족이 아니었다. 고린도전서 1:7에서 바울은 그들에게 이렇게 말한다. "너희가 모든 은사에 부족함이 없이……" 고린도 교회의 문제는 은사를 어떻게 사용하며, 거짓된 은사 혹은 악마의 은사로부터 어떻게 참된 은사를 분별하는가 하는 것이었다. 이것은 특별히 방언의 은사에 관한 문제에서 심도 있게 논의된다.

고린도전서 12-14장의 주요 부분들은 성령의 은사 문제를 다루고 있다. 고린도 사람들은 성령에 대하여 많은 오해를 하고 있었다. 오늘날의 은사주의자들처럼 그들은 성령의 역사를 무아지경과 무의식적 상태, 혹은 광적이고 신비주의적인 상태로 오해하는 경향이 있었다. 어떤 이들은 교회 앞에 서서 방언으로 이야기하곤 했으며, 어떤 이들은 예언과 해석을 하곤 했다. 사람이 거칠어지고 흥분하면 할수록 그만큼 더 영적이고 신령한 사람으로 간주되었다.

고린도의 우상 숭배

다른 사람들에게 영적인 사람으로 보여지며, 영적인 사람으로 존경을 받으려는 욕망 때문에 방언의 은사는 대단히 남용되고 잘못 사용되었다. 어떤 신도들은 마치 그것이 진짜 방언의 은사인 양 무아지경 속에서 지껄여 댔다. 그것은 절대로 정상적인 사람으로서는 할 수 없는 것이었다. 그래서 그들은 그 방언이 하나님께로부터 나온 것이라고 이해했다.

어떻게 그러한 일이 일어날 수 있는가를 아는 것은 어렵지 않다. 바울이 고린도 사람들에게 처음 복음을 전파했던 때부터 성령은 그들에게 놀라운 일들을 행하시고 계셨다. 고린도 교회 사람들은 성령께서 역사하고 계신다는 것을 알았다. 그러나 문제가 생기기 시작했다. 고린도 교회 사람들은 성령의 역사와 신비적 관습을 혼동하기 시작했다. 신비적 관습은 그들이 이교도였을 때 익숙해 있던 것이다. 고린도 교회 설립시 중추적인 역할을 감당했던 고린도 교회의 핵심적인 유대인들 외에도 대부분의 고린도 사람들은 이교적인 관습에서 완전히 탈피하지 못했다.

고린도 지방은 철학에 열중해 있던 그리스 문명의 일부였다. 고린도 사람들은 다른 철학자들과 논쟁하기를 좋아했으며, 심지어 그들을 존경하기까지 했다. 그곳이 바로 바울이 고린도전서 1:11-12에서 말한 분열과 파벌이 발생했던 곳이다.

그러나 무엇보다도 고린도는 성의 부도덕으로 가장 잘 알려졌다. 그 도시의 이름인 고린도는 "Corinthiantz(고린도화 하다)"라는 동사에서 파생된 말로써 "매춘부와 함께 잠자다"라는 것을 의미한다. 그 당시 고린도의 성적 타락은 극에 달했으며 세계 곳곳에 알려졌다. 성경 주석가인 윌리엄 바클레이(William Barclay)에 따르면,

> 계곡 너머로 아크로폴리스 언덕이 우뚝 솟아 있고 그 위에 사랑의 여신인 아프로디테 신전이 서 있었다. 그 신전에는 일천 명의 여사제가 있었다. 그 사제들은 신에게 바쳐

진 매춘부들이었다. 그들은 밤이면 아크로폴리스 언덕을 내려와 고린도 거리에서 매춘 행위를 하였다. 그래서 이후에 그리스 잠언에 이런 말이 나오게 되었다. "모든 남자들이 고린도 지방을 여행할 수 있는 것은 아니다."[20]

불행하게도 이러한 저속한 도덕성이 고린도 교회로 유입되었다. 고린도전서 5장에서 바울은 교회를 책망했다. 그 이유는 고린도교인 중의 한 명이 아버지의 아내와 불륜의 생활을 하고 있었기 때문이었다. 결혼은 심각한 문젯거리였다. 이런 이유로 바울은 고린도전서 7장에서 그토록 많은 시간을 결혼에 관한 논의에 할애하고 있는 것이다.

신비 종교들의 영향

모든 경우에 있어서 고린도 교회 신자들의 배경은 신자로서의 신분에 반대되는 것이었다. 그 중에서도 가장 큰 위협들 중 하나는 이교도적인 신비 종교의 계속적인 영향력 행사였다. 이교도적인 신비 종교는 고린도 교회 교인들이 개종하기 전에 섬겨 오던 것이었다. 그것은 천년 이상이나 그 지역을 지배해 왔다.

신비 종교들은 매우 다양한 형태를 취하며 그 기원은 수천년 전까지 거슬러 올라가 찾아야 한다. 그것들이 주장하는 많은 가르침과 의식들은 모든 다양한 집단에서 나타난다. 분명히 그것들은 동일한 것을 가르치고 있다. 즉, 상호 연관되어 있는 것이다. 모든 신비 종교가 하나의 기원 즉, 바벨론에서 시작되었다. 이에 관해서는 많은 증거들이 있다.[21] 모든 잘못된 예배 의식은

---

20) William Barclay, *The Letters to the Corinthians*(Philadelphia: Westminster, 1975), 3.
21) See, for example, Alexander Hislop, *The Two Babylons*(Naptune, NJ.: Loizeaux, 1959 reprint).

바벨론의 신비 종교에 근거를 두고 있었다. 그 이유는 모든 거짓 종교가 바벨탑에서 시작되었기 때문이다. 바벨탑은 복잡하고도 잘 조직화된 최초의 거짓 종교를 대표했다(창 11:1-9).

함의 손자요 노아의 증손자인 니므롯은 배신한 족장이었다. 그는 바벨탑의 건설을 계획하고 그것을 지시했다(10:9-10). 전체 계획은 하나의 잘못된 종교 체계를 세우려는 것이었다. 그것은 하나님께 드리는 진정한 경배를 그릇되게 모방한 것이었다. 그 후로 모든 거짓된 종교 체제는 바벨탑에서 있었던 최초의 배교와 유사한 철학적, 교리적 결속력을 갖게 되었다. 왜 그런가? 그것은 하나님께서 탑을 쌓는 사람들을 판결하실 때 그들을 세상 이곳저곳으로 흩어 놓으셨기 때문이다. 그들은 바벨에서 시작된 거짓 종교의 씨를 가지고 이곳저곳으로 흩어졌다. 그들이 정착하는 곳이면 어디에서나 그들은 바벨에서 행했던 거짓된 종교의식을 행하였다. 그것을 사용하면서 약간씩 변형시키기도 하고 첨가하기도 하였다. 그러나 본질적으로 이후의 모든 거짓된 종교는 바벨에서의 거짓된 종교의 후손일 수밖에 없다. 고대 바벨론의 이교는 오늘날까지도 여전히 그 기세를 높이고 있다. 요한계시록 17:5에 따르면 그것은 마지막 고난의 때를 지배할 것이다. 요한계시록 17:5에서 사도 요한은 바벨론을 자주색과 주홍빛 옷을 입은 신성 모독적인 여인으로 묘사한다. 그녀는 음녀의 어머니요, 세상의 왕들이 함께 음란하는 대상이며, 신성 모독의 이름들로 가득한 여인이다.

확실히 고린도와 같은 번성한 무역 중심지에는 사람들이 신비 종교의 다양한 형태에 관해 알고 있었고 신비 종교 의식을 행하였다. 심지어 오늘날의 거짓된 종교와 마찬가지로 이들 신비 종교들은 복잡한 의식과 의례를 행하였다. 그것들을 재생을 통한 갱생, 속죄 제물, 축제, 금식들을 포함한다. 또한 신비 종교 신자들은 스스로 손발을 잘라 내거나 채찍질을 행했다. 그들은 성지 순례와 공적인 신앙 고백, 헌납, 종교적인 세정식, 그리고 죄에 대해 대가를 치르기 위한 고행들을 믿었다.

그러나 아마도 '무아지경'이라는 말이 신비 종교를 가장 잘 특징지어 주는 말일 것이다. 신비 종교 신자들은 신과 신비적이고 감각적인 교감을 하려고 노력했다. 그들은 의식과 무의식 사이를 왕래하는 환각 상태, 혹은 최면 상태나 난잡한 주술 속으로 자신들을 집어넣기 위한 일이면 무엇이든 다 했다. 그들은 그런 상태 속에서 신과 감각적으로 교감할 수 있다고 믿었기 때문이다. 몇몇 사람들은 바울이 에베소서 5:18에서 말했던 것처럼 병적인 행복감을 얻기 위해 술을 사용했다. 실제로 도취상태였는지 아니면 감각적인 흥분 상태에 불과한 것이었는지 잘 모르겠지만, 신자들이 병적인 행복감 상태로 빠져들었을 때, 그들은 마치 마약에 중독된 상태와 같이 되었다. 그들은 자신들이 하나님과 하나가 되었다고 생각했다.

시드니에 있는 세인트 앤드류 대학(St. Andrews College)의 신약학 교수이자 역사 신학 교수인 앵거스(S. Angus)의 주장에 따르면, 신비 종교 숭배자들이 경험하는 환각 상태는 그들을 "표현이 불가능한 신비 상태"로 들어가게 만드는 것이었다. "그것은 인간의 정상적인 기능을 마비시키며, 인격을 형성하는 도덕적인 노력을 멈추게 하거나 느슨하게 만들었다. 그 반면에 그것은 감성적이고 직관적인 것들을 두드러지게 만들었다."[22] 다시 말해서, 숭배자들은 이성이 모호해지고 그 대신 감정이 민감해지는 그런 상태에 빠져들곤 했다. 또한 지성과 양심이 열정과 감성과 감정에게 자리를 내주어야 했다. 이것이 무아지경 즉, 병적인 행복감에 도취된 상태였다. 앵거스는 이

---

22) S. Angus, *The Mystrey-Religions and Christianity*(New York: Dover, 1975), 100-101

렇게 덧붙여 말했다.

무아지경은 불면과 금식, 강한 종교적인 기대, 빙글빙글 도는 춤들, 물리적인 자극, 신성인 대상에 대한 묵상, 자극적인 음향 효과, 환각제의 흡입, 재발성의 병폐(고린도 교회에서 발생한 것과 같은 경우), 환각, 연상, 그리고 신비 종교의식에서 사용되는 다른 모든 수단들에 의해 야기될 수도 있다…… 한 고대 작가는 그런 사람들에 대해 이렇게 말했다. "그들은 자신들에게서 빠져나가 전적으로 신과 합일되었고 무아지경에 빠졌다."[23]

신비 종교 숭배자들은 그러한 무아지경을 경험함으로써 일상적인 경험의 차원을 뛰어넘어 불건전한 자아의식 속으로 빠져들게 된다. 그들은 육체가 전혀 영혼의 방해거리가 되지 않는다고 믿게 되는 그런 미칠듯이 기쁜 상태를 경험한다.

앵거스의 주장에 따르면 무아지경은 "비도덕적이고 열광적인 상태로부터 보이지 않는 존재와의 일체감을 느끼는 단계에까지, 그리고 모든 시대의 신비주의자들의 특징이기도 한 개인의 고통의 해방까지를 포함하는 개념이다."[24] 즉, 무아지경은 영혼을 육체의 억압으로부터 해방시킬 수 있으며 사람으로 하여금 영의 세계와 교통할 수 있게 하는 것이다. 그것은 터무니없이 붕 떠 있는 듯한 느낌을 만들어 낸다. 그러한 상태에서 아마도 사람은 단지 영의 눈으로만 볼 수 있는 그런 사물들을 보고 이해할 수 있는 능력을 갖게 되었다고 생각할지도 모른다.[25]

---

23) Ibid., 101
24) Ibid.,
25) 방언과 이교 세계의 절정 상태에 대해 더 알고 싶으면 『브리태니커 백과사전』의 "Mystery Religions", "Mysteries", "Religions of Primitive People," 그리고 "Gift of Tongues"를 찾아보라. A.R. Hay, "Counterfeit Speaking in Tongues" in What is Wrong in the Church? Vol. 2(Audubon, N.J: New Testament Missionary Union, n.d.), 15-53, 가짜 방언도 찾아보라.

오순절파와 은사주의자들은 신비주의자들의 무아지경의 상태와 같은 그런 체험을 정확히 묘사해 낸다. 병적인 행복감의 여러 가지 생태를 경험한 은사주의자들은 자신들의 경험을 성령의 어떤 은사, 특히 방언의 은사 덕분으로 돌린다. 그들의 공통적인 고백은 다음과 같다. "그것은 너무나 황홀하다. 이전에 결코 느껴보지 못한 것이다. 그것은 하나님께 속한 것이 분명하다!" 그러나 황홀한 감정이 있다고 해서 그것이 하나님께로부터 온 것이라고 보아야 하는가? 아니다. 우리는 황홀한 경험이 모두 하나님께로부터 온 것이 아님을 고린도 교회 교인들의 예를 통해서 보게 될 것이다.

초대 고린도 교회 방문

신비 종교로부터 갖가지 예배 의식, 예식, 관습, 그리고 다른 유전이 고린도 교회로 스며들었다는 것은 의심할 여지가 없다. 그러면 어떻게 그런 것들이 교회로 스며들 수 있었을까?

1세기에 고린도 지방을 방문했다고 가정해 보자. 당신과 당신의 가족이 고린도에 있는 초대교회를 방문했다고 가정해 보자. 당신이 정시에 도착해서 안으로 들어갔을 대는 부유한 사람들에 의해 이미 한 시간 전에 주연이 시작되었으며 이제 막 끝내려는 것을 발견했다고 생각해 보라(고전 11:17-22), 당신을 위해 남겨 놓은 것은 아무것도 없다. 막 도착하고 있는 많은 가난한 사람들 또한 먹을 것이 아무것도 없음을 알게 된다.

부유한 사람들이 탐욕스럽게 마지막 남은 음식 찌꺼기마저 게걸스럽게 먹고 있을 뿐 아니라, 그들 중 몇몇은 완전히 술에 취해 있는 것을 발견한다. 그리고 교회 안에는 두 집단이 있다. 술에 취하지도 않고 뱃속이 텅 빈 상태로 한쪽에 앉아 있는 사람들의 집단과, 음식을 실컷 먹고 술에 만취되어 다른 한쪽에 앉아 있는 부유한 사람들의 집단이다. 그러한 구별 때문에 거기에는 논쟁이 있고 나쁜 감정이 있다.

주의 만찬이 있게 되지만 말이 만찬이지 난장판이 된다. 아무것도 곧이어 먹거나 마시지 못했던 사람들은 대식가가 되는 것이다. 다음, 예배 의식에 들어가지만, 많은 사람들이 일어서서 소리치고 떠드는 것을 발견하게 된다. 어떤 사람들은 환각 상태에서 지껄이고, 또 어떤 사람들은 예언을 말하려 하고, 말한 것을 해석하려 노력한다.

이것이 초대 고린도 교회의 전형적인 주일날 모습이다. 이제 당신은 바울이 고린도전서 11:17에서 "너희들은 유익을 위해서가 아니라 악한 것을 위해서 모였다"라고 말한 이유를 이해할 것이다. 그들의 예배는 전체가 광적이고, 모순적이고, 혼란스러운 아수라장이었다. 바울은 그것을 완전히 뜯어고치기 위해 강하게 책망했다. 바울은 방언의 적절한 사용에 관해 많은 시간을 할애했다.

바울이 고린도전서에서 다루었던 문제는 오늘날의 은사주의 운동을 혼란스럽게 하는 그런 문제와 같은 것이다. 즉, 어떻게 당신이 참된 은사와 거짓된 은사를 구별할 수 있다고 말할 수 있는가 하는 문제였다. 대부분의 은사주의자들은 어떤 사람이 일어나서 신들린 말을 할 때 그것이 하나님의 말씀인지 아닌지를 깨닫게 된다고 말한다.[26] 어떻게 당신은 그 차이를 말할 수 있는가? 먼저 참된 방언의 은사는 통용되는 외국어의 구사능력이었다(은사 II 10장을 보라). 신약성경 어디에서도 방언의 은사가 무아지경 중에 하는 말이라고 하지 않았다. 그리고 하나님은 결코 사탄이 거짓 종교의 손아귀 속에

---

26) 참고. Melvin L. *Hodges, Spiritual Gifts*(Springfield, Mo.: Gospel Publishing House, 1964), chap. 4.

사람들을 잡아 두기 위하여 행하는 것과 같은 그런 유의 은사를 주시지 않으신다.

고린도는 이단 성직자와 여자 성직자들, 그리고 점쟁이와 마술사로 가득 차 있었다. 갖가지 무아지경의 상태에서 사람들은 신적인 능력과 신적인 영감을 주장했다. 고린도 교회가 세속화되었고, 그로 인해 많은 이단 활동이 서서히 교회 안으로 들어올 수 있게 되었다. 이단이 교회 속으로 그렇게 쉽게 들어올 수 있었던 또 다른 이유는, 고린도 교회의 성도들이 성령님께서 가시적이고 들을 수 있으며 접촉할 수 있는 방법으로 역사하신다고 믿었기 때문이다. 그들은 요엘 2:28에 약속된 성령의 기름 부으심이 완성되기 시작했다고 믿었으며 초자연적인 현상의 도래를 기대했다.

고린도 교회의 신자들은 예수님께서 제자들에게 말씀하신 성령님께서 오시면 놀라운 일이 일어날 것임을 알고 있었다. 바울 또한 확실히 초대교회의 오순절에 있었던 놀라운 사건과 다메섹 도상에서의 자신의 회심, 그리고 제1차 전도 여행과 제2차 전도 여행 중에 있었던 놀라운 표적들에 관해 그들에게 이야기했다.

사탄은 성령의 초자연적인 활동에 대한 그들의 열정을 이용했다. 고린도전서는 신약성경의 가장 초기의 편지들 중 하나이다. 이미 그때 난처한 문제가 도사리고 있었다. 사탄이 신실한 크리스천들을 세속적으로, 오류로, 그리고 거짓된 습관과 같은 것으로 빠뜨리는 데는 그리 오랜 시간이 필요한 것이 아니다. 그리고 그 방법은 신비적인 모든 것들이 성령님께로부터 온 것이라는 추측을 이용하는 것이다.

은사 (II)

그릇된 은사 사용의 소용돌이

오늘날 오순절파와 은사주의는 고린도교회가 경험했던 것과 동일한 문제로 고통스러워하고 있다. 우리 사회는 이교도 사회이다. 이교도 사회는 그 영향력을 교회에까지 강하게 미친다. 과도한 육욕과 도덕적 타협이 교회 안에 스며들어 왔다. 심지어 부도덕과 부패라는 가장 성결치 못한 모습들이 최고 수준에 있는 은사주의 지도자들에게서 표면화되고 있다. 현대 은사주의 지도자들의 태도와 고린도 교회에 만연했던 사상은 놀라울 정도로 유사하다. 그것은 고린도 교회에서 추방되어야만 했던 사상이었다.

현대 오순절 운동의 지도자 중 한 사람과 이야기한 적이 있었다. 그는 "당신도 내가 경험한 것을 부인할 수는 없습니다"라고 나에게 말했다.

나는 "글쎄요, 한 가지 물어보겠습니다. 당신이 어떠한 경험을 하게 될 때, 당신은 아무런 의심도 없이, 그 경험이 하나님께로부터 온 것이라는 것을 아십니까?"라고 되물었다.

그는 "아니요"라고 대답했다.

"그것이 사탄의 것일 수도 있습니까?" 라고 물었을 때 그는 마지못해 "그렇소"라고 대답했다. "그렇다면 어떻게 당신은 그 차이점을 구별합니까? 설명해 주시지요."

그러자 은사주의 지도자인 그 친구는 아무 대답도 하지 못했다. 이런 상황은 정확히 고린도 교회에 있었던 상황과 같다. 고린도 교회 신자들은 무엇이 하나님께로부터 온 것인지 온 것이 아닌지 알지 못했다. 성령의 사역은 이교의 무아지경의 상태와 혼동되었다. 그들에게는 도움이 필요했다.

바울은 고린도전서 12:1에서 "형제들아 신령한 것에 대하여는 내가 너희의 알지 못하기를 원치 아니하노니"라고 말한다. 왜 바울은 고린도 교회 성도들이 성령의 은사에 대하여 알기를 원했는가? 만약 교회가 성령의 은사를 잘못 사용하면 성화되지도, 성숙되지도 못하기 때문이었다.

교회는 성령의 은사가 없이는 제 기능을 발휘할 수 없기 때문에 사탄은 가능하면 언제나 자신의 행위를 성령의 은사로 위장한다. 또한 사탄은 성령의 은사에 대한 그릇된 관념과 오해를 불러일으킬 수 있는 일이면 무엇이든 한다. 교회에 혼란과 혼동을 야기시키기 위함이다. 그러한 일은 고린도 교회에서도 일어났고 오늘날에도 일어나고 있다.

사람들은 바울이 고린도전서 12:2에서 말한 것과 비슷한 상황 속에 휘말리고 있다. 고린도전서 12:2에서 바울은 "너희도 알거니와 너희가 이방인으로 있을 때에 말 못하는 우상에게로 끄는 그대로 끌려갔느니라"라고 말하고 있다. 바울은 고린도 교회 성도들이 개종하면서 등을 돌렸던 이교 숭배에 대해 말하고 있는 것이다. 그들은 "끄는 그대로 끌려갔다" 즉, 잘못된 제도의 희생자들이었다. 성경에서 사용하는 희랍어 동사 "아파고(apago)"는 마치 죄수와 같이 어떤 사람을 끌고 다니는 것을 지적할 때 사용한다(마 26:57; 요 19:16).

고린도전서 12:2에서 바울은 고린도 교회성도들에게 그들이 아직 이교도로서 우상을 숭배할 때 신비한 환상 속에서 악령에 이끌려 생활했었음을 상기시키고 있다. 이제 그들은 이교에서 행했던 의식을 교회 속으로 유입시키고 있었으며, 악령이 그리스도께 경배하는 자리에 침투하게 만들었다. 그들은 무엇이 진정한 믿음이고, 무엇이 선이며, 무엇이 하나님께로부터 온 것이고 무엇이 사탄에게서 온 것인지를 구별할 수가 없었다. 그들은 열성적으로 초자연적인 것을 신봉했다. 남은 것은 추악한 혼란뿐이었다. 많은 경우에 있어서 그들은 말 그대로 사탄의 행위를 성령의 사역으로 오해하고 있었다.

이교도처럼 그들은 비이성적이고 환각적이며, 야단 법석 떠는 행위에 몰입해 들어가곤 했다. 그러나 그것을 진실한 성령의 은사라고 생각해서는 안 된다. 정말 영력 있는 사람은 황홀감, 무아지경, 그리고 감정적인 광란들 속으로 빠져드는 사람이 아니다. 성령 충만을 받았다고 주장하는 사람들이 진짜로 "죽은 듯이 꼼짝 못할 수도 있다." 그러나 그것이 성령의 사역은 아니다.

성경의 그 어디에서도 어떤 사람이 자제력을 잃었을 때, 그리고 어떤 초자연적인 힘에 사로잡혔을 때, 바로 그때 성령의 은사가 주어졌다고 말하지 않는다. 신약의 그 어디에서도 하나님의 영이 그리스도인들을 극도의 황홀경이나 졸도 상태로, 혹은 정신없이 열광적인 행동을 하도록 유도한다고 말하지 않는다. 그 반대로 "성령의 열매는……절제(갈 5:22-23)"라고 말한다. "그러므로, 너희 마음의 허리를 동이고 근신하여 예수 그리스도의 나타나실 때에 너희에게 가져 올 은혜를 온전히 바랄지어다(벧전 1:13)."

우리는 어떻게 기묘한 일들이 고린도 교회의 성도들에게서 일어났는지에 관한 힌트를 고린도전서 12:3에서 얻는다. "그러므로 내가 너희에게 알게 하노니 하나님의 영으로 말하는 자는 누구든지 예수를 저주할 자라 하지 않고 또 성령으로 아니하고는 누구든지 예수를 주시라 할 수 없느니라". 이는 놀라운 말씀이다. 말 그대로, 신자인 척하는 사람이 교회 중에 일어서서 성령의 은사를 가장한 영적 은사를 행하며 예수를 저주했다는 말씀이 아닌가!

이제 분명한 것은 어떤 이가 "예수, 그 저주받은 사람"이라고 말한다면, 그의 은사 행위는 하나님으로 인한 것이 아니다. 믿을 수 없을 정도로, 고린도 교회 성도들은 그것에 관해 무지했다. 왜 그러했을까? 내용보다 현상에 근거하여 진정한 성령의 은사를 판단하는 것이 그들에게 가능한 일이었을까? 예배 모임이 더욱 무아지경이 되면 될수록, 그리고 병적인 행복감이 만연하면 만연할수록 고린도교회 성도들의 눈에는 성령님의 충만하신 사역으로 이해되었다는 것이 가능한 일이었을까? 아무튼 고린도 교회 성도들의 영 분별 수준은 낮은 것이었다. 그들은 성령님께로부터 온 것이 무엇이며, 사탄으로부터 온 것이 무엇인지 식별할 수 없었다.

어떻게 이런 일이 일어날 수 있는가? 이에 관한 많은 주장들이 있다. 아마도 가장 그럴듯한 주장 중에 하나는 교회로 조용히 들어온 이단과 관계가 있다는 주장이다. 그 이단은 신약의 교회 전체에 들어와 이미 역사하고 있었다 (요일 2:22 ; 4:2-3). 그것은 예수님의 신성과 그의 구속 능력을 부정하는 것이었다. 2세기에 영지주의는 그 전성기를 구가하고 있었다.[27] "예수를(그리스도가 아니라 예수로 표기하고 있다) 저주할 자(고전 12:3)"라는 말을 주의해 보라. 고린도 교회 성도들 중에 어떤 사람들은 이미 그리스도의 영과 인간 예수를 구분하는 이단을 받아들이고 있었다. 이는 후에 영지주의의 중심적인 교리가 되었다. 그들은 예수께서 세례를 받을 때, 그리스도의 영이 그에게 임했다는 것을 믿고 있었다. 그러나 그의 죽으심 바로 직전에 그리스도의 영이 예수님을 떠났고 예수님은 저주받은 죄인으로 가정한다.[28]

그것은 부활에 관한 고린도 교회 성도들의 생각에 혼란을 야기시킬 수도

---

27) 영지주의는 성경에 나타난 주 예수 그리스도의 실재를 부인한다. 영지주의에 대한 뛰어난 토론 자료로는 Merrill C. Tenney(편) *The Zondervan Pictorial Encyclopedia of the Bible*, 제2권(Grand Rapids: Zondervan, 1975), 736에 나와 있는 A. F. Walls, "영지주의"가 있다.
28) 이단 영지주의의 요소들 중 몇 가지들은 현대 은사주의 진영의 왜곡된 가르침 속에 그대로 반영되고 있다(은사II 12장 참조).

있었을 그런 종류의 오해였다. 분명히 어떤 고린도 교회 성도들은 예수께서 육체적으로 죽음에서 부활하셨는지에 관해 확신하지 못하고 있었다. 그러한 위험한 혼란을 막기 위해 바울은 "그리스도께서 만일 다시 살지 못하셨으면 우리의 전파하는 것도 헛것이요 또 너희 믿음도 헛것이며(고전 15:14)"라고 편지했다.

특정한 교리적 문제가 무엇이든 간에, 고린도 교회 성도들의 영적인 혼란의 깊이는 당시 그들 중에서 행해지던 많은 환각적이고 기적적인 현상들이 진정한 의미에서의 성령의 은사는 아니라는 사실에서 입증된다.

오직 가치 있는 것만이 위조된다

만약 고린도 교회 성도들이 예수를 저주받은 자로 지칭했다면, 그들이 성령님으로부터 받았다고 주장하는 영적인 은사들은 가짜인 것이 분명하다. 내가 어릴 적에 우리 아버지가 이런 말씀을 해 주신 적이 있다. "어느 누구도 가치 없는 것을 위조하지는 않는다." 사람들은 잡동사니들을 위조하지 않는다. 그들은 돈을 위조하며, 다이아몬드와 보석을 위조한다. 위조하는 사람들은 가치 있는 것을 위조한다. 가치가 위조할 유일한 대상물이기 때문이다. 사탄은 고린도 교회에서 성령의 은사를 위조하느라고 바빴고, 오늘날도 동일한 일을 하느라고 바쁘다.

어느 누가 부정할 수 있겠는가? 오늘날의 은사주의 운동 전체가 바울이 고린도 교회에서 발견했던 것과 정확하게 동일한 영적인 문제를 가지고 있다는 사실을. 많은 은사주의 운동 지도자들은 진정으로 주님을 사랑하고 성경을 사랑한다. 그러나 그들은 고린도 교회를 파멸시키려 했던 것과 동일한 잘못을 핵심 교리로 삼는 체제 속에서 봉사하고 있다.

　비은사주의 지도자들은 이런 문제를 의무적인 화합을 위해 덮어 두려고 해서는 안 된다. 사도 바울은 담대하게 고린도 교회 교인들이 그들의 영적 은사를 오용하고 있다고 책망했다. 그는 성령의 은사가 위조되고 파괴되면 그리스도의 몸이 고통을 받는다는 사실을 알고 있었다. 사탄은 성령의 은사에 대해 사람들을 혼동케 한다. 바울 시대에도 그랬고 오늘날도 여전히 그렇다. 위조품을 용인하면 진품을 위조하는 것이 된다. 이것은 비극이다. 우리는 반드시 진품과 위조품을 구별해야 한다. 교회는 성령의 은사가 바르게 사용되고 성경이 정확하게 해석되고 가르쳐지며, 신자들이 절제로써 성령님과 동행하고, 하나님의 말씀에 전적으로 순종할 때만이 올바르게 설 수 있다.

은사 (Ⅱ)

제 8 장
초대교회에서 어떤 일이 일어났는가?

CHARISMATIC CHAOS CHARISMATIC CHAOS CHARISMATIC CHAOS CHARISMATIC CHAOS

앞에서 누차 살펴보았듯이 은사주의 신앙 체계의 주된 토대는 경험이다. 경험은 또한 은사주의자들이 자신들의 가르침을 정당화하기 위해서 가장 빈번하게 인용하는 권위이다. 진리에 대한 그들의 경험 중심의 접근은 성경을 다루는 방법에까지 영향을 미친다. 사도들의 경험을 기록해 놓은 책인 사도행전은 그들이 믿고 있는 것을 성경적으로 입증하기 위해 가장 빈번히 연구하는 책이다.

사도행전은 서신서와는 달리 설교적인 성경의 역사 기록으로서, 갓 태어난 교회의 경험을 서술하고 있다. 반면에 서신서는 교회가 이미 설립된 시기의 신자들을 위한 가르침을 담고 있다. 역사적으로 볼 때 성경을 깊이 상고했던 기독교인들은 그 차이점을 인식하였다. 즉, 복음주의 신학자들은 교회를 가르치기 위한 목적으로 기록된 성경 구절로부터 그들의 가르침의 중심

사상을 끌어냈다. 그들은 사도행전을 사도 시대의 영감받은 역사적 기록으로서는 이해했으나 그곳에 기록된 모든 사건 혹은 모든 현상을 전 교회 시대에 적용할 수 있는 보편적인 것으로는 보지 않았다.

그러나 은사주의자들은 사도행전에 서술되어 있는 경험들을 갈망하면서 사도 시대의 특별한 사건들을 성령 역사에 필수적인 특징으로 보았고 그것을 교리 체계로 받아들였다. 즉, 그들은 그와 같은 사건들은 모든 시대의 기독교인들이 일상적으로 기대할 만한 영적 능력의 표시로 보았던 것이다.

그와 같은 심각한 해석상의 오류는 성경에 대한 그들의 이해를 손상시키며, 은사에 대한 올바른 이해에 있어서도 결정적으로 성경의 여러 대목을 혼란케 만든다. 그 자신이 은사주의자이기도 한 고든 피(Gordon Fee)는 은사주의자들이 전형적으로 사도행전에 그 근거를 두는 방식에 대하여 그 해석학적인 어려움을 다음과 같이 썼다.

> 만일 초대교회가 보편적인 현상을 보여 주는 것이라면 그것에 대한 기록 또한 보편적인 것인가? 혹은 서술적인 부분만을 전적으로 보편적인 것으로 보는 것이 타당한가? 만일 그렇다면 그런 부분과 그렇지 않은 부분을 어떻게 구분할 수 있는가? 예를 들면 우리는 사도행전 1:26에 따라 제비뽑기로 지도자를 선택해야 하는가? 기독교 교리에 있어서나 기독교인의 경험을 이해함에 있어서 앞서 있었던 역사적인 사건들은 정확하게 어떤 역할을 행하는가?[1]

그러나 사도행전은 결코 교회의 교리를 위해 쓰여진 것이 아니었다. 그것은 단지 초대교회에 대해 기록해 주는 것으로, 옛 언약으로부터 새 언약으로

---

1) Russell P. Spittler(편) *Perspectives on the New pentecostalism*(Grand Rapids: Baker, 1976), 123. Gordon D. Fee, "성서 해석과 역사적 사건-오순절 해석의 주요문제"

전환된 교회의 모습을 보여 주고 있는 책이다. 사도행전에 기록되어 있는 사도적인 치유, 기적, 표적, 기사 등의 사건은 그 당시에서조차 보편적인 것이 아니었다. 그것들은 각기 특별한 목적을 지닌 특별한 사건들로서 항상 사도들의 앞부분에서 뒷부분으로 갈수록 그 기적들의 빈도는 상당히 줄어들게 된다.

의사 누가에 의해 기록된 사도행전은 매우 중요한 시대를 담고 있는 것으로, 오순절에 시작된 교회에서부터 삼십년 후 제3차 전도여행을 마친 바울이 옥에 갇힌 내용까지를 기록하고 있다. 사도행전은 많은 변화들이 나타나고 있는 것을 볼 수가 있는데 거의 모든 장에 걸쳐 그 같은 변화가 나타나고 있다. 즉, 옛 언약은 사라지고 새 언약이 충만하게 나타나고 있다. 바울 또한 그 가운데 포함되었다. 즉, 그가 비록 새 시대의 사도이기는 했으나 여전히 그는 옛 것에 묶여 있었다. 유대인의 서원을 행하는 모습이 그것을 보여 준다(행 18:18; 21:26).

사도행전에서 우리는 회당에서 교회로, 율법에서 은혜로의 변화를 보게 된다. 교회는 유대인 신자들의 모임에서 그리스도 안에서 연합된 유대인과 이방인으로 이루어진 공동체로 형성되어졌다. 사도행전 초기에 신자들은 옛 언약 아래 하나님과 관계했었다. 그러나 뒤에 가서는 모든 신자들이 그리스도 안에 있게 되며 새 언약 아래 살면서 성령에 의해 새롭고 독특한 관계를 가지게 된다.

그러므로 사도행전은 역사상 특별한 시대를 다루고 있는 책이다. 그 안에 나타나고 있는 변화들은 결코 반복될 수 없는 것들이다. 따라서 사도행전 가운데서 모든 교회에 대해 보편적이 될 수 있는 유일한 가르침들은 명백하게 성경의 다른 곳에서 확인할 수 있는 것들이다.

은사가 뒤따른다는 교리

사도행전 2:4은 많은 오순절파와 은사주의자들이 신약의 핵심된 진리로 보고 있는 은사의 시금석과도 같은 구절이다. "저희가 다 성령의 충만함을 받고 성령이 말하게 하심을 따라 다른 방언으로 말하기를 시작하니라"

대부분의 은사주의자들은 이 구절이 기독교인들이 회심할 때 단지 제한된 의미의 성령 받음을 가르친다고 믿는다. 그러므로 그들은 기독교인들이 높은 단계의 영적인 삶을 가지기 위해서는 초자연적으로 하나님의 영의 능력 가운데로 들어가는 성령 세례를 구해야 한다고 믿는다. 그 경험은 흔히 많은 사람들이 '언제나'라고 말하는데 방언을 수반하며 그 결과 새로운 영적인 변화와 능력을 경험하게 된다.

구원을 받은 후 성령 세례를 경험하는 것은 종종 뒤따라 일어나는 일로 언급되었다. 고든 피는 오순절의 두 가지 특징을 다음과 같이 기록한다. "첫째, 기독교인에겐 구원의 경험에 이은 그러면서도 그것과는 별도의 성령 세례가 있다. 둘째, 처음으로 나타나는 성령 세례의 신체상의 증거로는 방언하는 것이다."[2]

오순절 신학을 철저하게 고찰한 프레데릭 데일 브루너(Frederic Dale Bruner)는 다음과 같이 말했다. "오순절파에서는 성령께서 그리스도를 믿는 모든 신자들에게 세례를 주나(회심) 그리스도께서는 모든 신자들을 성령으로 세례 주시지 않으셨다(오순절)고 믿는다."[3] 은사주의자들은 구원의 경험 이후 어느 시점에 이르면 성령의 세례가 일어난다고 믿는다. 브루너는 계

---

2) Ibid. 120.
3) Frederic Dale Bruner, *A Theology of the Holy Spirit*(Grand Rapids: Eerdmans, 1970), 60.

속해서 이렇게 말한다.

오순절파가 이해하는 성령 세례의 가장 중요한 특징들은 다음과 같다. (1) 성령 세례는 일반적인 중생과는 "별도의 사건이며 잇달아 발생하는" 사건이다. (2) 성령 세례의 첫 증거는 다른 방언을 말하는 것이다. (3) 성령 세례는 "전심으로" 구함으로써 일어난다.[4]

이 세 가지 요소 즉, 회심 이후에 성령의 세례가 뒤따른다는 것과 그 같이 되기 위해서는 전심으로 구해야 한다는 것, 그리고 방언을 말하는 것이 그 구체적인 증거라는 세 요소는 거의 모든 은사주의자들의 공통된 주장이다. 대부분의 다른 신학 분야에 대해서는 은사주의자들의 주장이 명료하지가 않다. 그러나 이 부분 만큼은 그들이 믿고 있는 것에 대해 명료하게 언급하는 편이다.

은사주의자들은 은사가 뒤따른다고 하는 그들의 교리를 입증하기 위해 주로 사도행전을 예로 많이 든다. 고린도전서 12:13 "우리가 유대인이나 헬라인이나 종이나 자유자나 다 한 성령으로 세례를 받아 한 몸이 되었고 또 다 한 성령을 마시게 하셨느니라"라는 말은 단순히 모든 신자는 그리스도의 몸 안에서 한 성령에 의해 세례 받았다는 것을 보여 주는 것이므로 그들의 주장을 증명하는 것으로 사용될 수가 없다. 오히려 고린도전서 12:13에 묘사된 성령 세례는 구원 이후의 다른 어느 시점에 일어날 수 없음을 더 분명하게 보여 주는 것처럼 보인다. 그렇지 않다면 바울이 말하는 것은 모든 기독교인들에게 해당되는 것이 아니었을 것이다. 방언과 같은 증거는 언급되

---

[4] Ibid., 61.

어 있지 않으며 세례를 구하라는 어떤 요구도 나타나 있지 않다.

은사주의자들은 또한 고린도전서 14장을 그들의 세 가지 주장을 입증하기 위한 대목으로 사용할 수 없다. 왜냐하면 그 장은 방언 은사에 대해 아무것도 말하고 있지 않기 때문이다. 사실상 은사주의자들이 그들의 교리를 입증하기 위해 내어 놓을 수 있는 구절들은 사도행전에 있는 것들뿐이다. 서신서는 그들의 가르침을 뒷받침할 만한 어떤 것도 말하고 있지 않다.

그러나 사실상 사도행전에서조차 은사주의자들의 견해를 지지하고 있지 않다. 단지 4개의 장만이 방언이나 성령을 받는 것에 대한 언급이 있다. 사도행전 2장, 8장, 10장, 그리고 19장이 그것들이다. 그 중에 신자들이 구원 이후에 성령을 받는 것은 단지 2장과 8장에만 나타나며, 10장과 19장은 신자들이 믿음을 가짐과 동시에 성령 세례를 받는 것으로 나타나고 있다. 따라서 은사가 부수적으로 뒤따른다고 하는 교리는 사도행전에서조차 확실하게 입증되지 않고 있다.

방언의 경우는 어떠한가? 사도행전 2장과 10장 그리고 19장의 경우 신자들은 방언을 말했다. 그러나 8장에는 방언에 대한 어떤 기록도 없다.

성령 세례를 전심으로 구하는 것은? 사도행전 2장에서 신자들은 단순히 기도하는 가운데 주님의 약속을 기다렸을 뿐이다(1:4, 14). 8장, 10장, 19장 어디에서도 그와 같은 내용은 찾아볼 수 없다.

우리가 내릴 수 있는 결론은 분명하다. 사도행전이 성령을 받는 일반적인 유형을 보여 준다고 말하는 것은 한 가지 문제를 무시하는 것이다. 즉, 사도행전은 결코 일관된 유형을 보여 주고 있지 않다는 것이다.

오순절 때 기독교인들이(행 2장), 고넬료의 집에서 이방인들이(10장), 그리고 에베소에서 단지 요한의 세례만 알았던 유대인들이(19장) 각기 성령을 받고 잇달아 방언을 말한 사건이 있었던 것은 사실이다. 그러나 이 같은 세 사건이 일어났다고 해서 그것이 다른 모든 기독교인들의 표준이 될 수는 없는 것이다. 사실상 우리가 논의하고 있는 대목들 중 (사도행전 2장, 8장, 10장, 19장) 어디에도 다른 사람들 역시 마찬가지의 경험을 가져야 할 것을 보여 주고 있지 않다.

만일 방언이 보편적인 경험이라면 사마리아 사람들이 성령을 받은 것을 기록해 주고 있는 사도행전 8장에는 왜 방언이 언급되어 있지 않은가? 또한 사도행전 2장에서 4장까지의 내용에서 베드로의 설교를 듣고 신자가 된 사람들이(사도행전 4:4에 의하면 5천명이 넘는) 성령을 받은 후(행 2:38) 방언을 말했다고 왜 기록해 주고 있지 않은가? 무엇인가가 보편적인 것이 되기 위해서는, 모든 사람들에게 공통적으로 적용되는 것이 있어야 한다.

존 스타트(Joho Stott)[5]는 다음과 같이 추론했다.

3천명이 같은 현상의 기적을 경험했던 것 같지는 않다(강한 바람 소리, 불 같은 혀, 혹은 다른 나라 방언). 적어도 이런 것들에 대한 아무런 언급도 없다. 그러나 베드로를 통해 주어진 하나님의 확증으로 인해 그들은 같은 약속, 같은 선물을 받았음에 틀림없다(33, 39절). 그럼에도 불구하고 그들 가운데에는 이러한 차이점이 있었다. 즉, 120문도의 경우 그들은 이미 새롭게 변화된 자들로서 열흘 동안 하나님의 약속을 기다린 결과 성령의 세례를 받았다. 반면에 3천 명은 불신자들이었던 자들로 죄의 용서함과 더불어 동시에 성령의 선물을 받았다. 따라서 그들이 회개하고 믿는 일은 기다릴 필요 없는 즉시 일어난 일이었다.

두 무리 즉, 120문도와 3천명 사이의 명백한 차이점은 매우 중요한 의미를 가진다. 이는 오늘날에 해당하는 표준으로는(종종 생각하는 것처럼) 틀림없이 전자가 아닌 후

---

5) John R. W. Stott, *Baptism and Fulness*(Downers Grove, Ill: InerVarsity, 1976), 28-19.

자 즉, 3천명의 경우이기 때문이다. 120문도의 경험이 독특하게 두 단계를 거친 것은 단순히 역사적인 정황에 기인한 것이었다. 그들은 오순절이 되기 전에는 성령의 은사를 받을 수가 없었던 것이다. 그러나 그 같은 역사적인 정황은 오래 전에 끝났다. 우리는 3천 명의 성도처럼 오순절 사건 이후의 시대에 사는 자들이다. 그러므로 그들의 경우처럼 우리 역시 죄의 용서와 성령의 "세례" 혹은 "은사"가 동시에 주어지게 된다.

사도행전 2장의 고찰

물을 것도 없이 사도행전 2장은 오순절파와 은사주의자들이 성령 세례에 대한 그들의 신학을 발전시키는 데 가장 중요한 근거로 사용하는 구절이다. 교회의 기원에 대한 누가의 기록을 보면 다음과 같다.

오순절 날이 이미 이르매 저희가 다 같이 한곳에 모였더니 홀연히 하늘로부터 급하고 강한 바람 같은 소리가 있어 저희 앉은 온 집에 가득하며 불의 혀같이 갈라지는 것이 저희에게 보여 각 사람 위에 임하여 있더니 저희가 다 성령의 충만함을 받고 성령이 말하게 하심을 따라 다른 방언으로 말하기를 시작하니라(2:1-4).

앞에서 말한 것처럼 오순절파와 은사주의자들은 이 구절을 가지고 잇달아 성령 세례가 일어난다고 하는 자기들의 주장을 입증하려고 한다. 은사주의자들은 사도행전 2:1-4에 기록되어 있는 세례와 방언을 경험한 사도들이나 다른 제자들이 이미 구원을 받았던 사람들임을 지적한다. 그러한 자들이 바로 오순절 때 성령의 능력을 받았던 것이며 그 결과 그들은 세계를 변화시킬 수가 없었다는 것이다.

이 점에 관한 한 은사주의자들의 견해는 잘못된 것이 없다. 우리는 사도행전 2장에 언급되어 있는 제자들―혹은 적어도 그들 중 일부― 이 구원을 경험한 자들이었다는 사실을 확신할 수가 있다. 아마도 11명의 사도들을 포함하여 사도행전 1장에 기록되어 있는 다락방에 모였던 120명도 모두 그러했을 것이다. 그들 중 일부가 구원받은 사실을 어떻게 알 수 있는가? 예수께서 그의 사도들에게 이렇게 말씀했었다. "너희 이름이 하늘에 기록된 것으로 기뻐하라(눅 10:20).", "너희는 내가 일러준 말로 이미 깨끗하게 되었다(요 15:3)." 그들의 구원을 확증하고 있는 구절임에 틀림없다.

대부분의 은사주의자들은 제자들이 또한 오순절 전 다락방에서 성령을 받았다고 주장한다. 요한복음 20:21-22은 다음과 같이 기록해 주고 있다. "예수께서…… 저희를 향하사 숨을 내쉬며 가라사대 성령을 받으라." 이 부분에 대한 은사주의자들의 정통적인 해석에 의하면 예수께서는 제자들에게 이미 성령을 주셨으며 오순절의 사건은 그보다 높은 무엇을 보여 주는 것이었다는 것이다. 즉, 그들에게 실제적인 능력을 준 것은 보다 높은 수준의 성령의 세례였다는 것이다.[6]

그것이 요한복음 20:21-22의 바른 해석인가? 은사주의자들의 견해는 면밀한 검토를 거치지 않은 데서 나온 것이다. 무엇보다도 그 구절은 제자들이 실제적으로 성령을 받았음을 보여 주는 것이 아니다. 성경 어디에서도 오순절이 되기까지는 성령의 강림을 말하고 있지 않다. 예수께서 그들에게 말한 것은 단순히 "성령을 받으라"라는 것이었다. 예수께서 의미하신 것은 무엇이었는가? 그것은 단지 오순절 때 성령으로 충만하게 될 것에 대한 약속 혹은 보증을 의미하는 것이었다.

---

6) 이 견해가 실린 곳으로는 Howard M. Ervin, *These Are Not Drunken, As Ye Suppose*(Plainfield, N.J.:Logos, 1968), 31-32.

크리소스톰(A.D 345-407)을 비롯해서 다른 많은 사람들이 이와 같이 보았다. 계속해서 나타나고 있는 요한복음 20장의 말씀은 제자들이 다락방에서 성령을 받지 못했음을 확인시켜 주고 있다. 그로부터 8일 후 그들이 두려움에 문을 잠근 채 숨어 있는 장소로 예수께서 찾아오셨다(20:26). 예수께서 그들에게 숨을 내쉬며 성령을 약속한 지 일주일 이상이 지난 후였다. 제자들은 성령의 능력을 보이기 위해 어느 곳에도 가지 않았으며 또 아무 능력도 행하지 않았다.

그러나 가장 강력한 증거는 사도행전 1장 앞부분에서 나타난다. 예수께서는 부활하시기 직전에 제자들을 모아 놓고 예루살렘을 떠나지 말고 아버지께서 약속하신 것을 기다리라고 말씀하셨다(행 1:14). 계속해서 예수께서는 "요한은 물로 세례를 베풀었으나 너희는 몇 날이 못 되어 성령으로 세례를 받으리라"라고 말씀하셨다(5절). 4절의 "아버지의 약속하신 것"은 요한복음 14:16의 "내가 아버지께 구하겠으니 그가 또 다른 보혜사를 너희에게 주사 영원토록 너희와 함께 있게 하시리니"라고 말씀하신 것을 언급하는 듯하다. 거기서 예수께서는 성령을 보내시리라고 약속하셨다. 그 약속은 요한복음 20:26에서 예수님에 의해 되풀이 되어졌으나 아직 성취되지는 않았다. 이때도 제자들은 여전히 성령을 기다리고 있었다.

사도행전 1:8에서 예수께서는 이렇게 말씀하셨다. "오직 성령이 너희에게 임하시면 너희가 권능을 받고 예루살렘과 온 유대와 사마리아와 땅 끝까지 이르러 내 증인이 되리라." 능력을 받는 것은 명백히 성령을 받는 것과 뗄 수 없는 관계를 지닌 것이었다. 그런데 제자들은 여전히 기다리고 있었으며 약속은 아직 성취되지 않은 가운데 있었다. 만일 성령이 요한복음 20장에서 그들에게 임하였다면 이미 능력이 주어졌을 것이며 따라서 더 이상 무엇인가를 기다릴 필요가 없었을 것이다.

　오순절이 되기까지 제자들이 아직 성령을 받지 못했음을 다른 두 군데 성경구절에서 더 찾아볼 수가 있다. 요한복음 7장과 16장이 그것이다. 요한복음 7장은 예수께서 초막절 때 "누구든지 원하는 자는 내게로 와서 생수를 마시라"고 말씀하신 내용을 기록하고 있다. 기자는 39절에서 예수께서 성령에 대해 다음과 같이 말씀하신 것을 기록하였다. "이는 그를 믿는 자의 받을 성령을 가리켜 말씀하신 것이라 예수께서 아직 영광을 받지 못하신 고로 성령이 아직 저희에게 계시지 아니하시더라." 이 구절은 분명하게 예수께서 영광을 받기까지 성령이 오시지 않을 것임을 보여 주는 것으로 예수께서는 승천 후에야 영광을 얻으실 수가 있었다.[7]

　또한 요한복음 16:6은 예수께서 제자들에게 다음과 같이 말씀하셨음을 보여 주고 있다. "내가 너희에게 유익이라 내가 떠나가지 아니하면 보혜사가 너희에게 오시지 아니할 것이요 가면 내가 그를 너희에게로 보내리니." 우리가 잘 아는 것처럼 예수께서는 승천하심으로써 그들에게서 떠나가셨다.

　그러므로 성경을 철저히 상고하게 되면 예수께서 요한복음 20:22에서 말씀하신 것이 단순히 성령에 대한 약속이었음을 확실하게 알 수가 있다. 제자들은 그 당시 여전히 성령을 받지 못하고 있었다.

　아울러 이 모든 사건이 변화의 시대에 일어났음을 기억할 필요가 있다. 옛 언약과 새 언약의 명백한 교체가 일어나고 있었다. 제자들이 그리스도를 알

---

[7] 요한복음 17장에서 하나님 아버지께 창세기 전에 아버지와 함께 있었을 때 누렸던 그 영화로움을 다시 누리게 해 달라고 예수님께서 간구하는 기도를 하셨을 때 그분은 장차 승천하게 되리라는 것을 마음속에 생각하고 계셨다(1-5절). 그리고 요한복음 7장 39절에 따르면 예수께서 그 영광을 받으시기까지는 성령이 임하지 않았다.

았고 또 그를 믿었다 할지라도 그들은 여전히 구약을 믿는 자들이었다. 따라서 그들은 오순절 때 성령이 도래하기까지는 성령의 영원한 내주에 대해 경험할 수도 이해할 수도 없었다.

성령 세례를 위해 전심으로 구해야 한다는 은사주의자들의 주장을 어떻게 받아들여야 하는가? 비록 120문도가 다락방에서 기대와 흥분 가운데 기도하고는 있었지만(행 1:4), 그들이 성령을 간절히 구했다는 증거는 어디에서도 찾아볼 수가 없다. 이 엄청난 사건이 일어나는 데 있어 제자들이 할 수 있었던 것은 아무것도 없었다. 그들이 할 수 있었던 것이란 단지 약속의 주권적 성취를 기다리는 것뿐이었다.

사도행전 어디에서도 성령이나 방언을 받기 위해 간구했다는 대목을 찾아볼 수 없다. 8장에도, 10장에도, 19장에도 성령을 구하는 것에 대한 기록은 나타나 있지 않다. 또한 안디옥 교회의 신자나 갈라디아, 골로새, 로마, 데살로니가, 혹은 고린도 교회에 있는 신자 중 누구도 성령이나 방언을 위해 간구했다는 내용이 나타나 있지 않다. 사도행전 가운데서 성령으로 충만하고 방언을 말한 사람들이 기록되어 있는 대목들을 연구해 보라. 그 같은 현상이 일어난 부분이라 할지라도 그러한 경험을 위해 초대교회의 신자 중 누군가가 간구했다는 기록을 단 한군데도 찾아볼 수가 없다. 프레데릭 데일 브루너는 다음과 같은 물음을 제기했다. "이것이 방언과 함께 성령 세례를 특별히 구해야 한다고 믿는 오순절파의 주장에 영향을 미칠 수는 없는가?"[8]

오순절 때 성령이 오심으로써 새로운 질서가 세워지게 되었다. 즉, 그때로부터 신자라면 누구든지 믿음을 가지는 순간부터 성령이 오셔서 그들 가운데 거하시며 관계를 가지게 된 것이다. 로마서 8:9은 그 같은 사실을 잘 보

---

8) Frederic Dale Bruner, *A Theology*, 165.

여 주고 있다. "만일 너희 속에 하나님의 영이 거하시면 너희가 육신에 있지 아니하고 영에 있나니 누구든지 그리스도의 영이 없으면 그리스도의 사람이 아니라." 바로 이러한 이유 때문에 바울은 모든 기독교인이 다 그리스도의 몸 안에서 세례를 받았으며 다 한 성령을 마셨다고 주장하는 것이다(고전 12:13).

사도행전 2:3-4은 성령의 실제적인 도래를 기록해 주고 있다. 제자들은 각기 급하고 강한 바람 같은 소리와 불의 혀같이 갈라지는 성령의 세례를 받았다(2-3절). 그때 모든 사람들이 성령으로 충만해졌으며 각기 다른 방언을 말하기 시작했다. 예루살렘에 모인 모든 유대인들에게 하나님의 기이한 역사를 말하는 그 놀라운 언어는 특별한 목적을 지닌 것이었다. 즉, 그것은 믿지 않는 이스라엘에게 심판의 표시를 보여 주기 위한 것이었으며, 한 교회 내에 다른 무리가 들어옴을 보여 주는 것이었고, 아울러 사도들의 영적인 권위를 확고히 하는 것이었다(방언의 목적에 대한 보다 깊은 논의를 위해서는 은사Ⅱ 10장을 보라).

사도행전 2:5-12장은 그곳에 있었던 유대인들("천하 각국으로부터 온 경건한 유대인들")이 놀랐다고 기록해 주고 있다. 그들은 이 같은 놀라운 이적을 하나님께로부터 온 것으로 받아들였다. 베드로가 서서 설교하자 3천명이 믿고 구원을 받았다. 그리고 그들이 믿는 순간 3천명 모두가 성령을 받았다(2:38). 그러나 앞에서도 말했거니와 3천명이 제자들의 경우처럼 방언을 말했다는 기록은 전혀 나타나고 있지 않다.

사도행전 2장에 기록된 사건은 독특한 이적이었다. 그것은 교회 역사상 처음이자 마지막인 오순절 사건이었다. 하나님께서는 모든 사람이 특별한 무엇인가가 일어나고 있음을 알기를 원하셨다. 그랬기에 급하고 강한 바람 같은 소리가 있었던 것이며 불의 혀같이 갈라지는 것이 있었던 것이다. 또한 그것 때문에 그들이 방언을 말했던 것이다.

하나님께서는 처음으로 성령 세례를 받은 모든 사람들이 자기들이 경험한 사건이 유일하고도 극적인 사건임을 알기를 원하셨다. 하나님께서는 다른 나라와 다른 종교로부터 예루살렘에 나아온 순례자들이 각기 그들의 말로 메시지를 듣기를 원하셨다. 교회가 탄생했으며, 이것은 새로운 시대를 의미하는 것이었다. 메릴 엉거(Merrill Unger)는 다음과 같이 말했다.

> 오순절 사건은 세상과 인간의 창조 사건처럼 반복될 수 없는 것이다. 또한 그리스도의 성육신과 죽으심과 부활과 승천처럼 오직 한 번으로 끝나는 사건이다. 이것은 다음 몇 가지 단순한 사실로부터 명백해진다. (1) 하나님의 영은 한번 이 땅에 오셔서 교회 가운데 그의 거처를 가지실 수가 없었다. (2) 하나님의 영은 한번 교회 안에 들어와 그 안에 머무르실 수가 없었다. 바로 오순절 때 그렇게 하셨다. (3) 그 사건은 특별한 때(행 2:1) 특별한 장소에서(행 1:13,14) 새로운 질서를 가져오는 특별한 목적을 위해(고전 12:12-20) 특별한 구약적 유형의 성취 가운데서(레 23:15-22) 일어났다. 그 사건은 한번 시작된 새로운 질서를 계속적이고 반복적으로 일어나게 할 성격의 것이 아니었다.[9]

그러나 은사주의자들은 단 한번만 일어날 수 있는 이 사건을 모든 시대의 모든 기독교인들에게도 보편적으로 일어날 수 있는 것으로 만들려고 한다. 그들은 사도행전 2장에서 일어난 사건이 모든 사람들에게 일어나야만 한다고 주장한다. 만일 그렇다면 모든 사람이 다 급하고 강한 바람 같은 소리와 불의 혀같이 갈라지는 것을 경험할 수 있어야만 한다. 그러나 물론 그 같은

---

9) Merrill F. Unger, New Testament Teaching on Tongues(Grand Rapids: Kregel, 1971), 17-18.

현상들은 오늘날 거의 찾아 볼 수 없다.

1976년에 은사주의자들은 "계속되는 오순절의 기적"을 기념하기 위해 예루살렘에서 세계 대회를 열었다. 주목할 만한 일은 그곳에 참석한 사람들이 자기 나라 말로 듣고 이해하기 위해서는 통역자들과 헤드폰이 있어야 했다는 것이다! 은사주의자들이 그들의 교리를 주장하는 근거로 사도행전 2장을 지적하고 있음에도 불구하고, 명백한 사실은 이 시대의 은사현상은 오순절 때 제자들이 예루살렘에서 경험했던 것과는 다르다는 것이다.

사도행전 8장의 고찰

은사주의자들이 그들의 주장을 증명하기 위해 사용하는 또 다른 대목은 사도행전 8장이다. 사도행전 8장은 교회에 가해지는 핍박과 유대와 사마리아로 제자들이 흩어지는 내용을 기록하고 있다. 그로 인해 사마리아에 있는 사람들이 그리스도를 믿게 되었다. 다음은 사도행전 8:14-17의 내용이다.

예루살렘에 있는 사도들이 사마리아도 하나님의 말씀을 받았다 함을 듣고 베드로와 요한을 보내매 그들이 내려가서 저희를 위하여 성령 받기를 기도하니 이는 아직 한 사람에게도 성령 내리신 일이 없고 오직 주 예수의 이름으로 세례만 받을 뿐이러라 이에 두 사도가 저희에게 안수하매 성령을 받는지라.

은사주의자들이 이 내용을 성령 세례가 뒤따른다는 그들의 주장을 입증하기 위한 것으로 사용하는 것은 자연스러운 일이다. 사마리아 사람들은 주 예수의 이름으로 세례를 받았으나 아직 성령을 받지 못했다. 분명히 성령 세례가 뒤따르는 것이 여기에 나타나 있다. 그러나 이 사건이 있었다고 해서 성령 세례가 뒤따르는 것이 전 시대에 적용될 수 있는 원리로 증명되는 것은 아니다. 사마리아 사람들의 구원과 그들의 성령받은 사건 사이의 간격은 그들이 두 언약이 교체되던 시대에 살았기 때문이었다.

유대인과 사마리아인 간의 적대감은 이미 잘 알려져 있다. 만일 이들 사마리아 사람들이 어떤 초자연적인 표적이나 과시 없이 구원과 동시에 성령을 받았다면 유대인과 사마리아인 간의 불화는 기독교회 안에서도 계속되었을 것이다. 오순절 사건은 유대인들에게 일어난 것이었다. 따라서 오순절 때 탄생한 교회는 배타적으로 그리스도 안에 있는 유대인 신자들로 구성되어 있었다. 만일에 사마리아 사람들이 그들만의 기독교 모임을 출범시켰다면 그들간의 오랜 적대 감정과 경쟁 심리는 사마리아 사람들과 이방인들의 모임에 대한 유대인들의 분쟁과 함께 오래 계속되었을 것이다. 따라서 하나님께서는 유대인 사도들이 사마리아 사람들 가운데 이르렀을 때 그들에게 성령을 허락하셨다. 논란의 여지가 없도록 모든 사람이 볼 필요가 있었다. 따라서 새 언약 아래서의 하나님의 목적은 이스라엘 민족을 높이시되 사마리아 사람들까지도 한 교회 안에 들어오도록 하는 것이었다.

사마리아 사람들이 사도들의 능력과 권위를 인정하는 것 또한 중요한 것이었다. 유대인들에게 있어서는 사마리아 사람들이 그리스도의 몸이 지체임을 아는 것이 중요했으며, 사마리아인들에게 있어서는 유대인 사도들이 신적인 진리의 통로임을 아는 것이 중요했다.

사도행전 8:16의 한 부분을 살펴보면 이 사실은 더욱 명료해진다. "이는 아직 한 사람에게도 성령 내리신 일이 없고 오직 주 예수의 이름으로 세례만 받을 뿐이러라." 여기서 살펴보고자 하는 것은 "아직…… 없고"를 뜻하는

헬라어 단어 "우데포 (oudepo)"이다. 이 단어의 의미는 단순히 일어나지 않은 무엇을 의미하는 것이 아니라 일어났어야 했음에도 불구하고 아직 일어나지 않은 것을 말하고 있는 것이다.

따라서 사마리아인들이 그리스도를 믿게 된 것과 그들이 성령을 받게 된 것 사이에 간격이 있었다 할지라도 그것은 초대교회 당시에 진행 중이던 중요한 변화에 기인한 것이었다. 그 간격은 분명 하나님께서 교회 안에서 새로운 일을 행하고 계신 것을 모든 사람들로 하여금 보도록 하기 위해 주어진 것이기도 했다. 사마리아인들이 유대인 신자들과 마찬가지로 하나님에 의해 교회 가운데 받아들여진 사실이 사도들과 모든 다른 유대인 신자들에게 증거 되었다. 그들은 같은 그리스도, 같은 구원, 같은 성령을 받았으며, 그리고 하나님에 의해 똑같이 받아들여진 자들이 되었다. 게다가 그들은 같은 사도들의 권위 아래 있게 되었다.

프레데릭 데일 브루너는 사마리아인들이 교회 가운데 들어온 것의 중요성을 다음과 같이 기록했다.

이것은 평범한 사건이 아니었다. 사도행전 10장의 이방인의 수용과 같은 사건이었다. 사마리아는 건너야 할 다리이자 점령해야 할 터이기도 했다. 즉, 사마리아는 가장 깊은 균열을 보여 주는 것이었기에 뛰어넘어야 할 다리였으며, 교회가 더 이상 예루살렘에 혹은 단지 유대인들 가운데서만 안주할 수 없었기에 선교를 위해 점령해야 할 터였다.

우리는 신약의 여러 기록을 통해 사마리아인들에 대한 유대인들의 감정을 알고 있다. 또한 유대인 교회에 이방인들이 들어오도록 고통스럽고도 중대한 결정을 내리는 사도행전 10-11장, 15장의 중요한 기록도 알고 있다. 오순절 이래 다른 모든 곳에서 성령세례와 성령의 선물이 하나로 나타나고 있음에도 불구하고 여기서 분명하게 이 둘이 구분되어 나타나고 있는 이유는 사도들에게, 그리고 멸시받는 사마리아인들에게 더 나아가 현재와 미래의 전 교회에 대해 신적인 의지를 명백하게 보여 주기 위해서였다. 그 신적인 의지란, 하나님께서는 성령의 선물을 주심에 있어 어떤 편견도 없다는 것이며, 복음을 믿는 곳이라면 하나님의 역사가 일어났고, 따라서 하나님께서 성령의 선물을 주시기로 작정하셨다는 것, 지금도 그리스도의 이름으로 세례가 베풀어지는 곳이라면 그 어디든 사마리아에서처럼 성령의 선물이 주어진다는 것, 한마디로 하나님의 성령의 선물은 거저 주어지는 것일 뿐만 아니라 모두를 위해 주어졌다는 것이다. 이 같은 기본적이고도 중요한 사실을(이것이 복음의 사실이었다) 가르치기 위해 하나님께서는 사도들이 그들 자신의 눈으로 와서 보기까지, 그리고 어떤 공로나 종종에 따라 주어지는 것이 아닌 하나님의 선물(29절)을 나눠줌에 있어 그들 자신의 손을 도구로 사용하시기까지 그의 선물을 잠시 보류하셨던 것이다.[10]

소외된 사람들에게 성령의 은사가 주어지는 놀라운 재현이 사마리아에서 일어났고, 그것도 처음 사마리아에서의 그 놀랄 만한 재현은 이 소외된 사람들에게 성령의 선물이 주어짐으로써 그것도 처음 유대인 신자들에게 일어났던 것과 똑같은 방식으로 일어났다. 이것은 "사마리아 오순절"이 아니었으며 단지 교회의 성장을 위한 중요한 단계였다. 단지 한 번의 오순절 사건이 있었을 뿐이며, 따라서 이 사건이 오순절 사건에 다른 무엇을 결코 더하지는 않았다. 그러나 그것은 모든 교회에 대해 중간에 막힌 담이 헐어졌음을(엡 2:14-15) 생생하게 보여 주었다. 메릴 엉거는 이에 대해 다음과 같이 말했다.

사마리아에서 일어난 사건은 다음과 같은 이유들 때문에 "사마리아 오순절"로 불릴

---

10) Frederic Dale Bruner, *A Theology*, 175-176(emphasis in original)

수 없다. (1) 오순절 사건은 반복될 수 없는 것이다. 왜냐하면 그것은 교회 안에 성령께서 영원한 거처를 갖기 위해 또 다시 오실 필요가 없었다. 이것은 새 시대에 대해 단 한 번만 주어지는 사건이었다. (2) 어느 누구도 처음 오순절 때 주어진 것처럼 성령을 받을 수 없다. 그것은 그때 단 한 번 주어진 것이기 때문이다. (3) 그러므로 오순절은 새 시대의 시작이었다. 반면에 사마리아 사건은 새 시대를 여는 것이 아닌, 이미 열린 그 시대의 영적인 축복 가운데 들어가는 것이었다.

사마리아 사건은 탄생이 아닌 성장을 보여 주는 것이었다. 그것은 오순절 사건처럼 단지 유대인들에게만 복음의 특권이 주어졌음을 보여 주는 것이 아니라, 사마리아 사람들처럼 다른 사람들에게도 복음의 특권이 확장되었음을 보여 주는 사건이었다.[11]

사도행전 8장에서 시몬의 반응이 보여 주듯이 어떤 초자연적인 표적이 있었음에도 불구하고 바람 같은 소리나 불의 혀 같은 것에 대한 언급이 나타나고 있지 않는 것은 흥미 있는 일이다(8:18-19). 진실로 중요한 것은, 모든 사람이 두 교회가 있지 않다는 것을 알았다는 것이다. 같은 사도적 권위 아래 같은 성령을 지닌 한 교회가 있었다.

사도행전 10장의 고찰

오순절파와 은사주의자들이 성령 세례가 뒤따른다는 주장을 증명하기 위해 종종 사용하는 세 번째 구절은 사도행전 10장이다. 사도행전 10장은 고넬료와 가이사랴 빌립보의 다른 이방인들이 구원받고 성령 받은 것을 기록해 주고 있다. 복음은 진실로 '땅끝에까지(행 1:8)" 증거 되고 있었다.

사마리아인들과 유대인들 간에 골이 있었다면 이방인들과 유대인들 간에

---
11) Merrill Unger, New Testament Teaching, 36-37.

는 실제적으로 더욱 깊은 골이 있었을 것이다. 이방인 지역을 여행하고 온 유대인들은 반드시 그의 발과 옷의 먼지를 털어야 했는데, 이는 이방인들의 먼지가 유대 땅에 들어오는 것을 원치 않았기 때문이었다. 유대인들은 이방인들의 집에 들어가지 않았으며 이방인들의 손으로 요리한 음식은 먹지도 않았다. 어떤 유대인들은 이방인들의 푸줏간에서 썬 고기라면 사는 것조차 하지 않았다.

그럼에도 불구하고 주님께서는 베드로에게 하나님께서는 아무도 차별하지 않으신다는 것을 가르치는 한 이상을 보여 주셨다. 베드로가 그 이상을 본 직후에 세 사람이 그가 머물고 있는 집으로 찾아와 자기들은 베드로를 만나 하나님에 대해 더 알고 싶어 하는 고넬료라는 이가 보낸 사람들이라고 설명했다.

베드로는 자신이 방금 경험한 이상을 기억하면서 유대인들의 편견을 떨쳐 버리고 고넬료가 살고 있는 가이사랴로 그 이방인들과 함께 갈 것에 동의했다. 그곳에서 베드로와 다른 모든 사람들이 주님을 믿게 되었다. 베드로와 함께 고넬료의 집에 찾아온 유대인들은 "이방인들에게도 성령 부어 주심을 인하여" 그리고 "방언을 말하며 하나님을 높임"을 듣고 크게 놀랐다(행 10:45-46). 베드로는 다음과 같이 결론을 내렸다. "이 사람들이 우리와 같이 성령을 받았으니 누가 능히 물로 세례 줌을 금하리요?(47절)."

은사주의자들의 주장과 관련하여 두 가지 주목할 만한 일이 여기에 나타난다. 하나는, 고넬료가 그리스도를 믿는 것과 성령을 받는 것 사이에 아무런 간격이 없었다는 것이다. 두 번째는 베드로와 다른 유대인들이 놀랐다는 것이다. 왜? 이는 이방인들이 방언을 말하고 하나님을 높이는 것을 들었기 때문이다. 방언은 무엇보다도 믿지 않는 이스라엘에 대한 심판의 표시였으나(고전 14:21-22), 하나님께서는 이곳에서 믿는 유대인들에게 성령이 그들에게 임한 것처럼 이방인들에게도 임했다는 사실을 보여 주기 위한 목적으로 그 현상을 반복하셨다.

사마리아에서 일어난 것과 똑같은 일이 여기에서도 일어나고 있었다. 당시는 변화의 시기였다. 만일 성령과 관계된 눈에 보이는 어떤 증거가 없었다면 베드로와 다른 사람들은 이방인들이 이제 그리스도의 지체가 되었다는 사실을 빨리 깨닫지 못했을 것이다. 그러나 유대인 신자들은 이 이방인들이 그리스도 안에 있다는 반박할 수 없는 장면을 목격하였다. 베드로는 즉각 그들이 세례를 받아야 한다고 결론을 내렸다(10:47). 명백히 베드로는 구원과 세례 받는 일을 동일시하고 있었다. 이방인들이 유대인들에게 임했던 것과 같은 성령을 받자 베드로는 의심의 여지없이 그들이 구원을 받았으며 따라서 세례를 받아야 한다고 생각했던 것이다.

이 모든 것은 사도행전 11장에서 아름답게 이야기되고 있다. 11장에서 베드로는 예루살렘 공의회 앞에 서서 자신이 경험한 사실을 보고하였다. 그는 유대인 형제들에게 어떤 일이 일어났는가에 대해 다음과 같이 설명하였다.

내가 말을 시작할 때에 성령이 저희에게 임하시기를 처음 우리에게 하신 것과 같이 하신지라 내가 주의 말씀에 요한은 물로 세례 주었으나 너희는 성령으로 세례받으리라 하신 것이 생각났노라 그런즉 하나님이 우리가 주 예수 그리스도를 믿을 때에 주신 것과 같은 선물을 저희에게도 주셨으니 내가 누구관대 하나님을 능히 막겠느냐 하더라(행 11:15-17).

이 장면은 거의 유머스럽기까지 한 대목이다. 베드로가 마치 다음과 같이 말하는 듯이 보인다. "여러분, 미안한 얘기지만 나도 어쩔 수가 없었습니다.

하나님께서 하시는 데 막을 도리가 없었지요!"

공회원들은 큰 충격을 받았으나 일어난 일을 부인할 수는 없었다. 그들은 냉정을 되찾았으며, 하나님을 찬양했고, 하나님께서 자비롭게도 이방인들에게까지 역시 생명에 이르게 하는 회개를 주신 것을 인정했다(행 11:18). 교회는 하나가 되었다. 즉, 유대인들과 이방인들이 하나가 된 것이다(갈 3:28; 엡 2:14-18).

이 사건들은 역사적인 전환의 시기에 특별한 이유 때문에 일어났던 것이다. 이방인들은 회심의 순간에 성령을 받았다. 그들이 교회의 지체가 되었다는 것을 증명하기라도 하듯 그들은 방언을 말했다. 그러나 그 일은 결코 뒤따라 발생한 일이 아니었다. 엉거는 다음과 같이 말했다. "오순절 사건이 새로운 시대를 여는 의미에서 발생한 것이라면 사도행전 10장은 새로 시작된 시대의 절정을 보여 주는 것이며 또한 새로운 시대에서의 정상적인 현상을 보여 주는 것이다."[12]

구원과 성령을 동시에 받는 것은 정상적인 현상이다. 사도 베드로는 현장과 함께 있었으며 따라서 이방인들이 참된 신자가 되었다는 것을 유대인들로 구성된 공의회에 보고할 수 있었다. 동시에 베드로가 그들과 함께 있어 그들을 그리스도에게로 인도했기에 이방인들은 사도적 권위를 인정했을 것이다. 가장 중요한 것은 두 그룹 모두가 같은 성령을 받았으며 한 지체라는

---

12) Ibid, 54-55. 엉거는 계속해서 다음과 같이 말했다. 베드로가 와서 그들에게 성령의 은사를 받게 하고 신약에서 보편적으로 말하는 구원을 받게 하기 전에 벌써 고넬료와 그의 권속들이 '구원을 받았다'는 말과 그렇게 해서 고넬료와 그의 권속들에게 일어난 일이 현대의 성도들에게는 특별한 일이 아닌 구원 이후의 이차적인 체험이라는 말을 정당화하는 것은 커다란 실수이다. 그의 주장은 고넬료의 성령 은사 체험 사건의 시간 설정을 이상하게 만들고 일반적인 성령 은사의 의미를 왜곡할 뿐 아니라 특별히 그 사건과 관련해 나타났던 방언의 의미를 잘못 해석하고 있는 것이다. 고넬료와 그의 권속들이 베드로가 신약에서 말하는 구원에 대해 설명하기 전에(행11:14) '구원받은' 것처럼 다루는 것은 신약에서 말하는 구원이란 무엇인가 혹은 구약의 구원과의 차이점은 무엇인가 깨닫지 못한 것이다.

사실을 알게 되었다는 것이다.

사도행전 19장의 고찰

사도행전 19장은 변화 가운데에 있는 교회를 계속해서 보여 주고 있다. 이 부분 역시 은사주의자들이 성령으로 세례받고 방언을 말할 수 있어야 함을 보여 주기 위해 그 근거로 사용하는 대목이다. 그러나 이 부분 역시 구원과 성령 세례 사이의 어떤 간격을 보여 주고 있지는 않다. 어떤 오순절파들과 은사주의자들은 이 사람들이 여기에 기록된 이 사건 전에 이미 그리스도를 믿었던 사람들이라고 주장한다. 그러나 이 부분을 자세히 연구해 보면 결코 그렇지 않다는 것이 드러나게 된다.

사도행전 19장은 바울이 전도 여행 중 에베소에 도착했을 때 그곳에 "어떤 제자들(19:1)"이 있었음을 기록해 주고 있다. "너희가 믿을 때에 성령을 받았느냐?" 바울은 알기를 원하였다(2절).

에베소에 있는 제자들의 답변은 특이했다. "아니라 우리는 성령이 있음도 듣지 못하였노라."(2절)

"그러면 너희가 무슨 세례를 받았느냐?" 바울이 이어서 질문한 내용이다(3절).

그들은 "요한의 세례"를 받았다고 대답했다.

그러자 바울은 그들의 문제점을 파악하고 이렇게 말했다. "요한이 회개의 세례를 베풀며 백성에게 말하되 내 뒤에 오시는 이를 믿으라 하였으니 이는 곧 예수라(4절)."

에베소에 있었던 제자들은 기독교인들이 아니었다. 그들은 구약의 가르침을 믿는 자들이었다. 그들의 영적 지식은 세례 요한에 머물렀으며 그리스도의 사역에 대해서는 잘 모르고 있었다. 그들은 예수에 대해 들은 후 믿음을 가지게 되었으며 그의 이름으로 세례를 받았다. 바울이 그들에게 손을 얹었을 때 그들은 방언과 예언을 말하기 시작했다(5-6절).

분명히 이 제자들은 성령이나 방언을 구하지 않았다. 바울은 성령에 대해 말하기 시작했다. 그들은 성령의 오심과 관계된 어떤 현상에 대해서도 들어보지 못했다. 사도행전 19:2을 번역한 대부분의 번역본들은 바울의 질문에 대한 에베소 신자들의 답변이 암시하는 바를 충분히 표현하지 못하고 있다. 그들은 본질적으로 이렇게 말한 것이다. "우리는 성령이 오셨는지에 대해서는 들어보지 못했다. 왜? 그들은 아직 예수 그리스도에 대해 아무것도 듣지 못했기 때문이었다.

그들의 답변을 듣자마자 바울은 그들을 면밀히 살피기 시작했으며 곧 그들이 예수 그리스도의 제자들이 아닌 세례 요한의 제자들임을 알게 되었다. 그들은 세례 요한이 죽은 뒤 20년 동안 여전히 메시아를 기다려 온 구약의 남은 자들 즉, 변화되어야 할 사람들이었다.

따라서 바울이 다음에 어떤 행동을 취했겠는가는 능히 짐작할 수 있는 것이다. 그는 실제로 이렇게 말했다. "너희는 권함을 받으라. 너희는 요한이 가르친 대로 회개했으나 이제는 다음 단계로 나아가야 한다. 즉, 요한 뒤에 오시는 이 예수 그리스도를 믿으라."

바울이 이 제자들의 실체를 알게 된 후에 성령이 아닌 예수 그리스도에 대해 말한 사실을 주목하라. 바울은 그들 모두가 요한의 세례를 받은 자들이라는 것을 알았다. 만일 그들이 그리스도에 대한 신앙을 고백하고 세례를 받았다면 그들은 성령을 받았을 것이다. 바울이 "너희가 믿을 때에 성령을 받았

느냐?"라고 물었을 때 그는 그리스도를 믿는 순간 성령을 받게 되는 것이 오순절 이후 교회에서의 정상적인 과정을 보여 주고 있는 것이다.

바울은 그리스도를 통해 구원 얻는 것 이상의 다른 무엇을 얻게 하거나, 두 번째 단계로 어떻게 나아갈 것인가에 대해 에베소 제자에게 가르치려 하지 않았다. 그는 에베소 사람들에게 중요한 것은 성령 세례에 대한 지식이 아닌 예수 그리스도에 대한 지식임을 깨달았다.

따라서 바울은 에베소 제자들에게 그리스도를 전했으며, 그들은 그리스도를 믿게 되었고 주 예수의 이름으로 세례를 받았다. 그리고 바울이 그들에게 손을 얹었을 때 그들은 방언과 예언을 말했다.

바울은 왜 그들에게 손을 얹었는가? 이는 그들로 더 이상 세례 요한을 따르지 않고 사도의 가르침을 따르게 하기 위해 그렇게 했던 것이다. 그러면 에베소 신자들에게는 왜 방언이 주어졌는가? 방언은 그들이 비록 옛 언약 하에서 하나님과 관계를 가졌던 사람들이라 할지라도 이제 다른 모든 사람들과 더불어 교회의 지체가 되었음을 보여 주는 것이었다. 오순절을 경험한 사람들처럼 그들은 이제 새 언약 가운데 사는 자들이 된 것이다.

실제로 사도행전 전체의 주제는 요 17:21에 나타난 예수님의 기도가 어떻게 응답되었는가를 보여 주는 것이다. 요한복음 17:21에서 예수께서는 이렇게 기도하셨다. "아버지께서 내 안에, 내가 아버지 안에 있는 것 같이 저희가 다 하나가 되어 우리 안에 있게 하사 세상으로 아버지께서 나를 보내신 것을 믿게 하옵소서." 모든 신자가 하나가 된 것 같이 두 언약 사이에 변화가 일어나고 있었다. 오순절 사건이 그것을 보여 주며, 사마리아 사건이, 그리고 고넬료와 다른 이방인들의 구원이 그것을 보여 준다. 그리고 여기 사도행전 19장에서 믿음으로 말미암아 성령 안에서 하나가 되었다. 그리고 그들의 하나됨은 앞서 살펴본 세 차례나 나타난 기적적인 현상들에 의해 생생하게 확인되었다. 이 사건들은 전교회의 보편적인 방식으로 의도된 것이 아니었다. 그것들은 단지 한정된 신자들에 대해 단 한차례 주어진 예외적인 표적이었다.

사람들이 그리스도를 믿고 난 뒤 나중에 방언을 동반한 성령 세례를 받아야 한다고 주장하는 것은 사도행전을 강제로 자기들이 만든 신학적인 틀에 끼워 맞추는 것이다. 사도행전의 사건들은 단순히 오순절파와 은사주의자들의 견해를 반영해 주지 않는다.

조셉 딜로우(Joseph Dillow)는 우리의 책임에 대해 다음과 같이 정리했다.

> 우리는 사도들의 경험을 가르치는 비극적인 잘못을 저질러서는 안 된다. 그보다 우리는 사도들의 가르침을 경험할 수 있어야 한다. 사도들의 경험을 사도행전에서 찾아볼 수 있다. 반면에 사도들의 가르침은 오늘을 사는 우리 기독교인들을 위한 길잡이 역할을 하고 있는 서신서 안에 명백히 제시되어 있다.[13]

사도행전은 새 시대 즉, 교회 시대, 성령의 시대가 어떻게 시작되었는가를 보여 준다. 현 시대를 사는 우리는 예수 그리스도를 주와 구세주로 믿을 때 성령을 받는다. 성령은 하나님께서 모든 신자들에게 주시는 선물이다. 신약의 서신서는 그 같은 사실을 수없이 가르치고 있다. 오순절파와 은사주의자들의 주장처럼 간구함으로써 은사가 주어진다든지 방언이 그 증거라고 하는 따위의 가르침은 성경 어디에서도 찾아볼 수 없다.

---

13) Joseph Dillow, *Speaking in Tongues*(Grand Rapids: Zondervan, 1975), 66

바울은 성령에 대해 여러 차례에 걸쳐 기록했다. 그리고 영적인 은사에 대해 많은 말을 했다. 그런데 기묘하게도, 보편적인 기독교인들의 경험이 사도행전 2장, 8장, 10장, 19장에 기록되어 있는 것과 비슷하다는 것을 보여주는 언급은 전혀 없다.

잠시 이야기를 바꿔, 바울은 우리가 사도행전에서 보아 알 수 있는 것처럼 특별한 경험을 한 사람이었다. 그는 다메섹 도상에서 주 예수 그리스도를 만났으며 그 즉시 기독교인들을 죽이던 자에서 주님의 종으로 변화되었다. 바울은 삼 일 동안 장님으로 지냈으며 그 후 아나니아가 그에게 찾아와 그의 눈을 뜨게 하고 "성령으로 충만케 하기 위해" 그에게 손을 얹었다(행9:17). 재미있는 사실은, 사도행전 9장은 그때 바울이 방언을 했다는 것을 기록해 주고 있지 않다는 것이다. 그러나 후에 그는 고린도 교인들에게 그가 그들보다 방언을 더 많이 했다고 말했다(고전 14:18).

바울은 사도행전이 기록해 주고 있는 것처럼 사람들에게 일어난 경험의 다양성에 대해 잘 알고 있었다. 그 자신도 그 중 하나였다. 그러나 그는 그의 글 어디에서도 먼저 구원을 얻은 뒤 성령 세례를 받아야 한다고 말하고 있지 않다. 유다나 야고보, 베드로의 글 역시 마찬가지이다. 어떤 사도도 오순절파와 은사주의자들이 주장하는 것과 같이 성령 세례가 뒤따라야 한다고 가르치고 있지 않다.

능력을 구해야 하는가, 나타내야 하는가?

사도행전 8:19은 시몬이 성령의 능력을 사려고 하는 것을 기록해 주고 있다. 베드로는 그에게 이렇게 답변했다. "네가 하나님의 선물을 돈 주고 살

줄로 생각하였으니 네 은과 네가 함께 망할지어다(행 8:20)."

시몬은 능력을 원했으나 그것을 잘못된 방법으로 구했다. 오늘날의 기독교인들 역시 능력을 원한다. 즉, 그들은 더 나은 기독교인으로 살 수 있기를 원하고 있다. 그들은 증거 할 능력, 제자들을 만들 능력, 그들이 소명받은 대로 세상에 복음을 전할 능력을 원하고 있다. 이같은 것들은 전혀 잘못된 것이 아니다. 그러나 베드로와 시몬의 사건이 보여 주듯이 어떤 사람들은 잘못된 혹은 불순한 동기를 가지고 영적인 능력을 구한다. 시몬은 하나님께서 거저 주시는 영적인 능력을 인간의 노력으로 구할 수 있는 것으로 생각했다. 따라서 이는 인간의 죄악된 마음을 드러내 주는 것이었다. 많은 은사주의자들이 시몬이 보여 주었던 것과 똑같은 이기적인 이유로 영적인 능력을 구하는 것처럼 보인다. 시몬이 했던 것처럼 종종 인간의 노력으로 그것을 얻으려고 말이다.

은사주의자들의 입장에 대해 그렇게 비판적이지 않은 마이클 그린(Michael Green)은 고린도 교회의 은사주의자들에 대해 다음과 같이 주석했다.

> 그들 은사주의자들은 항상 무엇인가를 더 얻으려고 애썼다. 그러나 바울은 항상 그리스도와 그리스도만이 기독교인들에게 축복임을 강조했다. 그리스도 외에 무엇인가를 더하려고 하는 가르침은 마치 일부 은사주의자들이 "물론 그리스도이다. 그러나 당신은 그리스도 외에 성령이 필요하다"라고 주장하는 것처럼 자기 모순을 드러내는 것이다.
>
> 그들 은사주의자들은 항상 능력을 얻으려고 애썼다. 즉, 그들은 영적인 능력으로 인해 우쭐대며, 항상 능력을 얻기 위해 지름길을 찾으려고 애썼다. 그것은 오늘날에도 마찬가지이다. 바울의 답변은 그의 능력이 아닌 그의 약함을 자랑하려는 것이었다. 즉, 그

는 그것을 통해 단지 그리스도의 능력만이 나타나기를 바랐다. 바울은 사도의 표가 표적과 기사와 능력 가운데 있음을 알고 있었다(고후 12:12). 그러나 그는 또한 사도나 혹은 다른 어떤 기독교인들의 능력이 마치 그의 몸에 가시가 있었던 것과 같은(고전 4장) 곤욕과 시련의 인내로부터 옴을 알고 있었다. 은사주의자들은 부활과 그 능력의 신학을 가졌으나 그들에게는 하나님의 능력을 가져다 준 십자가와 그 수치의 비밀을 다시 배울 필요가 있었다(고전 1:18).

그들 은사주의자들은 항상 증거를 얻으려고 애썼다. 그들 가운데 방언과 치유와 이적이 그처럼 높이 평가되었던 이유가 그 때문이었다. 그러나 바울은 우리가 이 세상을 사는 동안 보이는 것에 의해서가 아니라 믿음에 의해 행해야 한다고 말해 주고 있다. 하나님은 여러 차례에 걸쳐 어둠 속에서 어떤 증거 없이 그분만을 의지하도록 우리에게 요청하고 계신다.[14]

오늘날의 은사주의자들도 똑같은 문제점을 안고 있다. 즉, 그들은 고린도 교인들처럼 무엇인가를 더 갈망하고 더 큰 능력을 요구하며 증거를 보고자 한다. 그러나 그들은 하나님의 성령보다는 시몬이 구한 성령을 더 구하는 듯이 보인다. 하나님의 말씀이 명백히 가르치고 있는 것을 부인하고, 하나님의 약속을 의심하며, 하나님께서 이미 주신 것을 인간의 노력으로 구한다는 것은 그 경험이 어떤 만족을 주건 관계 없이 잘못된 것이다. 능력과 기적적인 증거를 구하는 대신 모든 기독교인들은 즉, 은사주의자들이건 그렇지 않건 똑같이 그의 고난에 참여하며 그의 죽으심을 본 받는 가운데(빌 3:10-11) 그를 알려고 노력해야 한다. 그것이 하나님께서 이미 우리에게 주신 그의 부활의 능력을 나타내는 것이다(롬 6:4-5).

---

14) Michael Green, *I Believe in the Holy Spirit*(Grand Rapids: Eerdmans, 1975), 208-209.

성령 세례는 실제적인 것인가? 느낌인가?

성령 세례가 뒤따라야 한다는 은사주의자들의 주장은 또 다른 문제점을 야기시킨다. 성령 세례가 은혜의 두 번째 역사라는 믿음은 은사주의 운동의 중요한 교리가 되었다. 이제까지 우리가 살펴본 것처럼 은사주의 작가들과 지도자들은 일반적으로 방언에 의해 입증되는 "세례"가 구원에 이어 나타나는 중요한 다음 단계라고 말한다.

그러나 서신서를 살펴보게 되면 전혀 다른 견해가 드러난다. 예를 들면, 고린도전서 12:13이 분명히 보여 주듯이 성령 세례는 실제적으로 모든 기독교인들이 갖는 구원 경험의 중요한 일부분이다. 바울은 다음과 같이 기록하였다. "우리가 유대인이나 헬라인이나 종이나 자유자나 다 한 성령으로 세례를 받아 한 몸이 되었고 또 다른 한 성령을 마시게 하셨느니라." 이 구절은 물세례와 아무런 관계가 없는 것이다. 바울은 다른 곳에서 중요하게 언급되는 물세례 의식에 대해 말하고 있는 것이다. 그는 여기서 로마서 6:3-4과 갈라디아서 3:27에서 영적인 침수와 관련하여 사용한 것과 똑같은 개념의 헬라어 밥티조(baptizo)를 사용하였다.

성령 세례는 신자로 하여금 그리스도와의 생생한 연합에 이르게 하는 것이다. 성령으로 세례받는다는 것은 곧 그리스도께서 성령을 통해 우리 가운데 들어오셔서 우리에게 일상적인 삶의 원리를 가져다주시는 것을 의미하는 것이다.

불행하게도 이 구절의 엄청난 지리가 이제까지 상당히 왜곡되어 왔다. 바울은 여기서 두 가지 생생한 사상을 뒤섞고 있다. 하나는 그리스도의 몸인 교회가 성령 세례를 통하여 형성되었다는 것이며, 또 다른 하나는 우리 모두

한 성령을 마심으로써 몸의 생명이 유지케 되었다는 것이다. 성령의 세례와 성령의 마심이라는 이 두 가지 사상은 각각의 성도를 그리스도와 다른 지체들에게 연합하게 해 주는 하나님의 성령과의 충족된 관계를 보여 준다.

고린도전서 12:13은 "한 성령으로"라는 표현을 쓰고 있다. 은사주의자들이 크게 혼란을 겪는 부분이 바로 여기이다. 헬라어 원본은 "엔(en)"이라는 전치사를 사용하고 있다. 이 단어는 "에서(at)", "에 의해(by)", "더불어(with)"라는 의미로 번역될 수 있다. 어떤 학자들은 "안에서(in)"라는 의미로 번역하기도 한다. 헬라어 전치사들은 그 전치사에 이어 나오는 단어의 의미에 따라 다르게 번역된다. 고린도전서 12:13의 정확한 번역일 뿐만 아니라 신약의 문맥과 가장 잘 상통하는 번역은 "에 의해(by)", 혹은 "더불어(with)"가 될 수 있다. 다시 말하면 회심할 때 우리는 성령에 의해 혹은 더불어 세례를 받는 것이다.

이 대목은 결코 성령이 세례를 베푸는 자로 해석되어서는 안 된다. 성경 어디에서도 성령을 베푸는 자로 말하고 있지 않다. 예를 들면, 마태복음 3:11에서 세례 요한이 바리새인과 사두개인에게 말하기를 그는 그들에게 물로 세례를 주나 그의 뒤에 오시는 어떤 사람은 성령과 불로 세례를 줄 것이라고 했다. 계속해서 그는 말하기를, 그분은 손에 키를 들고 자기의 타작마당을 정하게 하사 알곡은 모아 곡간에 들이고 쭉정이는 꺼지지 않는 불에 태우실 것이라고 했다(마 3:11-12).

일반적으로 은사주의자들은 이 구절의 "불"을 오순절 때 보였던 불의 혀같이 갈라지는 것을 의미하는 것으로 해석한다. 그러나 12절을 볼 때 요한이 의미했던 것은 심판의 불, 꺼지지 않는 지옥의 불이 분명하다. 오순절 때의 불의 혀같이 갈라지는 것은 명백히 쭉정이를 태우는 지옥의 꺼지지 않는 불과는 다른 것이다. 이것은 심판의 불을 가리키는 것이 분명하며, 그 대리인은 성령이 아닌 그리스도이다(5:22). 따라서 요한이 여기서 말하고 있는 것은, 세상에는 성령으로 세례를 받을 사람과 꺼지지 않는 지옥 불로 세례를 받을 사람, 이렇게 두 종류의 사람이 있다는 것이다.

마가복음 1:7-8과 누가복음 3:16은 비슷한 내용을 우리에게 보여 주고 있다. 요한복음 1:33 또한 그리스도에 대해 마찬가지의 내용을 말하고 있다. "그가 곧 성령으로 세례를 주는 것이다." 이 모든 구절들은 예수를 주는 이로 묘사하고 있다.

오순절 날 있었던 설교에서 베드로는 그리스도에 대해 다음과 같이 말했다. "하나님이 오른 손으로 예수를 높이시매 그가 약속하신 성령을 아버지께 받아서 너희 보고 듣는 이것을 부어 주셨느니라(행 2:33)." 우리는 여기서도 역시 그리스도가 오순절 날의 기적적인 사건 속에서 성령을 "부어 주시는" 분 즉, 세례자로 묘사되고 있는 것을 보게 된다.

바울은 로마서 8:9에서 이렇게 말했다. "누구든지 그리스도의 영이 없으면 그리스도의 사람이 아니라." 만일 우리가 모든 신자가 성령에 의해 세례를 받았고 또 성령이 거하신다는 사상을 버린다면 우리는 한 몸의 가르침을 파괴하는 것이다. 왜? 우리는 지체되지 않은 사람들을 가지고 있는 것이 되기 때문이다. 그들은 어디에 거하는 자들인가? 구원을 받았으면서도 그리스도의 지체가 아닌 자들이 머무는 처소는 어디인가? 기독교인이면서도 그리스도의 지체가 아닌 자들이 있을 수 있는가? 있을 수 없는 일이다. 고린도전서 12:13에서 바울이 가르치고자 하는 가르침은 모든 기독교인은 성령으로 세례를 받아 한 몸이 되었다는 것이다. 우리 모두는 한 생명의 근원을 소유한 즉, 그리스도가 거하고 있는 한 몸이 된 이들이다.

성령 세례에 대한 은사주의자들의 견해는 실제로 구원의 가르침을 재정의하는 것이 된다. 그들의 견해를 따른다면, 구원은 진실로 영적인 승리를 위해 우리에게 필요한 견해를 따른다면, 구원은 진실로 영적인 승리를 위해 우리에게 필요한 모든 것을 가져다주는 것이 아니다. 우리는 여전히 부족한 가운데 있는 것이다. 즉, 우리에게는 무엇인가 다른 것이 더 필요하다. 그들이 종종 모든 신자가 약간의 성령을 소유하고 있다는 사실을 인정하고 있다 할지라도, 그들은 방언의 증거와 함께 성령 세례를 아직 경험하지 않은 사람들에게는 성령의 완전한 능력이 가로막혀 있다고 믿는다. 이것이 바로 루터교의 유명한 은사주의자인 래리 크리스텐슨(Larry Christenson)[15]의 견해이다.

그러나 그의 견해는 고린도전서 12:13의 명확한 의미를 무시한 것처럼 보인다. 크리스텐슨은 다음과 같이 말했다.

> 회심 이상의, 구원의 확신 이상의, 성령을 갖는 것 이상의 그 무엇 즉, 성령 세례가 있다. 그것은 예수께서 요한에게 세례받으신 사실보다 더 인간에게 이해가 안 가는 것인지도 모른다…… 우리는 그것을 이해하도록, 혹은 그것을 정의하거나 설명하도록 부름 받지도 않았다. 단지 대망의 믿음을 가지고 순종하는 가운데 그 안에 들어가도록 부름 받았을 뿐이다.[16]

크리스텐슨은 그 의미가 분명하게 드러나는 고린도전서 12:13의 진리를 받아들이기보다는 오히려 의미가 분명치 않은 어떤 것을 부여잡고 있는 것은 아닐까? 예수께서 요한에게 세례받으신 것은 명백하게 이해할 수 있는 것이었다. 그렇게 하는 가운데 예수께서는 메시아를 고대하고 있었던 회개하는 이스라엘 백성과 자신을 동일시하셨던 것이다. 크리스텐슨은 계속해

---

15) Larry Christenson, *Speaking in Tongues*(Minneapolis : Dimension, 1968), 37.

서 이렇게 말했다.

> 때때로 성령 세례는 저절로 일어난다. 때때로 그것은 기도와 안수를 통해 일어나기도 한다. 때때로 그것은 물세례 후에, 혹은 그 전에 일어나기도 한다. 때때로 그것은 실제 회심과 동시에 일어나기도 하며 또 어느 정도의 시간이 지난 후에 일어나기도 한다…… 그러나 그것이 일어나야 하는 것만은 분명하다. 그러므로 그것은 가장 중요한 것이다. 즉, 성령으로 세례받는 것은 결코 단지 가정되어서는 안 되는 것이다. 누구든 성령으로 세례받을 때 그 사실을 알게 된다. 그것은 절대적인 경험이다.[17]

이러한 주장을 함에 있어서 크리스텐슨은 진리의 근거를 경험해 두고 있다. 우리가 앞에서 살펴보았듯이 성령 세례는 영적인 사실이며 어떤 감정적인 느낌과 결부된 육체적인 경험이 아니다.

세례와 충만의 차이는 무엇인가?

은사주의자들과 그들의 글에 대해 계속 연구하다 보면, 그들이 기독교인들로 하여금 그리스도의 지체가 되게 하는 성령 세례와 기독교인들로 하여금 그들의 삶을 효과적으로 살게 해 주는 성령 충만에 관해 혼동하고 있다는 사실을 명백히 알게 된다(엡 5:18-6:11).
예를 들면, 사람들이 어떻게 성령 세례를 받을 수 있는가 하는 것을 안내해 주는 찰스 헌터와 프란시스 헌터(Charles and Frances Hunter) 같은 사람들이 그렇다. 찰스 헌터는 다음과 같이 말했다.

---
16) Ibid.
17) Ibid., 38.

우리가 사역하는 사람들 가운데 당신이 포함되어 있다고 생각해 보라. 이것이 우리가 사람들을 세례 가운데 인도하는 방법이다.

당신은 이제 막 성경이 성령 세례 혹은 성령의 선물이라고 부르는 것을 받으려는 중에 있다. 당신의 몸과 같은 크기인 당신의 영이 하나님의 영으로 완전히 채워지고 있다. 그리고 예수께서 가르치신 것처럼 당신은 성령께서 공급하고 있는 영적인 언어를 말하게 될 것이다.[18]

먼저 사람의 영혼이 그의 몸과 같은 크기라는 생각은 잘못된 것이다. 물질이 아닌 영혼은 크기가 없다.[19]

둘째로 헌터는 성령 세례와 성령 충만이 마치 같은 것인 양 말하고 있다. 그것들은 다른 것이다.

"하나님의 성회(the Assemblies of God)"라는 교단에서 발행하는 『오순절의 복음(*Pentecostal Evangel*)』이라는 잡지는 수십 년간 그 발행인 란에 "우리는 사도행전 2:4에 따라 성령 세례가 모든 구하는 자에게 주어진다는 것을 믿는다"라는 신조를 실었다. 그러나 사도행전 2:4은 단지 "저희가 다 성령의 충만함을 받고 성령이 말하게 하심을 따라 다른 방언으로 말하기를 시작하니라"라고 말하고 있을 따름이다. 사도행전 2장 어디에서도 신자들이 성령을 구해야 한다고 말하고 있지 않다.

사도행전 2:1-4은 두 가지 명백한 진리를 가르치고 있다. 오순절 때 기독교 신자들은 몸 안에서 성령으로 세례를 받았다. 그리고 나서 성령이 그 신

---

18) Charles Hunter, "Receiving the Baptism with the Holy Spirit" *Charisma*(July 1989), 54.
19) 헌터가 사람의 영에 관한 이러한 구체적인 생각을 자신이 알고 있다고 믿는 이유는 무엇인가? 그는 이렇게 쓰고 있다. "나는 1968년에 내 육체를 빠져나간 나의 영혼을 보았다. 그것은 내 육체와 똑같았다. 심지어 얼굴조차 똑같았다. 나는 엷은 연기나 구름을 보는 것처럼 내 영혼을 자세히 살펴볼 수 있었다." Ibid. 헌터는 자기 체험으로부터 교리를 끌어내는 은사주의의 전형적인 오류를 범하고 있다.

자들로 하여금 기적적인 증거를 행하도록 즉, 다른 언어를 말하도록 충만히 임했다. 그 순간 신자들 모두가 회심을 하고 주 예수 그리스도로 말미암아 성령으로 세례를 받았다. 우리는 어떻게 충만케 될 수 있는가? 이미 임하신 성령께 복종할 때 우리는 성령의 능력과 충만에 이르게 된다. 바울은 에베소 교인들에게 신자다운 삶을 위해 계속 성령의 충만함을 받으라고 말했다(5:18).

성경 어디에서도 기독교인들에게 세례를 위해 기다리라고 가르치고 있지 않다. 성경 어디에서도 우리들에게 방언을 가르칠 수 있는 사람들을 주목하라고 가르치고 있지 않다. 기독교인들은 성령 충만을 받으라는 가르침은 있으나, 이는 성령에 의해 세례받기 위해 기다리라는 것과는 다른 것이다.

당신의 삶 가운데 성령의 능력과 충만을 알 수 있는 간단한 방법이 하나 있다. 바로 주님께 순종하고 있는가 하는 것이다. 당신이 하나님의 말씀에 순종할 때 하나님의 성령은 당신 가운데 충만케 되며 당신의 삶은 풍성케 된다(갈 5:25).

신자들은 누군가에게(그리스도) 들어간 자들일 뿐만 아니라 그들안에 누군가를(성령) 소유한 자들이다. 그리스도인이란 성령을 소유한 자들이다. 우리의 몸은 성령의 전이다(고전 6:19). 하나님 자신이 우리의 몸 가운데 거하고 계신다(고후 6:16). 우리가 필요로 하는 모든 것은 우리 안에 있다. 성령의 약속은 이미 우리에게 충만히 채워져 있다. 이 점에 있어서 성경은 명백하다. 더 이상 기다릴게 아무것도 없다. 기독교인들의 삶은 이미 우리 안에 계신 성령의 통제에 복종하는 것이다. 말씀의 순종을 통해 우리는 그렇게 할 수 있다(골 3:16).

중요한 사실로서, 신자들이 성령 세례를 받는 방법에 대해 모든 은사주의 교사들이 다 동의하지는 않는다는 것이다. 왜 그 같은 혼란과 모순이 발생하는가? 은사주의 교사들이 성경을 명확하게 인용하지 않고 적당히 해 두는 이유는 무엇인가? 어떤 은사주의 교사도 그렇게 할 수 없는 것은 성경이 결코 성령 세례를 받는 방법에 대해 말하고 있지 않기 때문이다. 즉, 성경은 단지 신자들에게 그들이 이미 성령으로 세례받았음을 말하고 있을 뿐이다.

기독교인들이 가질 수 있는 가장 위대한 사실 중의 하나는 이미 성취된 다음의 간략한 두 진술 안에 담겨 있다. 하나는 바울이 말한 것이며 다른 하나는 베드로가 말한 것이다.

"너희는 그 안에서 충만하여졌다(골 2:10)."

"그의 신기한 능력으로 생명과 경건에 속한 모든 것을 우리에게 주셨다(벧후 1:3)."

어떻게?

"하나님과 우리 주 예수를 앎으로(벧후 1:2)."

이미 우리 안에 있는 것을 구하는 것은 아무런 의미가 없는 것이다.

제 9 장
하나님은 지금도 병을 고치시는가?

호바트 프리먼(Hobart Freeman)은 하나님께서 자신의 소아마비를 치료해 주실 것이라고 믿고 있었다. 하지만 그의 다리 한쪽은 여전히 작아서 특별히 제자된 신발을 신어야 했으며 걸을 때마다 매우 힘들어 했다. 프리먼은 목사였다. 그는 침례교에서 사역을 시작했고 정통 교리에 입각한 훌륭한 저서, 『구약선지서 개론(An Introduction to the Old Testament Prophets)』[1]을 쓰기도 했다. 그러나 1960년대 중반에 프리먼은 신유의 기적에 매료되어 은사주의 운동에 휩쓸리더니, 점점 더 엉뚱한 방향으로 가 버렸다. 그는 인디아나 주의 클레이풀(Claypool)에 신앙 공동체로 알려진 자신의 교회를 세웠는데 그 성도가 2,000명에 이르렀다. 그 집회는 프리먼이 영광의 창고(The Glory Barn)라고 이름 붙인 건물에서 열렸는데,

---
1) Hobart Freeman, *An Introduction to the Old Testament Prophets*(Chicago: Moody, 1969).

회원이 아니면 절대로 그 예배에 참석할 수 없었다.

프리먼과 신앙 공동체 회원들은 현대 의술이 고대 마술과 사교에서 나온 것으로 믿으며, 따라서 의학적인 치료를 아주 경멸했다. 프리먼은 의사의 치료를 받는 것은 곧 마귀의 세력에 빠지는 것이라고 믿었다. 프리먼의 공동체에 속한 산모들은 병원 분만실이 아니라 그 교회가 후원하는 산파들의 도움으로 집에서 출산해야 한다고 한다. 이 가르침에 순종하려다 많은 산모와 아기들이 목숨을 잃었다. 몇 년 동안 적어도 90명 정도의 회원들이 치료만 받으면 쉽게 고칠 수 있는 병이었지만 죽어갔다. 전 세계에서 프리먼의 가르침대로 따랐다가 목숨을 잃은 사람들의 수는 헤아릴 수 없이 많다. 신앙 공동체에 속한 어떤 부모는 15살 된 딸을 병원에서 치료만 받으면 충분히 고칠 수 있었던 병이었는데 죽게 해서 결국 과실치사 혐의로 기소되어 10년간 감옥살이를 했다. 프리먼 자신도 이 재판에서 살인을 방조했다는 혐의를 받았다. 그 뒤 얼마 지나지 않아 1984년 12월 8일, 프리먼은 다리 종양 합병중에 의한 폐와 심장 질환으로 사망했다.[2]

호바트 프리먼은 자신의 잘못된 신학 때문에 소아마비로 인한 그의 한쪽 다리가 불구가 되었다는 사실을 인정하지 못했다. 그는 누가 그의 육체적인 결함과 그의 가르침이 모순된다고 지적하면, "내가 나를 치료하고 있다"라고 말했다. 결국 그는 자신의 분명한 약점을 인정하지 않았기 때문에 목숨을 잃었다. 그는 자신을 죽이고 있는 그 질병을 치료하기를 끝까지 거부했다. 현대 의학은 충분히 그의 생명을 연장시킬 수도 있었다. 결국 프리먼은 자신의 가르침의 희생양이 되었다.

---

2) cf. Chris Lutes, "Leader's Death Gives Rise to Speculation About the Future of His Faith – healing Sect," *Christianity Today*(January 18, 1985), 48.

소위 신유 은사자라는 사람들 가운데 치료를 받지 않아 죽은 사람은 프리먼 뿐만이 아니다. 윌리엄 브랜험(William Branham)은 2차 대전 후에 신유 은사를 복고시킨 장본인이다. 그는 지금까지 은사주의 운동 내에서 가장 진기한 신유의 기적들을 행한 사람으로 꼽히는데, 1965년 56세의 나이에 교통사고로 엿새 동안 앓다가 결국 죽었다. 그의 추종자들은 하나님께서 그를 부활시키실 것이라고 믿었지만 결코 부활은 이루어지지 않았다. 천막 전도자이자 신유 은사자로 유명한 알렌(A. A Allen) 역시 다른 사람들은 치료하면서도 자신은 수년 동안 아무도 모르게 알콜 중독으로 고생하다가 결국 1967년에 간경화로 죽었다. 캐서린 쿨만(Kathryn Kuhlman)은 1976년 심장 질환으로 죽었는데, 그녀는 20년 동안 심장병을 앓았었다.[3]

루스 카터 스태플턴(Ruth Carter Stapleton)[4]은 전 미국 대통령 지미 카터의 누이로서, 그녀 역시 신유 은사자였는데 신유에 대한 그녀의 신념 때문에 암 치료를 거부했으며 결국 1983년에 그 병 때문에 죽었다.

존 윔버(John Wimber)도 만성적인 심장 질환을 앓고 있다. 그의 책 『능력 치유(Power Healing)』는 "존 윔버의 개인 노트(A Personal Note from John Wimber)"라는 글로부터 시작한다.

1985년 10월, 3주간 영국에 있으면서 런던, 브리튼, 그리고 쉐필드의 집회를 인도했다. 많은 사람들이 치료받았다. 단지 나 한 사람만을 빼고.
지난 2년 동안 나는 4-5개월마다 찾아오는 가슴앓이로 고생했다. 나는 심장 쪽이 의심스러웠지만 별로 신경 쓰지 않았다. 아무도, 심지어는 아내 캐롤조차도 내 상태를

---

3) Jamie Buckingham, *Daughter of Destiny*(Plainfield, N.J.: Logos, 1976).282 ff.
4) Frances Bixler, "Ruth Carther Stapleton," Stanley M. Burgess and Gary B.McGee, *Dictionary of Pentecostal and Charismatic Movements*(Grand Rapids: Zondervan, 1988), 810.

눈치 채지 못했다. 우리가 산책할 때 이따금씩 가슴이 아파서 갑자기 멈춰 서야 했지만 말이다. 나는 잦은 여행으로 피로해 있었다. 의사들은 내게 심장마비 증세가 있는 것 같다고 했다.

집에 돌아와서 종합 진단을 받아 보니 역시 내가 염려했던 대로였다. 심장이 극심하게 손상되어 있었다. 진단 결과에 의하면 내 심장은 제대로 뛸 수조차 없었고 고혈압으로 인한 합병증까지 있었다. 비만과 과로에다 이런 병까지 앓게 되었으니 언제 죽을지 모를 일이었다.[5]

그래서 존 윔버는 하나님께 기도를 했는데, 하나님께서는 그에게 아브라함이 그의 아이를 기다린 것같이 자기도 치료되기를 기다려야 하며, 동시에 자기 주치의의 지시대로 따르라고 말씀하셨다고 한다.[6]

그 이후로 윔버는 치료를 받아 병이 호전되었는데, 그는 하나님께서 자기가 점차 치료될 것이라고 말씀하셨다고 믿었다. "지금 내가 완전히 치료되어 더 이상 문제가 없다고 쓸 수 있다면 얼마나 좋을까? 그러나 사실이 그렇지 않은데 그렇다고 쓴다 한들 무슨 소용이 있겠는가?"[7]

윔버는 솔직하게 시인했다. 신유의 기적을 베풀고 다니는 그 많은 사람들이 왜 스스로 신유를 필요로 하는가? 신유 은사자 찰스 캅스(Charles Capps)의 딸이자 자신도 신유은사자인 아넷트 캅스(Annette Capps)는 자신의 책, 『당신의 몸과 감정의 재앙을 역전시키라(Reverse the Curse in Your Body and Emotions)』에서 다음과 같은 질문을 제기했다.

---

5) John Wimber, *Power Healing*(San Francisco: Harper & Row, 1987), x v.
6) Ibid., x vii.
7) Ibid., x viii.

사람들은 소위 "신유 은사자"들이 나중에 병들거나 죽게 된다는 사실 때문에 시험들곤 한다. 그들은 "이해할 수 없는 일이다. 하나님의 능력이 역사하여 다른 모든 사람들이 치료되는데, 왜 그 자신들은 병들어 죽는가?"라고 말한다.

그 이유는 집회 중에 일어난 그 신유의 기적들이 성령의 특별한 역사이기 때문이다. 자기 몸이 치료받고 건강하기 위해서는 자기 스스로 하나님의 말씀을 믿고 구해야 한다. 왜냐하면 신유의 은사는 그 사역을 하고 있는 당사자 자신을 위한 것이 아니라 다른 사람들의 유익을 위한 것이기 때문이다.

몇 해 동안 사역을 하면서 나를 통해 신유의 기적이 일어나는 것을 많이 보았지만, 나 자신의 치료를 위해서는 항상 하나님의 말씀을 스스로 믿고 구해야만 했다. 나 자신이 병에 걸려 힘들게 지내는 동안에도 다른 사람들은 나를 통해 치료받은 경우가 허다했다. 나 자신을 치료하기 위해서는 나 자신이 하나님의 말씀을 믿고 구해야 했던 것이다.[8]

그녀의 결론은 정말 놀랍다. 만약 신유 은사자가 병들었다면 그것은 자신의 믿음이 부족했기 때문이라는 것이다.

신유의 은사에 대한 견해는 신유 은사자마다 각각 다른 것 같다. 어떤 사람들은 하나님께서 모든 병을 치료하시기를 원하신다고 하고, 다른 사람들은 때때로 우리의 질병을 통해 하나님의 뜻이 이루어진다고 주장한다. 어떤 사람들은 병이 죄 때문에 생긴다고 하는데 또 어떤 사람들은 영적으로 매우 건강한 사람이 왜 육신의 병에 걸리는가를 설명하려고 애쓴다. 어떤 사람은 신유의 은사를 받았다고 주장하는데 또 어떤 사람들은 자기들이 비상한 신유의 능력을 가진 것이 아니라 단지 하나님께서 믿음의 도를 사람들에게 보

---

8) Annette Capps, *Reverse the Curse in Your Body and Emotions* (Broken Arrow, Okla.: Annette Capps Ministries, 1987), 91-92.

여 주기 위해 자신들을 사용하셨을 뿐이라고 말한다. 어떤 사람들은 직접 안찰하거나 기름을 바르는데 어떤 사람들은 단지 치료될 것을 선포하고 "기도하기만 해도 낫는다"라고 한다.

오랄 로버츠(Oral Roberts)는 한때 하나님께서 자기더러 큰 병원을 짓고 일반적인 의술과 신유의 기적을 병용해 사람들을 고치라고 말씀하셨다고 했다. 그런데 나중에 재정적인 어려움을 겪게 되자, 하나님께서 병원 문을 닫으라고 말씀하셨다고 했다. 나는 최근에 거기에 가 보았다. 기도하는 손이 새겨진 조각상이 우뚝 세워져 있었는데 실제로 건물은 텅 비었고 잡초만 무성했었다. 그것은 성취되지 못한 신유의 약속에 대한 기념비였다.

병 고침과 은사주의 운동은 밀접한 관련이 있다. 현대 오순절 운동의 아버지라 할 수 있는 찰스 폭스 파햄(Charles Fox Parham)은 신유의 기적야말로 모든 참 신자에게 향하신 하나님의 뜻이라고 믿었다. 그래서 그는 그 신념을 근거로 오순절 신앙의 모든 체계를 수립했다. 에이미 셈플 맥퍼슨, E. W. 케년, 윌리엄 브랜험, 캐서린 쿨만, 오랄 로버츠, 케네스 하긴, 케네스 코퍼랜드, 프레드 프라이스, 제리 셰빌, 찰스 캅스, 노블 헤이스, 로버트 틸턴, 베니 힌, 그리고 래리 리, 이 모든 사람들이 집회 때마다 신유를 내세운다. 신유의 은사를 로마 카톨릭 전통의 연장으로 보는 카톨릭의 은사주의자들 즉, 존 베르톨루치(John Bertolucci) 신부와 프란시스 맥넛(Francis MacNutt) 역시 마찬가지이다. 존 윔버를 위시해서 제3의 물결 지도자들 역시 병 고침을 주 종목으로 삼고 있다.

신유 은사자들의 주장과 방법들은 정말 엉뚱하기 짝이 없다. 몇 해 전에 어떤 신유 은사자로부터 "기적의 기도 손수건"이라는 것을 받았다. 거기에는 이런 내용의 글도 함께 있었다.

오늘 저녁 이 기적의 기도 손수건을 베개 밑에 두고 주무십시오. 아니면 몸에 지니거나 당신이 좋아하는 곳에 두십시오. 아픈 곳이 있으면 거기에 덮으십시오. 그리고 아침에 일어나서 제일 먼저 그 손수건을 녹색 봉투에 넣어 내게 보내십시오. 이 손수건을 가지고 있지 말고 꼭 보내도록 하십시오. 그러면 내가 그것을 들고 밤새도록 기도하겠습니다. 기적 같은 능력이 강같이 흐를 것입니다. 하나님은 당신에게 유익하고, 당신의 필요에 합당한 특별한 기적을 준비하셨습니다.

흥미롭게도 그 기도 손수건을 보낸 사람은 자기의 방식에 대해 성경적인 근거가 있다고 생각한다. 바울이 에베소에 있었을 때 하나님께서는 그를 통해 특별한 기적을 행하셨다. "심지어 사람들이 바울의 몸에서 손수건이나 앞치마를 가져다가 병든 사람에게 얹으면 그 병이 떠나고 악귀도 나가더라(행 19:12)." 그러나 앞에서 본 바와 같이 바울과 다른 사도들이 받은 능력은 특별한 것이었다. 신약성경 어디에서도 그 밖의 다른 사람이 손수건을 보낸 신유의 기적을 행했다는 말이 없다.

케네스 하긴(Kenneth Hagin)은 내가 지금까지 본 적이 없는 이상한 방법을 쓰는 어떤 신유 은사자에 대해 말했다.

> 그는 항상 각 사람들에게 침을 바르곤 했다. 손에 침을 뱉어 사람들에게 바르는 것이 그의 일이다…… 만약 누가 머리가 아프면 손에 침을 뱉어 이마에 바른다. 배에 문제가 있는 사람들에게는 역시 손에 침을 뱉어 옷과 배에 바른다. 무릎에 문제가 있으면 손에 침을 뱉어 무릎에 문지른다. 그러면 모든 사람들이 치료된다.[9]

그 밖에도 다른 많은 희한한 광경들이 매일 기독교 TV 방송에 나오고 있

---

9) Kenneth E. Hagin, *Understanding the Anointing*(Tulsa: Faith Library, 1983), 114.

다. 오랄 로버츠(Oral Roberts)는 "믿음의 씨 헌금"을 바치라고 한다. 이것은 신유의 기적에 대한 착수금이라고 한다. 로버트 틸턴(Robert Tilton) 역시 그에게 돈을 보내는 사람은 특별한 병 고침의 역사가 일어나며, 재물의 축복도 받을 수 있다고 약속한다. 돈이 많으면 많을수록 기적도 더 크다고 한다. 팻 로버트슨(Pat Robertson)은 카메라를 들여다보면서 누군가의 거실을 보고 있다고 한다. 그는 그 순간에 거기서 치료받고 있는 사람을 직접 보고 있는 것처럼 설명한다. 베니 힌(Benny Hinn)은 최근에 신유 은사자이자 트리니티 방송국의 대담 진행자인 폴 크로우치(Paul Crouch)를 치료해 주었다고 한다. 베니 힌이 집회에 모인 사람들에게 기름을 뿌리자, 크로우치가 앞에 나와서 수년 동안 앓던 이명증이 기적적으로 치유되었다고 간증했다. 신유의 기적에 대한 이야기들은 믿기 어려울만큼 환상적인데다, 그야말로 밑도 끝도 없다. 하지만 진짜 기적이라고 여길 만한 것은 없다. 내가 참석한 곳마다 신유의 기적들에 대해 회의를 갖게 했을 뿐이다. 과연 하나님께서 이 놀라운 은사들을 지금도 주시는가? 시시콜콜한 병 고침은 도대체 무엇인가? 온통 혼란과 희의, 모순만 가득할 뿐이다.

성경을 연구해 보면 성령의 은사에는 세 가지 종류가 있음을 알 수 있다. 에베소서 4장에 은사받은 자의 종류에 대해 나와 있다. 사도, 선지자, 복음 전하는 자, 목사, 그리고 교사이다. 이 사람들이 그리스도께서 교회에 주신 첫 번째 선물이다. 둘째는 교회를 세우기 위해 지금까지도 계속되는 은사로서 지혜와 지식, 예언(권위 있는 선포), 가르침, 권면, 믿음(혹은 기도), 분별, 구제, 다스림, 긍휼이 여기에 해당한다(롬 12:3-8; 고전 12:8-10, 28). 셋째는 표적을 위한 일시적인 은사들로서 성경이 기록되기 전에 초대교회에서 하나님의 말씀이 선포되어질 때, 그 진실성과 확실성을 보증하기 위한 목적에서 몇몇 신자들에게 주어진 특별한 능력들을 가리킨다. 예언(계시적 예언), 기적, 신유, 방언, 그리고 방언 통역 등이 일시적 표적 은사에 해당한다. 표적 은사의 목적은 단 한 가지이다. 즉, 사도들에게 신임장을 주어 사람들로 하여금 이 사람들이 모두 하나님의 진리를 선포했다는 것을 알게 하는 것이다. 일단 하나님의 말씀이 성경으로 기록된 후에는 이 표적 은사들은 더 이상 필요치 않으므로 이제 이 은사들은 끝났다.

무엇이 성경적인 기사의 은사였는가?

기적과 병 고침은 모두 하나님의 계시를 확증하기 위해 주어진 특별한 표적 은사들이다. 기적은 병 고침을 포함하고, 신유의 은사를 받은 사람들이 치료했다는 것 자체가 기적이므로, 이 두 가지 은사는 어떤 의미에서 중복된 것이다.

가장 위대한 기적을 행한 사람은 바로 주 예수 그리스도이다. 예수께서는 근본적으로 세 가지 형태의 기적을 행하셨다. 병고치심(최고의 신유 기적이라 할 수 있는 것은 죽은 자를 살리시는 것을 포함하여), 귀신을 쫓아내심(그 결과 병이 나음), 그리고 자연의 기적(오병이어, 바다를 잠잠케 하심, 물 위를 걸으심)이다. 복음서에는 이와 같은 예수님의 기적들로 가득 차 있다. 요한은 "예수의 행하신 일이 이외에도 많으니 만일 낱낱이 기록된다면 이 세상이라도 이 기록된 책을 두기에 부족할 줄 아노라"라고 했다(요 21:25). 이 모든 기적들은 예수님께서 스스로를 하나님이라고 하신 자기 주장이 진실된 것이었음을 보여 주는 표적들이다(요 2:11; 5:36; 20:30-31; 행 2:22).

그리스도의 사역이 끝난 후에는 사도들이 그의 메시지를 선포하고 성경에 기록하는 일을 맡았다. 그들의 사역이 믿을 만하다는 것을 입증하기 위해 하나님께서는 그들에게 병을 고치고 귀신을 쫓아내는 능력을 주었다. 그러나 신약 어디에서도 예수님 외에 누가 자연의 기적을 행했다는 말은 없다. 사도들조차도 오병이어의 기적이나, 바다를 잠잠케 하거나 물 위를 걷는 기적을 행하지 못했다(베드로가 한번 물위를 걷기는 했지만, 그때는 예수님께서 곁에서 그를 도와주셨다. 그 후에 베드로는 그런 체험을 다시 하지 못했다).

기적에 관한 논의에서 이미 살펴보았듯이(은사 I 5장 참조), 기적을 행하는 능력은 오직 사도들과 그들의 동역자들에게만 이런 능력을 주셨다. "예수께서 그 열두 제자를 부르사 더러운 귀신을 쫓아내며 모든 병과 모든 약한 것을 고치는 권능을 주시니라." 성령이 강림하고 교회 시대가 시작되었어도 사도들은 여전히 이 초자연적인 두 은사를 행했다. 사도들의 기적은 사도 바울이 고린도 교회 교인들에게 보였던 그 기적들을 연상케 한다. "사도의 표된 것은 내가 너희 가운데서 모든 참음과 표적과 기사의 능력을 행한 것이라(고후 12:12)"

그 당시 기적들은 오직 사도들에게만 제한된 것이었다. 비록 사도들에게 위임받아 기적을 행한 사람이 있기는 했지만(예를 들면 빌립〈행 8:6-7〉의 경우), 기적의 은사가 평신도들에게 주어진 것은 아니었다(막 16:20; 히 2:3-4). 워필드(B. B. Warfield)가 기적의 은사에 대해 잘 설명하고 있다.

초대 기독교인들이 모두 기적의 은사를 받은 것은 아니다. 초대교회, 사도 시대에 있어서 기적을 행하는 것 자체가 의미 있었던 것도 아니다. 기적들은 교회를 세움에 있어서 사도들이 하나님의 권위를 부여받은, 믿을 만한 대리인이라는 것을 보여 주기 위한 것이다. 따라서 그 기능은 오직 사도 시대의 교회에만 해당하는 것이므로, 사도 시대가 끝나면서 자연히 이 은사도 사라졌다.[10]

기적에 해당하는 헬라어 원어 뒤나미스(dunamis)의 문자적인 의미는 "힘"이다. 이 단어는 신약에서 118번 쓰였고, 동사로는 209번 쓰였다. 이 단어는 고린도 전서 12:10에 "기적을 행함(문자적으로는 "강한 역사를 이루는 힘", 개역성경에는 "능력을 행함"으로 되어있음 – 역자 주)"이라는 표현과 같이 기적 은사를 가리키는 말로 쓰였다.

뒤나미스(Dunamis)는 복음서에서 "능력"이라는 말로 번역되었다. 그렇다면 이것은 "능력"의 은사를 가리키는 것인데 그 의미는 무엇인가? 예수님의 모범을 통해 우리는 그 의미를 분명하게 이해할 수 있다. 예수께서는 그의 공생애 중에 사탄을 대적하셨고, 그의 뒤나미스 즉, 그의 능력으로 귀신을 물리치셨다(눅 4:13-14). 예수께서는 그의 "능력"으로 여러 차례 귀신을 쫓아내셨다(마 8, 9, 12; 막 5, 6, 7; 눅 9장). 어떤 경우에든지 예수께서 사탄의 나라를 쳐부수기 위하여 능력의 은사를 사용하셨다. 그러므로 "능력"의 은사는 귀신을 쫓아내는 능력을 의미한다. 사도들과 빌립이 바로 이런 일을 했다(행 19:12; 8:6-7).

따라서 사도들의 기적은 병 고침과 귀신 쫓아내는 것에만 해당한다. 오늘날 어떤 사람들이 병 고침과 귀신 쫓아내는 것 외에 자연에 대한 기적을 행할 수 있다고 말하는 것은 전혀 전례가 없는 이야기이다. 더구나 그런 주장들은 기적에 대한 하나님의 목적과도 맞지 않는다. 그 목적은 새 계시를 성경으로 확증하기 위한 것이었다.

---

10) B. B. Warfield, *Counterfeit Miracles* (Carlisle, Pa.: Banner of Truth, 1918), 6.

오늘날 우리가 귀신을 쫓아내기 위해서 귀신을 쫓는 사람을 찾아 다녀야 하는 것은 아니다. 다만 고린도후서 2:10-11, 에베소서 6:11-18, 디모데후서 2:25-26, 야고보서 4:7, 그리고 베드로전서 5:7-9의 말씀대로만 따라 하면 된다. 이 성경 말씀들은 사탄을 이길 수 있는 방법에 대해 잘 가르쳐 주고 있다.[11]

기적의 은사가 병 고침과 밀접한 관련이 있었던 것도 사실이다. 왜냐하면 질병이 사탄이나 귀신 때문에 생겼을 수도 있기 때문이다.

질병 – 범우주적인 문제

에덴동산의 타락 이후 질병은 인류에게 끔찍한 현실이었다. 수천 년 동안 아담 이후 인류는 질병과 고통을 치료하기 위한 방법을 찾아왔으며, 어느 누구도 질병과 죽음의 고통을 피하지 못했다. 오직 에녹과 엘리야만이 죽음을 면하였다(창 5:24; 왕하 2:11). 오직 예수님만이 죽음을 이기고 영광 중에 부활하셨다. 이들을 제외한 모든 사람들은 다 일정한 수명 동안만 살 뿐이다. 수백만의 사람들이 태어나고 죽었다. 어떤 이는 병으로, 어떤 이는 다쳐서, 또 어떤 이는 노쇠하여 죽었다. 어느 누구도 심지어는 병 고침의 은사를 받았다고 하는 사람들까지도 예외일 수 없다.

솔직히 말해서 나더러 내게 주어진 은사 이상의 영적 은사를 하나 더 선택하라고 한다면, 나는 병 고침의 은사를 구하겠다. 내가 병을 고칠 수 있기를 바란 것은 한두 번이 아니었다. 백혈병으로 죽어가는 아이를 바라보면서 눈

---

11) 영적 전쟁에 관한 자세한 논의로는 다음을 참조하라. John MacArthur, *Our Sufficiency in Christ*(Dallas: Word, 1991) 211-237.

물 흘리는 부모와 함께 있은 적도 있었다. 불치의 암에 걸려 고통스러워하는 친구를 위해 기도한 적도 있었다. 한 젊은이가 중환자실에서 살려고 몸부림치고 있을 때, 나는 손도 쓰지 못하고 그저 서 있기만 한 때도 있었다. 십대의 청소년들이 교통사고로 죽는 것을 보기도 했다. 병실의 기구들을 통해 살아 있다는 표시만 보일 뿐 혼수상태로 누워 있는 사람들도 많이 보았다. 내 친한 친구가 심장 이식 수술의 실패로 결국 생명을 잃는 것도 목격했다. 수술 때문에 아주 고통스러워하는 친구들을 만난 때도 있었다. 질병이나 부상으로 영원히 불구가 된 사람들도 알고 있다. 선천적으로 심장 질환을 가지고 태어나는 아이도 보았다. 절개 수술이나 사고로 신체 일부를 절단한 사람들을 도와준 적도 있었다. 이런 일들을 당할 때 오직 내가 원하는 것은, 말 한 마디로, 한번 만지기만 해서, 단번의 명령으로 이들을 치료할 수 있었으면 하는 것이었다. 하지만 그럴 수 없었다.

신유의 은사를 받는 다는 것이 얼마나 놀랍고 보람 있는 일이겠는지 생각해 보라! 병들어 죽어가는 사람들에게 가서 그저 만지기만 하면 그들이 낫는다고 생각해 보라. 얼마나 놀랍겠는가! 신유 은사를 받은 사람들을 다 모아서 질병 투성인 이 세상에 파송한다면 정말 기막힌 일이 아니겠는가? 그들이 사람들 사이를 다니면서 암 환자, 결핵 환자, 에이즈 감염자, 그리고 그 외 여러 가지의 병에 걸린 사람들을 치료할 수 있으련만.

왜 신유 은사자들은 그런 시도를 하지 않는가? 신유의 은사를 받았다고 말하는 사람들을 모아서 정말 극심한 고통 중에 있는 사람들에게 보내는 것이 어떻겠는가? 먼저 가까운 병원과 요양소에 가서 이 일을 시작하고 점점 사방으로 퍼져 나가면서 계속할 수 있지 않겠는가? 만약 은사주의자들이 종종 주장하는 것처럼 그런 기적들이 불신자들을 믿게 하기 위한 기사의 이적이라고 한다면 이 일이야말로 그 목적을 달성하는 데 있어서 최상의 방법이 아니겠는가?[12]

그러나 신유 은사자들은 좀처럼 자신들의 집회 장소나 TV 방송국의 스튜디오를 떠나려 하지 않는다. 그들은 항상 일정한 장소에서 각본대로 정해진 절차대로만 그 은사를 사용한다.[13]

왜 병원에서 그 은사를 사용했다는 말이 들리지 않을까? 신유 은사자들이 인도나 방글라데시의 길거리에서 그 은사를 행한다면 오죽 좋겠는가? 왜 그들은 병에 시달리는 사람들이 모여 있는 나환자촌이나 에이즈 환자 수용소에 가지 않는가?

이런 일은 일어나지 않는다. 왜? 신유의 은사를 받았다고 주장하는 사람

---

12) 흥미롭게도 이런 종류의 사역을 제3의 물결 예언자인 폴 카인이 "예언적으로" 예견했다. "카인은 어린 아이들이 거리를 행진하며 각 병원 병실에서 치료하는 환상을 보았다. 그는 모든 사람이 운동장에서 복음을 듣기 때문에 뉴스 방송에서 뉴스 진행자는 나쁜 뉴스를 전하지 않는 것을 예견했다. 수십억에 달하는 사람들이 구원받는다. 죽은 사람이 살아난다. 잘려진 수족이 다시 생긴다. 불구였던 사람들이 휠체어를 박차고 일어나며, 목발이 필요 없게 된다. 그 광장에 모인 사람들은 음식이나 마실 것도 없이, 아예 그런것 따위는 신경 쓰지도 않고 며칠을 보낼 수 있을 것이다." [Michael G. Maudlin, "Seers in the Heartland," *Christianity Today*(January 14, 1991)21]

13) 비록 제이미 버킹햄이 캐서린 쿨만에 대해 옹호적이기는 했지만, 그는 그녀의 일대기 중 한 사건을 기술하면서 그녀가 자기 집회를 어떻게 조작했는지를 폭로했다.
"한때 만찬식에서 노래 부르는 가수였는데, 미스 쿨만의 집회에서 구원받고 병 고침도 얻었다고 주장하는 사람이 단위에 섰다. 집회가 끝날 무렵, 그녀는 마이크 앞에 서서 '할렐루야'를 부르기 시작했다. 캐서린은 달갑게 여기지 않았다. 그녀를 멈추게 하려고 그녀에게 가서 안수하고는 억지로 내려가게 했다. 그 다음에 캐서린은 내게 와서 내 팔을 잡더니 마이크 쪽으로 밀었다. 그녀는 낯선 사람보다는 낯익은 사람이 찬송을 인도하기를 원했다. 사람들은 찬송을 부르기는 했지만 냉담했다. 캐서린은 단 앞뒤를 오가면서 그녀가 좋아하던 문구들을 외쳤다. 그래도 효과는 없는 것 같았다. 그 가수가 올라오려 하자 캐서린은 다시 안수했다. 이번에는 아무 일도 없었다. 그녀가 낙심한 목소리로 이렇게 말했다. '성령이 당신에게 충만해요, 제이미.' 그녀는 나를 바라보더니 노래하고 있는 내 턱에 손을 댔다. 그 전에는 그녀가 내게 가까이 오기만 해도 나는 '그 능력'을 느끼곤 했었다. 그러나 그 날은 단지 캐서린이 내 턱을 만지기만 했을 뿐이다. 나는 그녀를 너무 사랑했기 때문에 그녀를 실망시킬 수가 없었다. 그래서 체념하고는 내 뒤에 있는 남자의 팔로 떨어졌다. 그 남자의 도움으로 일어서자 캐서린은 다시 와서 '내가 너를 영화롭게 하리라. 내가 너에게 찬송을 주리라'고 했다. 그러나 이번에는 그럴 수 없었다. 그녀가 나를 만졌을 때 나는 그저 뒤로 물러서기만 했다. 그녀는 돌아서서 광장 다른 쪽으로 갔다. 얼마 후 그녀는 단 뒤로 사라졌다."[Jamie Buckingham, Daughter of Destiny, 280-81]

들이 사실은 그 은사를 가지고 있지 않기 때문이다. 신유의 은사는 성경이 하나님의 말씀이라는 것을 확증하기 위해 나타낸 일시적인 기적 은사이다. 일단 그것이 입증되었으므로 신유의 은사도 그친 것이다.

성경의 가르침에 의하면 비록 하나님께서 우리 몸에 가지고 계시기는 하지만 분명히 하나님께서는 우리의 영혼에 더 큰 관심을 기울이신다(마 10:28). 우리는 비록 기독교인들이 예수님처럼 모든 사람들을 다 치료할 수 있다 하더라도 사람들은 여전히 복음을 받아들이려 하지 않는다는 것을 알아야 한다. 예수님의 놀라운 기적을 본 그들이 한 일은 무엇이었는가? 예수님을 십자가에 못 박았다. 사도들의 경우도 마찬가지였다. 그들은 신유의 기적을 여러 번 행했다. 그런데 어떻게 되었는가? 사람들이 그들을 가두고 핍박하여 심지어는 죽이지 않았는가? 구원은 결코 체험이나 육체적인 치료를 목격함으로써 얻어지는 것이 아니다. 구원은 오직 복음을 듣고 믿음에서 생기는 것이다(롬 10:17).

그런데 신유의 은사를 받았다고 주장하는 사람들은 비단 기독교인뿐만 아니라 이교도들 안에도 있다. 역사적으로 보면 로마 카톨릭 교회가 치유의 능력을 주장하는 데 주도적인 역할을 했다. 그들은 세례 요한이나 베드로의 유골, 십자가의 조각들, 심지어는 마리아의 젖병 따위로 사람들을 치유한다고 선전했다. 루데(Lourdes)라는 사람은 프랑스의 한 카톨릭 성당에서 기적적인 치유가 엄청나게 일어난 현장을 직접 보았다고 한다. 유고슬라비아의 머듀고르(Medjugorje)에 의하면 적어도 10년 동안 천오백만 명 이상이 치유되었다고 한다. 그들은 1981년에 동정녀 마리아가 여섯 명의 아이들에게 나타나면서 기적과 신유의 역사가 일어났다고 한다.

동양의 심령 치료사들은 "피 흘리지 않는 수술"을 할 수 있다고 선전한다.

그들은 단지 병든 부위 위에서 손을 움직이고 주문을 외면 사람들이 낫는다고 한다.

심지어 주술사나 무당들도 죽은 사람들을 살린다고 말한다. 마술사들은 치료할 때 기적이 나타나는 것처럼 교묘한 마술을 쓴다. 크리스천 사이언스(Christian science)의 창시자인 메리 베이커 에디(Mary Baker Eddy)는 텔레파시로 사람을 치료한 적이 있다고 주장한다. 사탄은 항상 신유의 기적을 모방함으로써 사람들을 조종한다. 한때 강신술사였다가 지금은 기독교로 개종한 라파엘 가슨(Raphael Gasson)은 다음과 같이 말했다. "오늘날 사탄의 힘에 의해 놀라운 치유의 기적을 행하는 사람이 매우 많다. 나 역시 이런 경험을 가지고 있다. 나는 강신술사들의 '치유 집회'에서 일어난 놀라운 치유의 기적들을 분명히 본 적이 있다."[14]

일부 기독교에서 특히 오순절파와 은사주의자들이 치유의 능력을 주장한다. 텔레비전이나 라디오를 켜 보라. 어떤 누군가가, 비록 녹화된 프로그램임에도 불구하고 멀리 떨어진 곳에서도 당신의 병을 치료할 수 있다고 말하고 있을 것이다.

언젠가 자기 부인이 어느 목사에게서 기적같이 암 치료를 받았다고 말하는 사람과 이런 대화를 나눈 적이 있다.

"부인은 어떠신가요?"

"그 사람은 이미 죽었습니다."

"아니, 죽다니요? 병 고침을 받은 지 얼마만에요?"

"일 년만에요."

이런 이야기들이 이 운동에는 허다하다. 케네스 하긴은 귀머거리였다가

---

14) Raphael Gasson, *The Challenging Counterfeit* (Plainfield, N.J: Logos, 1966), 109.

신유 집회에서 완전히 치료받았다고 하는 어떤 목사에 대해 이렇게 이야기했다. "집회가 끝날 무렵이 되자 그는 다시 들을 수 없게 되었다. 그는 다시 보청기를 켰다."[15]

은사주의 TV프로그램을 보면 그들이 얼마나 기적과 신유에 심취해 있는가를 알 수 있다. 잘 알려진 은사주의 TV프로그램에 출연한 어떤 목사는 신유의 은사가 다음과 같이 역사한다고 했다. "아침 예배 때 주께서 내게 어떤 신유의 기적이 일어날 것인지를 말씀하신다. 암 환자가 세 명 고침 받을 것이다. 한 명의 요통 환자, 그리고 두 명의 두통 환자도 고쳐질 것이다. 나는 이것을 회중들에게 발표하고는 누구든지 믿음을 가지고 저녁 때 오면 그 밤에 고침받을 수 있다고 말해 준다."

신유 은사자와 병 고침에 대한 정밀 분석

비록 신유의 은사를 받았다고 주장하는 사람들의 방법론과 활동들이 비성경적이기는 하지만, 그렇다고 그런 일들이 집회에서 일어난다는 것을 부인할 수는 없다. 사람들이 "입신"으로 쓰러지기도 하고, 고침받았다고 소리치면서 휠체어에서 벌떡 일어서서 기도하기도 한다. 이런 일들을 어떻게 설명할 수 있겠는가?

신유 은사자들의 주장을 입증할 만한 증거가 많다고 생각될 수도 있을 것이다. 그러나 사실은 그렇지 않다. 신유 은사자들이 증거라고 인용하는 것들은 검증할 수 없는 것들뿐이다. 그것은 다만 추측하거나 주관적인 견해에

---

15) Kenneth Hagin, "How to Keep Your Healing"(Tulsa: Rhema, 1989) 20-21. 하긴은 왜 병 고침이 일어나지 않았다고 믿는지에 대해 설명했다. "만약 당신에게 일어난 일에 믿음이 없으면 마귀가 그것을 훔쳐가 버린다"[Ibid]

불과하다. 윌리엄 놀런(William Nolen)은 복음주의자가 아니고 의사였는데 이 사람이 신유 은사자들의 주장을 시험해 보았다. 그는 『신유 : 기적을 찾는 의사(Healing : *A Doctor in Search of Miracle*)』라는 책을 썼다. 그 책에는 은사주의자들의 신유 은사에 관한 부분이 있다. 그는 특히 캐서린 쿨만에 대해 자세히 다루었다. 놀런은 어떤 신유 집회에 대해 다음과 같이 묘사하고 있다.

집회는 끝났다. 겨우 다섯 시인데 마지막 찬송 연주와 함께 집회가 끝났다. 하지만 사람들은 여전히 단상에 올라가 자기가 고침받았다는 것을 간증하기 위해 줄지어 서 있었다. 쿨만은 단상을 끝냈고 회중들도 모두 돌아갔다.
쿨만과 이야기를 나누기 위해 돌아가기 전에 나는 잠시 동안 환자들이 방치해 둔 휠체어를 바라보았다. 심한 고질병으로 휠체어에 앉아 있던 사람들은 그때까지도 휠체어에 그대로 앉아 있었다. 신장암이 척추와 엉덩이까지 퍼진 사람, 빌린 휠체어를 타고 단상에 와서 청중들에게 고침받았다는 것을 보여 주고 내 도움을 받아 객석에 돌아갔던 그 사람도 휠체어에 누워 있었다. 그의 치유는 너무도 짧은 발작적인 것이었다.
나는 통로에 서서 좌절에 빠진 사람들을 보면서, 절뚝거리는 아이들을 데리고 돌아가는 부모들의 눈에서 눈물이 흐르는 것을 보면서 쿨만이 여기에 있었다면 하고 생각했다. 그녀는 집회기간동안 "책임감, 막중한 책임감"에 대해 즉, 치유받지 못한 사람들 때문에 그녀가 얼마나 가슴 아파하는지에 대해 두 번 정도 말했다. 그렇지만 나는 과연 그녀가 얼마나 자주 그들을 보았는지 의심스럽다. 과연 그녀는 점액낭염과 관절염 때문에, 마른 다리 때문에, 혹은 정박아 자녀 때문에, 간암 때문에 겪는 고통에서 해방된 사람들의 기쁨을 알까?
나는 그녀가 자신이 어떤 잘못을 저지르고 있는지 정말 알고 있을까 궁금하다. 나는 그녀가 알고 있으리라고 믿을 수 없었다.

....

어떤 면에서 보면 우리 중 어느 누구도 의학적인 치료 과정을 잘 알지 못한다. 먼저 우리 몸 자체의 치유 능력에 대해 이야기 해 보자. 캐서린 쿨만은 종종 "내가 치료하는 것이 아니다. 성령께서 나를 통해 치료하신다"라고 말한다. 추측컨대, 쿨만이 이 말을 반복하는 데에는 두 가지 이유가 있다고 본다. 첫째, 만약 그 환자에게서 진전의 기미가 없으면 비난받는 것은 캐서린 쿨만이 아니라 성령이다. 둘째, 그녀는 병 고침에 대해 아무것도 아는 바가 없다. 그래서 일단 책임 소재를 성령으로 돌려놓음으로써 만약 누군가 그녀의 치유 능력에 대해 의문을 제기할 때 쉽게 대답할 수 있게 했다. "난 몰라요. 성령이 모든 일을 할 뿐이죠."[16]

놀런 박사는 계속해서 설명하기를, 신유 은사자뿐만 아니라 의사들도 치료를 하지 않고 병증세가 완화되고 있다고 말만 해 주는 것으로도 환자를 점점 나아지게 할 수 있다고 한다. 이런 치료는 어떤 기적에서 온 것이 아니라 단지 그 환자 자신의 자율적인 신경 작용에 의한 것이라고 한다.

놀런은 또 말하기를, 모든 치유자들 즉, 신유 은사자들과 일반 의사들이 이런 암시 효과를 어느 정도 이용한다고 설명한다. 놀런은 고백하기를 환자에게 약을 주거나 주사를 놓을 때 종종 그 환자에게 24시간 혹은 48시간 이내에 좋아질 것이라고 말해 준다고 한다. 그러면 그 환자는 그 불확실한 메시지 때문에 상태가 더 좋아진다고 한다. 놀런이 지적한 것과 마찬가지로 긍정적인 태도를 갖게 되면 많은 능력이 나타나게 된다. 특히 기능적인 질병에 대해서는 더욱 그렇다.[17]

놀런 박사는 기능상의 질병과 기관상의 질병의 중요한 차이점을 다음과 같이 설명한다. "기능상의 질병이란 기관은 멀쩡한데 그 기능이 제대로 발

---

16) William Nolen, *Healing : A Doctor in Search of a Miracle*(New York: Random House, 1974), 60, 239.
17) Ibid. 256-257.

휘되지 못하는 경우를 가리킨다. 기관상의 질병은 그 기관 자체가 병들었거나, 상처가 남거나, 물리적으로 손상되었거나 혹은 아예 기관 자체가 죽은 경우를 말한다. 전염병, 심장마비, 담석증, 탈장, 디스크, 각종 암, 골절, 선천적 불구, 열상 따위가 바로 이 기관상의 질병에 해당한다."[18]

놀런은 신유 은사자라고 해도 이러한 기관상의 질병은 치료할 수 없다고 주장한다.

어떤 잡지 기사에서 놀런은 쿨만이 정신에 관련된 "신경성 질환"을 이해하지 못했다고 지적했다.[19]

간단히 말해서 팔이 아픈 것은 기능상의 질병이다. 그러나 팔이 말랐거나 아예 없다면 그것은 기관상의 질병이다. 팔이 아프다고 생각하는 것은 신경성 질환이다. 놀런은 이에 대해 이렇게 쓰고 있다.

> 치유 기적에 대한 이야기들을 잘 살펴보라. 담석증이나 심장병, 암, 혹은 그 밖의 다른 심각한 기관상의 질병을 치료했다는 사람들에 대한 자료는 없다는 것을 알게 될 것이다. 확신하건대 위통, 가슴앓이, 호흡 곤란 따위를 앓던 사람들이 잠시 나이진 것밖에 없다는 것을 알게 될 것이다. 그리고 신유은사자들과 신자들이 이 일시적인 증세를 그 병이 치료된 증거라고 간증하는 것을 듣게 될 것이다. 그러나 그 환자가 내려가는 것을 잘 주시해서 보면 그 다음에 무슨 일이 일어나는지 알게 될 것이다. 그 "치유"라는 것은 결국 항상 일시적인 증세의 변화일 뿐이다. 병의 근원은 여전히 남아 있는 상태이다.[20]

신유 은사자들이 심각한 기관상의 질병을 치료하려고 하기 때문에 이따

---
18) Ibid. 259.
19) William Nolen, "In Search of a Miracle," *McCall's*(September, 1974), 107.
20) William Nelen, Healing, 259-260.

금 환자들에게 말할 수 없는 고통과 불행을 가져오게 한다. 때때로 그들은 환자들의 생명을 건질 수 있게 하는 효과적인 도움까지도 받지 못하게 만든다.

몇 해 전에 지금 이 장에서 이야기한 것들을 설교한 적이 있는데, 설교가 끝난 후 어떤 젊은 남자가 내게 와서 이런 말을 했다. "당신의 설교가 내 인생에 얼마나 중요한지 아마 모르실 겁니다. 저는 언젠가 계단에서 굴러 떨어져 머리를 다치고 그 뒤로 심한 두통에 시달리고 있었답니다. 어떤 사람들이 나를 위해 기도해 주고는 나는 치유되었으며 내 두통이 없어졌다고 말했습니다. 하지만 그 이후로 두통이 다시 있게 되자 나는 마치 내가 하나님의 치유 은혜를 받지 못한 것처럼 죄책감을 느꼈어요. 그래서 나는 의사에게 가지도 않았었는데 오늘 아침 당신의 설교 덕분에 그 죄책감에서 해방되었고 이제 의사에게 가야겠다고 생각했어요." 그 후 어떤 의사가 그 두통이 기관상의 문제에서 생긴 것임을 알아내고는 효과적으로 치료할 수 있었다.

그렇지만 그 많은 증거들은 무엇인가?

분명히 신유 은사자들을 믿는 사람들은 놀런 박사가 엉뚱한 소리를 하고 있다고 반박할 것이다. 그러나 결코 그는 복음주의자도 아니고 또 기적을 믿지 않으려는 사람도 아니다. 그렇다면 그의 연구는 객관적일까? 놀런 박사는 쿨만에게 그녀가 "치료된 것"을 보았다는 암 환자들의 명단을 자기에게 보내게 했다. 여기에서 그가 발견한 것은 다음과 같다.

나는 그녀가 보내 준 명단에 있는 사람 중 8명에게 편지를 썼다. 협조 요청에 응한 사람은 쿨만에게서 전립선암을 고침받았다는 사람뿐이었다. 그는 자신의 경우에 대해 자세하게 알려 줬다. 전립선암은 호르몬 치료에 잘 듣는다. 만약 그것이 넓게 퍼졌다 하더라도 방사선 치료를 하면 좋은 효과가 있다. 이 사람은 수술도 받고 방사선 치료와 호르몬 치료를 다 받았다. 그리고 그는 캐서린 쿨만에게도 "치료"를 받았다. 그런데 그는 자기가 치료된 것이 혹은 차도가 있는 것이 쿨만 덕분이라고 했다. 그러나 그의 말을 들어 본 사람은 누구라도 보통 사람이건 의사건 어떤 치료가 그의 생명을 실제로 연장시켰는지 말할 수 없다는 것을 금방 알게 될 것이다. 만약 쿨만이 성령께서 자신을 통해 암을 "치료"하신다는 것을 증명하기 위해 이 사람의 경우를 예로 든다면 그녀는 매우 곤란한 입장에 처하게 될 것이다.[21]

놀런 박사는 계속해서 그녀가 보내 준 명단을 보고는 캐서린 쿨만에게서 치료를 받았다고 하는 82명에 대해 조사를 했다. 82명 중 23명만이 그의 요청에 응하여 면접했다. 모든 조사를 마친 후 놀런은 소위 치료라고 하는 것들 중에 단 한 가지도 제대로 된 것이 없다고 결론 내렸다.[22]

캐서린 쿨만은 의학적인 지식이 부족하다는 것이 결정적인 문제이다. 나는 그녀가 사기꾼이나 협잡꾼 아니면 의도적으로 부정직한 사람이라고는 믿지 않는다. 나는 그녀가 수천 명의 환자들이 자신의 집회에 와서 자신의 사역을 통해 기관상의 질병을 치료받았다는 것을 지지하고 믿게 하고 있다 생각한다. 하지만 내 조사에 나타난 바에 따르면 나는 그녀가 잘못되었다고 생각할 수밖에 없다.
이렇게 모질게 말하기는 미안하지만, 문제는 무지함에 있다는 것이다. 쿨만은 신경성 질환과 기관성 질환의 차이를 전혀 모른다. 비록 그녀가 최면술을 사용하기는 하지만 그녀는 최면술과 암시 효과에 대해 아무것도 모른다. 그녀는 자율신경계에 대해서도

---

21) William Nolen, *Search*, 107.
22) Ibid. 106.

전혀 아는 바가 없다. 만약 그렇지 않다면, 다시 말해 그녀가 이것들에 대해 무언가 알고 있다면, 그녀는 자신이 알고 있는 것들을 감추는 법을 배웠음이 분명하다.

한 가지 다른 가능성이 있다면, 쿨만은 자기가 한 일이 보기보다는 그다지 기적적인 일이 아니라는 것을 깨닫고 싶어 하지 않는다는 것이다. 그래서 그녀는 그녀의 사역의 효과를 위협하는 것은 그 무엇이라도 감정적으로든 지적으로든 모두 부인하도록 스스로 자신을 타이르고 있는지도 모른다.[23]

최근에 "신기한 란디(The Amazing Randi)"로 잘 알려진 전문 마술가 제임스 란디(James Randi)는 신유 은사자들의 주장을 조사한 책을 썼다.[24] 란디는 1986년 투나잇 쇼(The Tonight Show)에서 텔레비전 방송 설교가인 피터 팝업(Peter Popoff)의 속임수를 폭로했던 장본인이다(팝업은 하나님으로부터 그의 청중에 대한 "지식의 말씀"을 받는다고 주장했는데, 그의 이야기는 믿을 수 없을 정도로 정확했다. 그런데 사실은 그가 감춰진 이어폰을 통해 그의 아내가 알려 준 정보를 말한 것뿐이라는 사실이 밝혀졌다. 그녀는 집회가 시작되기 전에 사람들과 나눈 이야기들을 적은 쪽지와 안내소에서 받은 기록들을 그에게 읽어 주었던 것이다).

란디는 공개적으로 기독교를 부인했다.[25] 그렇지만 그의 조사는 아주 철저하고 또 정당한 것 같다. 그는 몇 번 신유 은사자들에게 "직접적이고 실증할 수 있는 진짜 신유의 증거"를 보여 달라고 요구했다.[26]

그는 "만약 내가 기꺼이 인정할 수 있는 기적적인 치료가 한 건이라도 일어난다면 나는 이 책에서 적어도 한 가지 기적은 일어났다고 말할 수 있을

---

23) Ibid. 107.
24) James Randi, *The Faith Healers*(Buffalo: Prometheus, 1987).
25) 그러나 예수를 심하게 비방하던 자들도 그가 행한 기적들을 부인하거나 논박할 수 없었다.
26) James Randi, *The Faith Healers*, 287.

것이다."라고 썼다.[27]

그러나 그 어떤 신유 은사자도 자연적인 회복이나 심리적인 차도, 혹은 속임수로 설명할 수 없는, 그리고 의학적으로 분명히 규명할 수 있는 치료의 기적을 단 한 건도 베풀지 못했다. 란디의 결론이 무엇이었겠는가?

"결국 오늘날 신유 은사라는 것은 항상 그랬듯이 단순히 마술에 지나지 않는다. 아무리 설교자들이 신유 은사는 마술과 다르다고 열심히 외쳐도, 그 행사들은 마술의 요건과 딱 들어맞는다. 마술의 요소들을 다 갖추었으니 그것은 마술이다."[28]

물론 신유 은사자들은 자기들의 주장을 모호하게 한다. 심지어 어떤 이들은 자기들이 치유할 수 있다고 주장한 사실을 부인한다. 그들은 "나는 치유할 수 없어요. 성령께서 하시지요"라고 말할 것이다. 그들은 온갖 흥행술과 허세, 각종 속임수를 동원해 그것을 부인한다. 이 사람들이 그렇게 치유할 수 없다고 주장한다면, 왜 그들의 집회에 희망에 부푼 사람들이 그렇게도 많이 모이는가? 또 왜 그들의 집회에서 치료를 받았다고 하는 사람들의 환상적인 이야기를 끊임없이 늘어놓는가?

우리가 들은 그 병 고침이란 도대체 무엇인가? 그것들 중에 진짜도 있을까? 아마 그렇지 않을 것이다. 어디에서 부서진 뼈들이 고쳐진 적이 있는가? 신유 은사자가 교통 사고를 당한 사람의 찢어진 얼굴을, 혹은 깨진 머리를 치유했다는 소식을 들어본 적이 있는가? 갈비뼈 절단 수술을 받은 사람이 뼈가 다시 생겨나고, 한때 마비 증세를 일으켰던 사람이 이제는 정상적으로 활동한다는 말을 들은 적이 있는가? 단지 우리가 본 것은 대부분 상상의

---

27) Ibid. 25.
28) Ibid. 35.

질병과 상상의 치료인 것 같다.

오늘날 자칭 신유 은사자라고 하는 사람들 중 그 누구도 자기가 행하였다고 주장하는 기적들을 입증할 만한 결정적인 증거를 제시하지 못한다. 그들은 대부분 뻔한 속임수를 쓴다. 또 그들이 보여 준 소위 치료라는 것들은 매우 미심쩍은 것들이다. 그런데 수천 명의 지성인들이 그들의 집회에 계속 가고 있다. 이유가 무엇일까? 그 이유는 병이 들면 지푸라기라도 잡으려는 것이 사람들의 마음이기 때문이다.

병은 사람을 미치게 만들며 평소에는 도저히 할 수 없는 극단적인 행동까지도 하게 한다. 명석하고 지적이며 분별력 있는 사람들을 비이성적으로 변하게 한다. 사탄은 이것을 잘 알고 있다. 그래서 사탄은 이렇게 말한다. "가죽으로 가죽을 바꾸오니 사람이 그 모든 소유물로 자기의 생명을 바꾸올지라(욥 2:4)."

가장 불쌍한 사람들은 불치의 병이나 기관상의 질병을 앓는 사람들이다. 다른 사람들은 사실 그렇게 아픈 것이 아니다. 그들은 단지 신경성 질환을 앓거나 약간의 기능상의 문제를 갖고 있을 뿐이다. 또 어떤 사람들은 의심이 많아서 기적이라고 믿는 것들을 봄으로써 믿음을 강하게 하기 위해 이 집회 저 집회를 돌아다녀야 한다고 한다. 문제는 이런 사람들에게 전혀 효과가 없다는 데 있다. 실제로 누구의 믿음도 강해지지 않고, 또 누구의 질병도 치료되지 않는다. 사람들은 낙심한 채 하나님을 만나는 데 실패했거나 혹은 하나님이 자신들을 돌아보지 않는다고 생각한다.

은사주의자들과 비은사주의자들 모두가 병 고침에 대해 들은 말 때문에 혼란과 죄책감, 그리고 심각한 고민에 빠져 있다. 사람들이 자기들의 죄 때문에, 믿음이 부족하여, 하나님께서 자기들에게 냉담하게 대한다고 느낄 때 그들이 겪는 병의 고통은 더욱 심해진다. 신유 은사자들은 지금도 신유의 은사가 있는데 사람들이 병 고침을 얻지 못하는 것은 자기들의 잘못이든지 아니면 하나님 탓이라고 한다. 그래서 신유 은사자들의 뒤끝은 항상 개운치 못하다.

하나님은 자신의 방법으로 치유하신다

하나님은 치료하시는가? 그렇다고 믿는다. 일부 거짓이 있다고 해서 초자연적인 치유의 기적들을 모두 매도하고 싶지는 않다. 그렇지만 나는 극적인 기적이나 하나님의 즉각적인 간섭은 매우 드물다고 믿는다.

그런 것들은 결코 신유의 대리자인 양 행동하는 은사주의자들에 의해 좌우되지 않는다. 진정한 병 고침은 기도의 결과이며, 그것들은 대부분 단순하고 자연스러운 차도를 보인다. 이따금 하나님은 의학적으로는 설명할 수 없는 방법으로 급작스럽게 병자를 회복시키는 경우도 있다. 때때로 하나님은 의학적인 예측을 뒤집고, 일반적인 경우와는 다르게 병자를 회복시킨다. 그런 병 고침은 기도의 응답이며, 하나님의 주권적인 의지에 의한 것이며, 언제든지 일어날 수 있다.

그러나 신유의 은사, 다른 사람을 치유하는 능력, 병 고치는 사역을 위해 특별히 기름 부음 받았다는 것, 병을 고칠 수 있다고 주장하는 것, 그리고 그 밖의 다른 전형적인 신유 기술들은 사도 시대 이후에는 성경적인 근거가 없는 것이다.

분명히 하나님은 치유하신다. 하나님은 기도의 응답으로, 그리고 그의 영광을 나타내기 위하여 치유하신다. 그러나 예수님과 제자들 시대에 있었던 병 고침과 오늘날 텔레비전과 라디오를 통해서, 이상한 것들을 우편으로 배달해서, 그리고 대륙을 횡단하는 부흥사들에 의해서 행해지는 병 고침과는 큰 차이가 있다. 성경을 읽어보면 그 차이가 두드러지게 나타난다.

예수님께서는 어떻게 치유하셨는가?

오늘날 사람들이 말하는 신유 은사와 성경의 가르침을 비교하기 위해서는 무엇보다도 예수님의 사역을 살펴보아야 할 것이다. 우리 주님께서는 사도적 은사에 대한 기본 틀을 마련해 놓으셨으며 엄청난 치유의 사역을 행하셨다. 예수님의 시대에는 질병도 많았다. 의술이라는 것은 아주 조잡했고 한계가 있었다. 지금 이 시대보다는 당시에 치유할 수 없는 병들이 더 많았다. 전염병들이 전체 도시를 휩쓸기도 했었다.

예수님께서는 신성을 증명하시기 위해 병자를 고치셨다. 예수님께서는 어떤 식으로 치유하셨는가? 성경은 예수님의 치유 사역에 나타난 6가지 중요한 특징에 대해 언급하고 있다.

첫째, 예수님께서는 말씀이나 안수함으로 치유하셨다.

마태복음 8장에 보면 예수께서 가버나움에 들어가실 때, 한 백부장이 예수께 나아와서 중풍으로 집에 누워 몹시 괴로워하는 자기 하인을 고쳐 달라고 간구했다(6-7절). 예수님께서는 그 백부장에게 직접 가서 고쳐 주겠다고 하셨지만 백부장은 사양하고 예수께서 말씀만 하시면 자기의 하인이 낫겠다고 했다(8절).

예수님께서는 그 백부장의 믿음에 놀라셨는데, 특히 그가 이스라엘 사람이 아니고 로마 군인이었기에 더욱 그러했다. 예수께서 그 백부장에게 "가라, 네 믿음대로 될지어다"라고 하시자 그 하인이 즉시 나았다(13절).

예수께서 오천 명을 먹이실 때도 하루 종일 무리 중에 병든 사람을 치료하셨다. 성경에는 몇 사람이 치유 받았는지 기록되어 있지 않지만 수천 명은 될 것이다. 숫자야 어떻든 간에 예수님께서는 그들을 말씀 한마디로 고치셨다. 과장된 몸짓이나 특별한 분위기로 한 것이 아니었다.

예수께서는 접촉을 통해 치료하기도 하셨다. 예를 들면, 마가복음 5:25-34을 보면 단지 예수님의 옷자락만 만지고도 혈루증을 고침받은 한 여인의 이야기가 그 경우이다.

둘째, 예수님께서는 즉시 치유하셨다.

백부장의 하인은 "그 시에(마 8:13)" 나았다고 했다. 혈루증을 앓던 여인도 "즉시"(막 5:29) (개역성경에는 "이에") 나았다. 예수께서는 문둥병자 열 명을 길을 가는 도중에 즉시 낫게 하셨다(눅 17:14). 또 다른 문둥병자를 만지셨는데 "문둥병이 곧 떠나니라(눅 5:13)"고 했다. 베데스다 연못의 불구자는 "곧 나아서 자리를 들고 걸어갔다(요 5:9)." 나면서부터 소경이었던 사람도 가서 씻으니 즉시 나았다. 물론 이 경우에는 예수께서 특별한 목적으로 그 기적을 두 단계로 행하셨다. 하지만 그 치유는 분명히 즉각적이었다.

사람들은 종종 "나는 치유 받았고 앞으로 점점 나아질 것입니다"라고 말한다. 하지만 예수께서는 결코 "점진적"인 치유를 하지 않으셨다. 만약 예수께서 즉시 치유하시지 않으셨다면 그 기적들은 예수님의 신성을 입증하기에 충분치 못했을 것이다. 또 예수님을 비방하는 자들은 예수님의 치유가 단지 자연적인 경과일 뿐이라고 말했을 것이다.

셋째, 예수님께서는 완전히 고치셨다.

누가복은 4장에 보면 예수께서 회당에 나가서 시몬의 집에 들어가셨다. 거기에는 베드로의 장모가 중한 열병으로 누워 있었다. 그녀는 다 죽어가고 있었다. 예수께서 그녀에게 다가가서 "열병을 꾸짖으시니" 즉시 그녀는 완쾌되었다(39절). 그녀는 일어나서 그들을 시중들기까지 했다. 회복기가 따로 없었다. 예수님은 그녀에게 뜨거운 물에 꿀을 조금 타서 마시고 몇 주간 안정을 취하라고 말하지 않았다. 예수님께서는 증세가 계속되고 있는데도 "믿음으로 병 고침받았다고 외치라"라고 그녀를 독촉하지 않았다. 그녀는 즉시 완쾌되었고 그것을 알 수 있었다. 그녀의 치유는 순식간에 이루어졌으며 또한 완전한 것이었다. 이것이 예수께서 행하신 병 고침의 역사이다.

넷째, 예수님께서는 각 사람을 모두 고치셨다.

요즘의 신유 은사자들과는 달리 예수님은 사람들로 하여금 실망한 채로 휠체어에 실려서 돌아가게 하지 않으셨다. 예수님께서는 비행기 시간이나 텔레비전 시간표에 쫓겨서 시간 내에 끝내야 하는 신유 집회나 프로그램에서 병을 고치신 것이 아니다. 누가복음 4:40에 보면 "해질 적에 각색 병으로 앓는 자 있는 사람들이 다 병인을 데리고 나아오매 예수께서 일일이 그 위에 손을 얹으사 고치시니"라고 했다. 누가복음 9:11에서도 마찬가지이다.

다섯째, 예수님께서는 기관상의 질병을 고치셨다.

예수께서는 팔레스타인을 돌아다니시면서 기껏 허리의 통증이나 두근거림, 두통, 그 밖에 눈에 보이지 않는 통증 따위를 고치신 것이 아니다. 예수님께서는 기관상의 질병임이 분명한 환자들을 고치셨다. 예를 들면, 앉은뱅이, 손 마른 사람, 소경, 중풍병자 등인데, 이런 병을 고치셨다는 것은 의심할 수 없는 기적이다.

여섯째, 예수님께서는 죽은 사람을 살리셨다.
누가복음 7:11-16을 보면 예수께서 나인성에 계실 때 한 장례행렬을 만나셨다. 어떤 과부가 자기의 독자를 묻으러 가는 길이었다. 예수께서는 그 행렬을 멈추게 하신 후 그 관에 손을 대시고 "청년아 내가 네게 말하노니 일어나라"고 하셨다. 그러자 그 죽은 자가 일어나 앉고 말도 했다. 마가복음 5:22-24, 35-43을 보면 예수께서는 또한 회당장의 딸을 살리시기도 하셨다.

오늘날 신유 은사를 받았다고 하는 사람들이 장례식장이나 장례행렬, 혹은 묘지에서 그 일을 하는 경우는 거의 없다. 그 이유는 분명하다.

어떤 은사주의자들은 이미 우리가 살펴보았듯이 지금도 때때로 죽은 사람을 다시 살릴 수 있다고 주장한다. 그러나 그들의 주장은 성경에 나타난 경우들과는 전혀 다르다. 수술대에서 살아 있다는 신호가 잠시 멈추었다가 다시 살아나게 된 사람이 그 한 예이다. 이것은 나흘 동안 무덤에 묻혀 있다가 무덤에서 나온 사람이나(요 11장) 혹은 장례 중에서 관에서 나온 사람과는 전혀 다르다(눅 7장). 이것들은 의심할 수 없는 부활의 사건이다. 오늘날 그런 일들을 한다고 하는 은사주의자들의 이야기가 근거도 없이 소문으로 떠돌고 있다. 그들은 우리 주님의 기적을 시시껄렁한 것으로 만드는 죄를 짓고 있다. 왜 텔레비전 방송에서 행한 기적들은 그렇게도 죄다 눈에 띄지 않는 증거가 없는 것들뿐인가?

하지만 예수께서는 모든 사람이 보는 앞에서 병자를 고치시고 죽은 자를 살리셨다는 것을 생각해 보라. 예수님의 신유 은사는 진정한 은사였다. 예수님께서는 자신의 주장 즉, 하나님의 아들이시라는 자신의 주장을 입증하시기 위해, 그리고 신성을 드러내시기 위해 그 은사를 사용하셨다. 귀신을 쫓아내시고 병자를 고치신 것은 당신께서 육신을 입으신 하나님이시라는 사실을 입증하시기 위한 방편이었다. 요한복음은 이 진리를 분명히 나타내고 있다. 요한은 예수께서 행하신 모든 기사와 이적이 그의 신성을 입증한다고 하였다(요 20:30-31).

사도들은 어떻게 치유하였는가?

앞에서 본 것처럼 예수님께서는 병 고침의 은사에 대한 기준을 세우셨다. 오늘날 신유 은사자들이 예수님과는 차원이 다른 능력으로 이 일을 행한다고 주장하는 사람도 있을 것이다. 결국 그들은 하나님이 아니기 때문이다.

그러나 예수님께로부터 병 고침의 은사를 받고 그것을 사용한 사도들과 그 밖의 다른 사람들은 어떻게 그 은사를 사용했는가? 그리스도께서는 열두 제자 모두에게 병 고침의 은사를 주셨다(눅 9:1-9). 그 외에 신약성경의 어디에 누가 신유 능력을 가졌는가? 그렇다. 바나바(행 15:12), 빌립(8:7), 그리고 스데반(6:8)과 같은 사도들의 동역자 몇 명이 그 은사를 받았다. 그러나 그 은사가 교회에서 무작위로 시행된 적은 결코 없었다. 그것은 오직 그리스도에게 열두 제자에게(바울을 포함하여), 70명의 제자에게, 그리고 사도들과 밀접한 동역자들에게만 주어진 은사였다.

사도행전 3장은 신유 은사가 사도들로 하여금 그들의 복음을 선포하는 데 있어서 어떤 역할을 했는가를 잘 보여 주고 있다. 베드로와 요한이 기도를 하기 위해 성전에 들어가는데 어떤 앉은뱅이가 구걸을 하였다. 베드로는 그에게 응답하여 말하기를 자기에게는 돈이 없지만 자기에게 있는 것으로 주겠다고 했다. 그리고 나서 "나사렛 예수의 이름으로 일어나 걸으라"라고 말했다(행 3:6).

그러자 그 사람은 벌떡 일어나서 걷기 시작했고 하나님을 찬양했다. 삽시간에 소문이 퍼지고 많은 사람이 몰려들었다. 사람들은 모두 그 사람이 여러 해 동안 성전 문 앞에서 구걸하던 앉은뱅이였다는 것을 알고 있었다. 베드로는 이 기회를 놓치지 않고 사람들에게 그들이 본 것에 대해 놀라지 말라고 이야기하면서 설교를 하기 시작했다. 그들이 행한 기적은 결코 베드로나 요한 자신들의 능력에 의한 것이 아니라 사람들이 십자가에 못 박았던 예수 그리스도의 권능에 의한 것이라고 했다.

우리는 베드로의 설교가 그 청중들에게 얼마만큼 충격적인 것이었으며 또 그 치유의 기적이 얼마만큼 효과적이었던가를 이해해야만 한다. 베드로는 지금 메시아를 갈망하고 있던 유대인들에게 설교를 하고 있는 것이다. 베드로가 만약 그저 걸어 다니면서 단순히 그들에게 설교를 했다고 가정해 보자. "몇 달 전에 여러분들이 십자가에 못 박은 예수 그리스도가 바로 메시아입니다. 그를 믿으십시오."라고 말이다.

그 메시지가 1세기 유대인들에게 얼마나 충격적이고 놀라운 것이었는지 우리로서는 상상할 수도 없을 것이다. 자기들의 메시아가 일개 잡범들과 똑같이 십자가에 못 박혀 죽었다는 것은 도저히 생각할 수도 없는 일이다. 유대인들은 대개 그들의 메시아가 팔레스타인을 지배하던 그 미운 로마인들의 속박을 제거하기 위해 권능과 영광 중에 오시리라고 믿고 있었던 것이다.

만약 베드로가 그 앉은뱅이를 고치는 것과 같은 그런 기적을 행하지 않았다면 사람들은 그의 말을 듣지도 않았을 것이다. 성경에 나타난 바와 같이 많은 사람들이 마음에 찔려 무서워하였다. 사도행전 4:4에 의하면 "말씀을 들은 사람 중에 믿는 자가 많으나 남자의 수가 약 오천이나 되었더라"라고 했다.

오순절 때 교회가 시작되었다. 새 시대가 온 것이다. 그리고 하나님께서 사도들로 하여금 그 메시지를 선포할 수 있도록 기적적인 능력을 주셨다. 따라서 예수 그리스도께서 행하신 치유 기적에 나타난 여섯 가지 특징이 사도들의 치유 기적에도 똑같이 나타난다.

사도들은 말씀이나 안수함으로 치유했다.

사도행전 9:32-35에 보면 베드로는 중풍으로 8년간 누워 있던 애니아라는 사람을 고쳤다. 베드로가 말한 것은 오직 "애니아야 예수 그리스도께서 너를 낫게 하시니 일어나 네 자리를 정돈하라"라는 것이었다. 그러자 애니아가 즉시 나았다(34절).

사도행전 28장에 보면 바울이 멜리데라는 섬에서 안수하여 병자를 낫게 하였다. 멜리데의 지도자 중 하나인 보블리오는 바울과 그의 동료들을 영접하였다. 보블리오의 부친은 심한 열병과 이질로 누워 있었다. 바울이 들어가서 기도하고 그에게 안수하여 낫게 하였다(8절).

사도들은 즉시 치유했다.

성전 문에 있던 앉은뱅이는 즉시 일어나서 뛰고 걷고 하나님을 찬양했다(행 3:2-8). 다른 치료나 안정을 필요로 하지 않았다. 선천적으로 불구였던 그 남자는 즉시 치료되었다.

사도들은 완전히 고쳤다.

사도행전 3장의 앉은뱅이의 경우에서 뿐만 아니라 9장 애니아의 치유에서도 이것을 알 수 있다. 사도행전 9:34은 의미심장하다. "예수 그리스도께서 너를 완전하게 하신다(개역성경에는 "낫게 하시니"로 되어 있다)." 예수님의 치유와 마찬가지로 사도들의 치유는 완전하다. 점점 좋아진다거나, 증세가 재발한다거나, 혹은 조금씩 나아진다는 그런 경우는 없다.

사도들은 각 사람을 모두 고칠 수 있었다.

사도행전 5:12-16을 보면 사도들은 많은 표적과 기사를 행하였고 사람들은 그들을 칭송했다. 그들은 병든 사람을 메고 거리에 나와 침대와 요 위에 누이고 베드로가 지날 때 그 그림자라도 뉘게 덮일까 바라기까지 했다고 성경은 기록하였다. 그리고 근방의 도시에서 많은 사람들이 병든 사람을 데려왔는데 "다 나음을 얻느니라(행 5:16)"고 했다.

사도행전 28:9에 보면 바울이 보블리오의 부친을 낫게 한 후 "섬 가운데 다른 병든 사람들이 와서 고침을 받았다"라고 했다. 어느 누구도 고침받지 못한 사람이 없었다.

사도들은 기관상의 질병을 낫게 했다.

그들은 기능상의 장애를, 혹은 가벼운 증세나 심리적인 문제로 인한 질병을 치료한 것이 아니었다. 성전 문 앞에 앉아 있던 앉은뱅이는 40세쯤 되었을 것으로 생각되는데 나면서부터 불구였다. 보블리오의 부친은 이질 즉, 전염에 의한 기관상의 질병에 걸린 사람이었다.

끝으로 사도들은 죽은 사람을 살렸다.

사도행전 9:36-42에 베드로가 도르가를 어떻게 살렸는지에 대해 잘 나타나 있다. 특히 42절을 잘 보면, "온 욥바 사람이 알고 주를 많이 믿더라"고 했다. 역시 우리는 여기에서 기적이 사람들로 하여금 복음의 메시지를 믿게 하는 것을 알 수 있다. 사도행전 20:9-12에 보면 유두고라는 청년이 떨어져서 죽었는데 바울이 그를 다시 살렸다.

오늘날 많은 주장이 있지만 그 어느 것도 이와 같은 여섯 가지 특징을 반영하고 있지 않다.

끝으로 한 가지만 지적하고자 한다. 성경에 의하면 기적적인 은사를 받은 사람들은 그들의 은사를 언제든지 사용할 수 있었다. 그러나 오늘의 신유 은사자들은 결코 수시로 그 은사를 사용하지 않는다. 그들은 그럴 수도 없다. 그들은 성경적인 병 고침의 은사를 받은 것이 아니다. 그들은 "이것은 내가 하는 일이 아니고 주님께서 하신다"라고 말함으로써 교묘하게 어려움을 면한다. 그래서 반복되는 실수에 대한 비난은 그 은사자가 아니고 하나님이 받게 된다.

신유 은사는 끝났지만, 주님은 계속해서 치유하신다

신유 은사는 초대교회 시대에 복음의 메시아와 권위를 확증하기 위해 사도들의 공동체에 부여하신 기적적인 역사 중 하나였다. 일단 하나님의 말씀이 확증된 이후에 그 표적들은 사라졌다. 기적적인 표적은 더 이상 필요치 않다. 사도들은 사람들로 하여금 복음의 정당성을 확신하도록 하기 위한 강한 표적으로 병 고침의 기적을 행하였을 뿐이다.

빌립보서 2:25-27에 보면 바울은 그의 좋은 친구 에바브로디도가 여러 해 동안 심한 병을 앓고 있다고 했다. 바울은 전에 병 고침의 은사를 발휘한 적이 있다. 왜 그는 에바브로디도의 병을 낫게 하지 않았는가? 어쩌면 그 은사가 더 이상 유효하지 않았을지도 모른다. 아니면 바울은 단지 그 은사를 자기 자신의 유익을 위해 사용함으로써 은사를 남용하려 하지 않았을 수도 있다. 어쨌든 에바브로디도를 낫게 하는 것은 신유 은사의 목적과는 어긋나는 것이었다. 그 은사는 기독교인들로 하여금 건강하게 살기 위한 것이 아니다. 그것은 오직 불신자들로 하여금 복음이 하나님의 진리인 것을 믿게 하기 위한 표적일 뿐이다.

디모데후서 4:20에서도 우리는 유사한 경우를 보게 된다. 거기에서 바울은 드로비모를 병들었으므로 밀레도에 남겨 두었다고 했다. 왜 바울은 아픈 그의 친구를 그냥 두었는가? 왜 그를 고치지 않았는가? 그것은 신유 은사의 원래 의도에 맞지 않는 것이기 때문이다(딤전 5:23; 고후12:7).

병 고침은 특별한 목적을 위해 사용된 기적적인 표적 은사였다. 그것은 기독교인들이 건강을 유지하도록 하기 위해 영원히 주어진 은사가 아니다. 그런데도 오늘날 많은 은사주의자들은 하나님께서 모든 기독교인들이 건강하기를 원하신다고 가르친다. 만약 그것이 사실이라면 왜 하나님은 애초부터 기독교인들이 병들게 하시는가?

이 세상에서는 신자들도 죄의 영향력 아래 있는데 왜 고통이 없어져야 한다고 생각하는가? 만약 모든 기독교인들이 건강하게 잘 산다면, 만약 화목의 유익이 완전한 건강이라고 한다면 수많은 사람들이 구원을 얻기 위해 몰려들 것이다. 그러나 분명히 그들의 동기는 잘못된 것이다. 하나님께서는 사람들이 죄를 회개하고 하나님의 영광을 위하여 그에게 나아오기를 원하시지, 단지 그들이 하나님을 육체적인 혹은 일시적인 병 치료를 위한 만병통치약으로 알고 하나님께 나오기를 원하시지 않는다.

은사주의자들의 병 고침을 어떻게 설명할 것인가?

은사주의자들은 종종 성경적이고 신학적인 물음에 대하여 체험에 호소하여 응답한다. 그들은 "하지만 믿기 어려운 일들이 일어나고 있다. 이 사실을 어떻게 설명하겠는가?"라고 변명한다. 나 역시 은사주의자 친구들에게서 이런 말들을 끊임없이 듣는다. "이 부인의 아들이 암에 걸렸었는데……", "내 친구 어머니는 관절염으로 허리가 굽어서 움직이지도 못했었는데……" 그러면 나는 이렇게 대답한다. "어떤 신유 은사자도 분명히 입증될 수 있도록 기관상의 질병을 즉각 치유한 경우는 없었다. 어떤 신유 은사자도 병 고침받기 위해 온 사람들을 모두 낫게 하지 못했다. 많은 사람들이 올 때나 다름없이 병든 채, 불구인 채 돌아갔다. 어떤 신유 은사자도 죽은 사람을 살리지 못했다. 하나님의 말씀은 그 밖에 다른 확증 거리를 필요로 하지 않고 구원의 길을 보여 주기에 충분하다. 신유 은사자들의 화목과 구원에 관한 신학은 의심스럽다. 은사주의자들과 지도자들은 사람들에게 질병이 있게 하신 하나님의 섭리를 인정하지 않는 것 같다. 신유 은사자들은 특별한 환경을 필요로 한다. 그들이 병 고침에 대한 증거라고 제시하는 것은 보잘 것 없고 미심쩍은 것들이며 과장된 것들이다. 병원에 많은 환자들이 있음에도 불구하고 은사주의자들이 병원에 가서 기적을 행한다는 소리를 들어본 적이 없다. 은사주의자들이 병 고침이라고 말하는 사례들은 의심할 바 없는 하나님의 초자연적인 능력 말고 다른 방법으로도 얼마든지 설명될 수 있는 것들이다. 신유 은사자들도 다른 사람들과 마찬가지로 병들고 죽는다. 지금 일어나고 있는 일들에는 많은 혼란과 모순이 있다. 그래서 나는 한 가지 되물어 보고 싶다. 이런 일들을 어떻게 설명할 것인가? 그것은 분명히 성경적인 병 고침의 은사가 아니다.

오늘날에도 병 고침의 역사는 계속되고 있다. 그러나 성경적인 병 고침의 은사는 사라졌다. 하나님께서는 하나님이 원하시는 자를, 하나님이 원하실 때 치료하신다. 어떤 때는 나의 인간적인 생각으로 치유되었으면 하고 바랄 때 치유하시는 경우도 종종 있다. 여느 목사와 마찬가지로 나 역시 설명할 수도 없고 도대체 어떻게 손 쓸 도리도 없이 신실한 기독교인이 고통을 받는 아주 비극적인 경우들을 많이 보아 왔다. 사랑하는 사람들의 회복을 위하여 기도하고 있는 가족들과 함께 열심히 기도했지만 전혀 응답이 없는 경우도 있었다. 은사주의 목사들도-만약 그들이 정직하기만 하다면-자기들도 역시 이런 경험을 한 적이 있다는 것을 인정할 것이다.

그러나 은사주의를 가르치는 자들과 치유자들, 그리고 그 지도자들이 병 고침을 받지 못한 많은 사람들에게 하는 이야기는 항상 "그들이 믿음이 없어서 치유받지 못했다"라는 것이다. 그런 변명은 결코 합당하지 않다.

왜 기독교인들이 병드는가?

우리는 필연적인 질문에 답해야 한다. 왜 기독교인들이 병드는가? 거기에는 몇 가지 이유가 있다.

어떤 병은 하나님께로부터 온다.

출애굽기 4:11에 보면 하나님께서 모세에게 이렇게 말씀하신다. "누가 사람의 입을 지었느뇨 누가 벙어리나 귀머거리나 눈 밝은 자나 소경이 되게 하였느뇨 나 여호와가 아니뇨?" 매우 단순하면서도 직접적으로 언급된 이 말은 매우 충격적인 것처럼 들린다. 사랑의 하나님께서 누군가 고통받기를 원하신다는 말인가? 왜 하나님께서 어떤 사람들을 벙어리나 귀머거리, 혹은 소경이 되게 하시는가? 그러나 성경 여러 곳에서, 하나님의 절대 주권적인 계획은 우리의 제한적인 생각으로는 이해할 수 없는 그 이상의 것이라는 사실을 알려 주고 있다. 하나님은 불구자와 허약자들을 만드셨다. 결함을 가진 아이들이 매일 출생한다. 많은 아이들이 선천적인 불구자로 자란다. 어떤 사람들은 몇 년 동안 병을 앓기도 한다. 우리의 인간적인 생각으로는 도저히 그것을 설명할 수 없지만 그것은 오직 하나님의 계획이고 하나님의 사랑의 선물이다.[29]

어떤 병은 사탄에게서 온다.

누가복음 13:11-13에 보면 예수께서 "십팔 년 동안을 귀신 들려 꼬부라져 조금도 펴지 못하는 한 여자"를 고치신 이야기가 있다. 예수께서 그 여자를 보시고 "여자여 네가 네 병에서 놓였다"라고 말씀하셨다.

하나님께서는 특별한 뜻이 있어서 사탄으로 하여금 사람을 병들게 허락하신다. 그 전형적인 성경 사례가 욥이다(욥기 1장을 참조하라).

---

29) 왜 질병과 고통이 있는가에 대해서는 다음을 참조하라. Margaret Clarkson, *Grace Grows Best in Winter*(Grand Rapids: Zondervan, 1972).

어떤 병은 죄를 벌하기 위한 것이다.

민수기 12장에 보면 미리암은 하나님께 불순종하여 문둥병에 걸렸는데 회개하고 나았다. 신명기 28:20-22에 보면 하나님께서 이스라엘이 범죄 하면 전염병으로 치시겠다고 경고하셨다. 열왕기하 5장에서 엘리사의 종 게하시는 탐욕 때문에 문둥병에 걸렸다.

시편 기자는 "고난당하기 전에는 내가 그릇 행하였더니 이제는 주의 말씀을 지키나이다"라고 썼다(시 119:67).

사람이 아프면 혹시 고백하지 않은 죄가 있는지 모든 생활을 점검해야 한다. 만약 고백하지 않은 죄가 있거든 즉시 회개하고 하나님의 사하심을 얻어야 한다. 그러나 다른 병든 사람을 상담할 때는 주의해야 한다. 조심성 없이 신실한 자기반성 없이 다른 사람의 죄를 꼬치꼬치 캐묻거나 정죄해서는 안 된다. 이런 성경의 원리를 남용하면 다른 사람을 잘못 정죄하기 십상이다.

어떤 경우에는 죄 때문에 아픈 사람도 있을 것이다. 이것은 하나님께서 그 사람을 벌하시고 있다는 것을 의미한다. 그러나 항상 그런 것은 아니다. 어떤 사람이 병들어 있다고 해서 그것을 꼭 그 사람의 죄와 관련시키는 것은 마치 사람들에게 믿음이 없어서 병 고침을 받지 못했다고 말하는 것과 같이 잔인하고 무자비한 처사이다. 우리는 욥의 친구들과 같은 실수를 범하지 말아야 한다(욥 42:7-8).

하나님께서는 믿음만 있으면 누구든지 고침을 받을 수 있다고 약속하셨는가?

하나님께서는 모든 신자들이 건강하기를 원하신다는 은사주의자들의 주장은 잘못된 것이다. 하지만 우리는 하나님께서 현재도 치유하신다고 약속하셨다는 데는 이의가 없다. 하나님께서 모든 병을 치료하신다고 약속하신 것은 아니지만, 우리 신자들은 어떤 병에 걸렸든지 낫을 얻기 위해 기도할 수는 있다. 여기에는 다음과 같이 세 가지 근거가 있다.

하나님께서는 그의 성품 때문에 치유하신다.

출애굽기 15:26에서 하나님께서는 이스라엘에게 "나는 너희를 치료하는 여호와이니라"라고 말씀하셨다. 여기에서 여호와에 해당하는 단어 야훼 로페카(Yahweh Ropeca)를 직역하면 "너희의 치료자 여호와"이다. 따라서 성도들은 병들었을 때 하나님께 간구할 권리가 있다.

하나님께서는 그 약속 때문에 치유하신다.

하나님께서는 우리가 그의 이름 안에서 믿음으로 무엇이든지 구하면 이루어지리라고 약속하셨다(마 21:22; 요 14:13-14; 16:25; 요일 5:14). 이것은 우리의 요구가 반드시 하나님의 뜻에 합당해야 한다는 것을 의미한다. 만약 우리가 병 고침을 위해 기도하고 그것이 하나님의 뜻에 합당하면 우리를 고치신다.

치유는 하나님의 전형적인 표본이다.

우리는 예수님 안에서 하나님의 자비와 은총의 표본을 찾을 수 있다. 그러므로 만약 하나님께서 인간의 고통과 질병을 어떻게 생각하시는가를 알고자 한다면 예수님을 보면 된다. 예수님께서는 병을 고치시기 위하여 어디든지 가셨다. 다른 방법으로도 자기가 곧 하나님이라는 주장을 입증하실 수도 있었을 텐데. 예수님께서는 "선지자 이사야로 하신 말씀에 우리 연약한 것을 친히 담당하시고 병을 짊어지셨도다함을 이루려 하시기 위해(마 8:17)" 고통과 괴로움을 면하게 하는 자비의 길을 택하셨다. 그렇지만 베드로전서 2:24에 관한 논의에서 지적했듯이(은사Ⅰ 제4장), 이것이 이 시대의 모든 병을 치료하는 것이 속죄 사역의 일부라는 의미는 아니다. 다만 이것은 우리를 위한 그리스도의 사역을 확증하는 데 있어서 치유를 본보기로 한 것이며, 이것은 또한 우리가 장차 이 세상의 질병과 불구로부터 영원히, 완전하게 해방될 것을 보증하는 것이다. 우리의 영원한 집에는 질병이나 죽음이 없다.

기독교인들도 의사의 치료를 받아야 하는가?

성경은 분명히 하나님께서 치료하신다고 하면서도 동시에 기독교인들이 의사의 치료를 받아야 한다고 증거 한다. 이사야 38장은 히스기야 왕이 죽을 병에 걸렸을 때 어떻게 했는가를 기록하고 있다. 왕은 슬피 울면서 낫게 해 달라고 하나님께 간절히 구했다. 하나님께서는 그의 간구를 들어주기로 하셨다. 그런데 어떻게 해서 그가 낫게 되었는가? "이사야는 이르기를 한 뭉치 무화과를 취하여 종처에 붙이면 왕이 나으리라(사 38:21)"고 했다. 만약 하나님께서 여기에 한 가지 원리를 제공하신 것이다. 만약 우리가 아프게 되면 우리는 두 가지 일을 해야 한다. 즉, 낫기를 위해 기도하고 의사의 치료를 받는 것이다.

마태복음 9:21에서 예수님께서도 같은 견해를 보이셨다. 예수님께서는 "건강한 자에게는 의원이 쓸데없고 병든 자에게라야 쓸데 있느니라"라고 하셨다. 예수께서 지금의 죄의 문제를 말씀하시고 있기는 하지만, 그는 모든 사람이 납득할 수 있는 비유를 사용하셨다. 아픈 사람에게는 의사가 필요하다. 이 말씀을 통해서 주님은 의사의 치료가 하나님의 뜻에 일치됨을 확실하게 하셨다.

사도행전 28장에 보면 바울이 보블리오의 부친을 기적같이 고쳤더니 많은 사람이 병 낫기를 바라고 그에게 왔다. 9절에서 다른 병든 사람들의 '고침'에 해당하는 단어는 의학 전문 용어이지만, 8절에서 바울이 보블리오의 부친을 낫게 하는 데 사용된 헬라어는 치료에 대해 일반적으로 쓰이는 용어이다. 치료(therapeutic)란 단어는 바로 여기에서 유래된 것이다. 어쩌면 바울이 기적적으로 낫게 한 후 그의 동역자 누가는 의사였으므로(골 4:14) 의학적으로 치료했을 것이다. 얼마나 멋진 협력 선교인가? 원리는 분명하다. 아플 때 우리는 기도해야 한다. 또한 훌륭한 의사의 도움도 받아야 한다. 그러면서도 우리는 하나님의 완전하신 뜻을 신뢰해야 한다. 결국 고난은 우리에게 현재에는 유익을 이루고(약 1:2-4; 벧전 5:10), 장래에는 영광이 되게 한다(롬 8:18; 벧전 1:6-7).

우리는 모두 타락으로 말미암아 언젠가는 죽게 될 존재(살아서 그리스도의 재림을 맞게 될 선택받은 자들을 제외하고)라는 것을 기억해야 한다. 예수께서 베드로에게 말씀하신 것처럼, 모든 성도들은 자신의 죽음이 하나님의 영광을 위한 것이 되기를 소망해야 할 것이다.

다른 경우와 마찬가지로, 병들었을 때에도 성도들은 성경적인 인식을 벗어나지 말고 하나님께 영광 돌리기를 추구해야 한다. 하나님께서는 정하신 때에 정하신 방법으로 그의 영광을 위해, 그리고 그의 주권적인 의지와 기뻐하시는 뜻에 따라 치료하신다. 그 밖에 다른 방법이 있겠는가?

제10장
방언의 은사는 오늘날을 위해 있는 것인가?

어떤 사람이 내게, 유치원 아이들에게 방언하는 것을 가르치기 위해 만든 주일학교 인쇄물 견본 하나를 보내 주었다. 그것은 "나는 성령으로 충만하다!"라는 제목이 붙은 8페이지 분량의 컬러로 된 책자였다. 첫 페이지에는 "성령의 사람"이라는 글이 쓰여진 티셔츠를 입은 역도 선수의 웃고 있는 모습이 그려져 있었다. 그 그림 아래에는 "방언하는 자는 자기의 덕을 세운다"라는 고린도전서 14:4이 쓰여 있었다.

또 다른 페이지에는 Howdy Doody처럼 보이는 소년이 손을 들고 있는 모습의 그림이 실려 있었다. 그 아이의 가슴에는 점선으로 그림이 그려져 있었는데, 이것은 그의 영을 나타내는 것 같았다. 그리고 그 안에 "발리 오도마 타 노모"라는 글이 인쇄되어 있었다. 그 아이의 입으로부터 만화에서 볼 수 있는 풍선 모양의 그림과 함께 "발리 오도마 타 노모"라는 글이 반복되어 있었다. 그의 머리에는 구름 모양의 뇌가 그려져 있었는데 그 안에는 물음표가 들어 있었다. 또한 그 그림 안에는 "나는 내가 무슨 말을 하고 있는지 이해할 수가 없다."라는 말이 쓰여 있었다. "내가 만일 방언으로 기도하면 나의 영이 기도하거니와 나의 마음은 열매를 맺히지 못하리라(고전 14:14)."

이상의 내용은 은사주의 특성의 한 전형을 보여 주고 있다. 방언의 은사는 사람의 영 안에서 활동하는, 그러나 지성으로는 이해할 수 없는 전적으로 신비스러운 능력으로 보여진다. 심지어 많은 은사주의자들은 그들이 받은 은사가 능력을 발휘하도록, 의도적으로 그들의 지성을 묶어 두어야 한다고까지 말한다. 예를 들면 찰스 헌터와 프랜시스 헌터(Charles and Francis Hunter)는 한 번에 수천 명이 참석하는 "치유 폭발"이라는 집회를 가졌었는데 그 집회에서 헌터 부부는 사람들에게 방언의 은사를 받는 방법에 대해 가르쳤다. 찰스 헌터는 사람들에게 이렇게 말했다.

> 기도할 때 여러분은 언어의 소리에 대해 생각하지 말아야 합니다. 단지 하나님만 믿고 내가 시키는 소리만 내십시오.
> 내가 할 말을 여러분에게 알려 드리는 순간 여러분은 이상스런 소리들을 냄으로써 하나님을 사랑하고 찬양하게 됩니다. 처음엔 그 소리들을 빨리 말하십시오. 그렇게 하면 여러분이 평상시 해 오던 언어로 말하지 않게 될 것입니다…… 그리고 크게 소리를 지르십시오. 그러면 자신이 하는 소리를 쉽게 들을 수 있을 것입니다.[1]

찰스 헌터는 자신이 말하는 것을 듣는 것이 무슨 의미가 있는지 설명하지 않는다. 왜냐하면 지성은 전혀 개입되지 말아야 하기 때문이다. 그는 계속해서 청중들에게 생각하지 말아야 한다고 환기시킨다. "여러분 가운데 유창

---

1) Charles Hunter, "Receiving the Baptism with the Holy Spirit" *Charisma*(July 1989), 54.

하게 말하지 못하는 분이 있다면 그 소리에 대해 생각했기 때문입니다. 그러므로 이러한 기도를 할 때 하늘의 언어로 말하시기 바랍니다. 결코 생각하려 하지 마십시오."[2]

후에 그는 이런 말을 덧붙였다. "성령 안에서 기도하려는 것조차 생각하지 마십시오."[3]

아더 엘 존슨(Arthur L. Johnson)은 신비주의에 대한 그의 탁월한 글에서 적절한 이유를 내세우며 은사주의를 "신비주의 절정"이라고 부르고 있다.[4]

이는 그것이 지성에서 멀어져야 하며 이성적인 것에서 분리되어야 한다고 가르치기 때문이라는 것이다. 그와 같은 것은 앞에서 우리가 살펴본 것처럼(은사Ⅱ 제7장을 보라) 이방 신비 종교의 중요한 특징 중 하나였다. 은사주의자들의 모든 가르침의 특징은 순수한 신비주의이며, 따라서 은사주의자들이 스스로 방언에 대해 묘사하는 방법보다 더 완벽하게 그것을 보여 주는 것은 없다.

은사주의자들은 방언을 비교할 수 없는 극치의 경험으로 묘사한다. 한 저자는 로버트 V. 모리스(Robert V. Morris)의 글을 다음과 같이 인용했다.

내게 있어서…… 방언의 은사는 찬양의 은사로 나타났다. 하나님께서 내게 주신 알 수 없는 언어를 사용했을 때, 지금까지 생각하면서 기도했을 때와는 전혀 다른 사랑과 경오, 순수한 경배가 내 안에 일어나는 것을 느낄 수가 있었다.[5]

---

2) Ibid.
3) Ibid.
4) Arthur L. Johnson, *Faith Misguided : Exposing the Dangers of Mysticism*(Chicago: Moody, 1988), 113.
5) John L. Sherrill, *They Speak with Other Tongues*(Old Tappan, N.J: Spire, 1964),83.

방언에 대한 신문의 한 논단은 산 호세의 빌 엘 윌리엄(Bill L. William) 목사의 글을 다음과 같이 인용했다.

"그것은 당신이 깊은 애정을 가지고 헌신한 누군가에게 몰입하게 하는 것이다…… 우리는 그 많은 말들을 이해할 수는 없으나 우리가 대화하고 있는 것만은 분명히 알고 있다." 그는 말하기를 그 의식은 "감정이나 지성을 뛰어넘는" 것이라고 했으며, "인간의 이해를 초월하는 것으로서 인간의 중심으로 하나님의 중심에 말하는 것"이라고 했다. "그것은 깊은 내면으로 이해할 수 있는 것이다." 또한 "그것은 초자연적인 말들로서 하나님과의 친밀함을 가져오는 것이다."[6]

이 논단은 또한 뉴 멕시코 주 화밍턴에 있는 빌리 마틴(Billy Martin) 목사의 글을 인용했다. "그것은 기쁘고 영광스럽고 놀라운 경험이다." 테네시 주 노스빌의 다린 밀러(Darlene Miller) 목사는 이렇게 말했다. "이것은 당신이 경험하기 전에는 알 수 없는 설교할 때의 달콤함과도 같은 것이다. 그것과 비교할 수 있는 것이란 아무것도 없다."[7]

방언을 하는 다른 이들 역시 이들과 마찬가지의 말들을 할 것이다.

그러면 그 같은 경험들의 문제점들은 무엇이겠는가? 만약 그것이 어떤 사람으로 하여금 기분 좋게 느끼게 하고 하나님께 더 가까이 나아간 것처럼, 혹은 영적으로 더 강해진 것처럼 느끼게 한다면, 심지어 광란 상태에 빠지게 한다면 어쨌든 그것은 위험한 것이며 거짓된 것일 수 있지 않은가?

그럴 수 있을 뿐 아니라 실제로 그렇다. 그 자신이 방언을 했을 뿐 아니라 목사이기도 했던 오순절 운동을 일으킨 고(故) 조지 가디너(George

---

6) "Speaking in Tongues-Believers relish the Experience" Los Angeles Times(September 19, 1987), B2.
7) Darlene Miller

Gardiner)는 방언으로 인한 황홀감 때문에 자신을 통제하지 못하게 되는 위험성을 날카롭게 묘사했다.

> 영혼의 적은 자기를 "제어하지 못하는" 상황을 놓치지 않는다. 수많은 기독교인들이 그 결과를 후회하고 있는 것이 그 증거이다.
> 그 같은 경험들은 사탄에게 재빠르게 공격할 기회를 제공할 뿐만 아니라 각 사람에게 심리적으로 상처를 입힐 수 있다. 은사주의자들은 계속해서 방언을 하는 자들에게 그들이 낙담케 될 것이라고 경고하고 있다. 이것은 마귀로 인한 것으로, 마귀는 사람들에게 재충만을 다그친다…….
> 따라서 경험을 구하는 자들은 여러 차례 반복하여 이전의 의식에로 되돌아감으로써 황홀경에 이르게 되는데, 그것은 마약 중독자처럼 점점 더 큰 만족을 요구하며, 그 결과 때때로 기괴한 장면이 벌어지기도 한다. 나는 사람들이 지칠 때까지 방안을 뛰어다니거나 천막의 기둥에 올라가거나 괴팍하게 웃거나 여러 날 동안 몽롱한 가운데 있는 사람들을 많이 보았다. 어떤 이들은 도저히 이해할 수 없는 섬뜩한 일들을 행하기도 한다. 결국 중대한 고비에 이르게 되며 어떤 결말에 이르게 된다. 즉, 그는 뒷좌석에 앉게 될 것이며 구경꾼이 될 것이다. 그리하여 "위장된 모습을 가지거나" 혹은 모든 것이 다시 전과 같이 될 수 있을 것이라는 희망 속에서 살게 된다. 가장 비극적인 결말이라면 잠잠케 되는 것이다. 그러는 가운데 영적인 모든 거짓된 것들을 버리게 된다. 구경꾼들은 좌절하게 되며, 위장하는 자들은 죄의식으로 고통당하고, 소망을 가졌던 자들은 가련한 자리에 이르게 되며, 잠잠케 된 자들은 비참하게 되고 만다. 이 같은 운동은 진실로 해로운 것일 수 있다![8]

방언 은사자들은 가디너(Gardiner)가 말한 것을 이해할 것이다. 그는 자신이 바로 방언 은사자이면서도 방언하는 것을 반대했을 뿐만 아니라 그것

---

8) Ibid.

의 위험성을 말하기도 했다. 오랄 로버츠 복음주의 협회(the Oral Evangelistic Association) 내 출판국의 편집장이었던 웨인 로빈슨(Wayne Robinson)은 한때 열렬한 방언 은사자였다. "나는 한때 방언을 했었다"라는 책의 서문에서 다음과 같이 말하고 있다.

> 지난 수년 동안 나는 방언뿐 아니라 어떤 종교적인 경험에 관한 시험은 그것을 입증하는 논리나 진실성 여부에 관계없이 제한받지 않는다는 것을 더욱 확신하게 되었다. 아울러 근본적인 질문이 있다. "그것은 사람들의 삶 가운데서 어떤 일을 행하는가?" 더 특별하게 말하자면, 그것은 사람들로 하여금 자기중심적이며 이기적인 일에 흥미를 가지게 하는가, 아니면 다른 사람과 그들의 필요에 관심을 가지게 하는가?
> 나는 방언 은사를 통해 놀라운 자유를 경험하게 되었다고 말하는 사람들을 알고 있다. 그리고 상당히 많은 사람들은 방언을 통해 고통스런 많은 문제들로부터 벗어나게 되었으며 세상으로부터 벗어나게 되었다고 말한다. 어떤 이들에게 있어서 방언은 가장 놀라운 경험인 반면 또 어떤 이들에게는 교회를 분열시키고 발전을 저해하며 인간관계를 파괴시키는 것으로 보이는 것이다.[9]

마찬가지로, 이전에 은사주의자였던 벤 비어드(Ben Byrd)는 이렇게 말했다.

> 방언을 하는 것이 전혀 해 될 것이 없으며 그것을 원하는 모든 이들에게 유익하다고 말하는 것은, 그 반대되는 증거 즉, 방언하는 것이 중독과도 같다는 것이 명백해짐에 따라 어리석은 주장이 되어 버린다. 방언에 대한 잘못된 이해와 그 습성, 그리고 그것이 가져다주는 고도의 심령술, 게다가 육신의 자극 등은 사람들로 하여금 방언을 행하는 데서 벗어나기 어렵게 만든다……. 방언의 양이 영적 진보의 양에 비례한다고 보는 것은 곧 성경을 잘못 이해하는 것이며, 거짓되고 위험한 것으로 만족을 얻으려는

---

9) Wayne Robinson, *I One Spoke in Tongues*(Atlanta : Forum House, 1973), 9-10.

성향을 보여 주는 것이다.[10]

방언을 하는 어떤 사람들은 전혀 감정의 변화 없이 기계적으로 방언을 하다가 멈출 수 있다. 비슷한 소리를 반복하는 것을 배운 그들은 그것을 계속 연습해서 아주 유창하게 그리고 그리 힘들이지 않고(열정도 없이) 말할 수가 있다.

성경적인 방언의 은사

방언에 대한 언급은 성경 중 세 군데서 나타나고 있다. 마가복음(16:17), 사도행전(2장, 10장, 19장), 고린도전서(12장-14장)가 그것들이다.[11]
우리는 앞의 제8장에서 사도행전의 몇 대목들에 대해 살펴보았다. 즉, 사도행전은 무엇보다도 역사적인 내용을 서술한 책으로서, 그것이 담고 있는

---

10) Ben Byrd, *The About Speaking in Tongues*, (Columbus, Ga.: Brentwood, 1988), 49 (emphasis in original).

11) 어떤 은사주의자들은 로마서 8:26-27이 방언에 관해 말하는 신약의 또 하나의 언급임을 지적한다. "우리가 마땅히 빌 바를 알지 못하나 오직 성령이 말할 수 없는 탄식으로 우리를 위하여 친히 간구하시느니라."
이 구절에 관하여 케네스 하긴(Kenneth Hagin)은 다음과 같이 말했다. "그리스 학자인 넬슨(P.C. Nelson)은 그리스인들은 이 구절을 '성령이 우리를 위하여 정상적인 말(articulate)로는 나타낼 수 없는 탄식으로 우리를 위하여 간구하신다' 라고 문자적으로 해석한다고 말했다. 정상적인 말이라는 것은 우리가 보통의 발음으로 하는 말을 의미한다. 그는 계속해서 그리스도인들이 이 구절을 우리 입술을 열지 않고 기도한다는 의미로서의 탄식뿐 아니라 다른 언어로 기도한다는 의미에서의 탄식도 포함하고 있는 것으로 얼마나 많이 강조하고 있는지를 지적했다." [Kenneth E. Hagin, "Why Tongues"(Tulsa: Faith Library, 1975),19.]
그것은 이 구절을 왜곡한 것이며 희랍어 문장을 무시하게 다룬 처사이다. 희랍어의 어느 곳에도 방언으로 기도하는 것으로 해석되는 부분은 없다. 그러나 Nelson과 Hagin은 문장 속에서 그런 의미를 읽어 내고 있다. 정상적인 발음을 벗어난 말조차도 이런 단어(groaning)로 해석될 수 있다. 그러나 "탄식(groaning)"이라는 말은 정확하다. 이 단어는 희랍어로 stenazo라는 단어이다. 표준 신약전서 사전은 "바울이 그 단어를 뭔가를 열망하는 맥락에서 깊은 한숨을 내쉬는 의미로만 사용하고 있다"고 말한다. [Thomas McComiskey, "Stenazo," Colin Brown, ed. *Dictionary of New Testament Theology*, Vol 2(Grand Rapids : Zondervan, 1976), 425.]

특별하고도 놀라운 사건들은 전교회시대의 보편적인 패턴이 아니라고 생각했다. 마가복음 16:17은 단지 방언을 사도적인 표적으로 언급하고 있을 따름이다(은사Ⅰ 제4장). 교회에서의 방언의 역할을 다루고 있는 대목은 성경 가운데서 고린도전서 12-14까지의 내용뿐이다. 그리고 그 내용을 보면 무엇보다도 고린도 교인들의 잘못된 은사 사용을 꾸짖기 위해 쓴 것이었음을 주목할 필요가 있다. 그가 한 말의 대부분은 교회에서의 방언 사용의 제한에 관한 것이었다.[12]

고린도전서 12장에서 바울은 일반적인 영적 은사에 대해 즉, 방언은사가 어떻게 주어졌으며 또 하나님께서 교회 안에 있는 은사들에 대해 어떻게 명하셨는지에 대해 말했다. 고린도전서 14장에서 바울은 방언이 예언보다 하위의 것이라고 말했다.[13]

그리고 이 두 장의 중간부분인 고린도전서 13장에서 바울은 은사 사용의 동기인 사랑에 대해 말했다.

일반적으로 문맥과 상관없이 고린도전서 13장이 단순히 사랑에 대한 예

---

12) 고린도전서 12-14장을 자세히 이해하고 싶으면 John F. MacArthur, Jr., *The MacArthur New Testament Commentary : 1 Corinthians*(Chicago: Moody, 1984)를 참조하라.
13) Paul Van Gorder는 고린도전서 14장에 나타난 교회 안에서의 방언 사용을 위한 제약 조건들을 다음과 같이 열거했다.
  1. 방언은 믿지 않은 자들에 대한 표적이었다(22절).
  2. 방언은 교회의 덕을 세우기 위하여 사용되었다(26절).
  3. 예배 시에는 회중들 중에서 많아도 세 사람 정도만 순서를 따라 방언을 했다(27절).
  4. 통역하는 자가 없으면 방언을 하지 않았다(28절).
  5. 교회 안에서의 혼란이나 무질서는 하나님으로부터 오지 않았다는 증거가 되었다(33절).
  6. 초대교회에서 여자들은 잠잠하고 방언으로 말하지 않았다(34절).
  7. 이 규제를 주의 명령으로 받아들이는 것이 명령이었다(37절).
  8. 초대교회에서 방언을 금하지는 않았으나 더 우위를 차지한 명령은 "예언하기를 사모하는 것"이었다(39절).
  오늘날 대부분의 은사주의자들은 사도 바울의 지침을 대부분 지키지 않는다. [Paul R. Van Gorder, "Charismatic Confusion" (Grand Rapids: Radio Bible Class, 1972), 33.]

찬의 장인양 언급되어 왔던 것은 사실이다. 말할 것도 없이 그것은 최고의 문학적 가치를 지닌 것으로서 순수한 사랑을 심오하고도 아름답게 표현하고 있다. 바울은 방언을 남용하는 자들에게 사랑이야말로 모든 중요한 것 중에서도 첫째 되는 것임을 되새겨 주는 데 도움을 주고 있는 것이다.

고린도전서 13:1-3에서 바울은 사랑의 탁월함을 확고히 하고 있다. 1절은 명백하게 사랑이 없는 기적적인 언어는 아무런 의미가 없는 것이라고 말하고 있다. 바울은 사랑 없이 이기적으로 영적인 은사를 사용한 고린도 교인들을 꾸짖고 있는 것이다. 그들은 아가페 사랑으로 특징지어지는 자기희생적인 관심으로 다른 사람들을 섬기기보다는, 자신들을 높이거나 황홀한 경험에 몰입시키는 데 더 관심을 가졌다.[14]

바울은 "내가 사람의 방언과 천사의 말을 할지라도……" 라는 말로 글을 시작하고 있다. 헬라어 글로사(glossa)에서 유래한 "방언"이라는 말은 신체 기관 혹은 언어를 가리키는 것일 수 있다. 바울은 분명하게 언어의 은사에 대해 말하고 있다. 바울 자신도 방언을 했었다는 사실을 주목하라(고전 14:18). 그는 방언 자체를 정죄하고 있는 것이 아니다. 그가 말하는 것은, 만일 방언의 은사가 하나님께서 의도하신 방법대로 사용되지 않는다면, 그것은 유치원에서 내는 꽹과리 소리와 다를 바 없는 소음에 지나지 않는다는 것이다.

---

14) 고린도전서 13:2-3에 나온 희랍어 동사는 가정법이다. 사실과 반대되는 상상이나 상황을 말할 때 쓴다. 표준적인 희랍어 문법은 "직설법이 현실을 나타내는 데 반해 가정법은 비현실을 나타낸다. 가정법은 사실로부터 벗어나서 상상만이 가능한 세계로 가는 첫 단계이다"라고 설명한다. [H. E. Dana and J. R. Mantey, *A Manual Grammar of the Greek New Testament* (Toronto: Macmillan, 1957), 170.]

방언은 천상의 소리인가?

"내가 천사의 말을 할지라도……"라고 말했을 때 바울이 의미하고자 했던 것은 무엇이었을까? 많은 이들은 바울이 말했던 방언의 은사가 천사들의 언어나 천상의 언어와 같았으리라고 믿고 있다. 사실상 대부분의 은사주의자들은 방언의 은사를 오직 하나님께만 알려진 천상의 언어 즉, 하늘의 언어 혹은 이 세상 것이 아닌 다른 유의 언어로서, 사적으로 기도할 때 사용하는 언어라고 믿는다. 그러나 성경 어디를 보아도 그 같은 견해를 입증할 만한 증거는 없다.

이어 나타나는 구절에서 볼 수 있는 것처럼 바울은 가상의 경우를 말하고 있는 것이다. 거기서 그는 모든 비밀과 모든 지식을 알고 모든 소유를 가난한 자들에게 내주고 또 자신의 몸을 불사르게 내주는 것에 대해 말하고 있다. 바울은 방언의 은사가 사실이라 할지라도 사랑이 없으면 방언은 아무런 의미가 없다고 말하고 있는 것이다. 사랑의 필요성을 강조하기 위해 바울은 외적인 한계로까지 실례를 확장시켜 가려 했던 것이다.

성경에는 천사들이 천상의 언어를 사용했다는 증거가 전혀 나타나 있지 않다. 천사들이 나타났을 때 그들도 인간과 똑같은 언어를 사용하였다(눅 1:11-20, 26-37; 2:8-14).

성경 어디에서도 방언의 은사가 인간의 언어와는 다른 어떤 것이라고 말하고 있지 않다. 또한 고린도전서 12-14에 묘사되어 있는 참 방언이 실질적으로 사도행전 2장에 기록되어 있는 오순절에서의 기적적인 언어와 다른 것이었다는 어떤 암시도 찾아볼 수 없다. 두 곳 모두 "글로사(glōssa)"라는 헬라어 단어가 사용되고 있다. 사도행전에서 제자들은 이미 널리 알려진 언어로 말했던 것이 분명하다. 당시 예루살렘에 있었던 유대인들은 언어로 말했던 것이 분명하다. 당시 예루살렘에 있었던 유대인들은 "각각 자기의 방언으로 제자들의 말하는 것을 듣고 소동하였다(2:6)." 누가는 제자들이 말한 15개 언어와 그 지역의 이름까지도 열거하고 있다(8-11절).

더 나아가, "방언"으로 번역할 수 있는 헬라어 "디알레토스"(dialeltos)는 사도행전 2:6-8에 각각 사용되었다. 오순절에 참예한 불신자들은 각각 그들 자신의 언어로 하나님의 말씀이 선포되는 것을 들었다. 그 같은 내용은 무아지경의 상태에서 쏟아져 나오는 말일 수 없었다.

많은 은사주의자들은 흠정역(KJV)이 고린도전서 14장에서 여러 차례 "알지 못하는 언어(an unknown language)"라는 표현을 사용하고 있는 것을 예로 들고 있다. 그들에 의하면 그것은 이 세상에 속하지 않는 언어를 가리키는 것이라고 한다. 그러나 "알지 못하는(unknown)"이라는 말은 번역자들이 취한 용어일 뿐 헬라어 원문에는 그 같은 표현이 나타나 있지 않다.[15]

바로 이 같은 이유 때문에 흠정역은 그 단어를 이탤릭체로 쓰고 있다. 그러므로 고린도전서 13:1은 바울이 의미 없는 무아경의 언어나 천상의 언어, 혹은 천사의 언어로 말했을 것이라는 근거로 사용될 수 없다.

---

15) Glossa는 사도행전 전체를 통하여 항상 여러 개의 언어를 가리키는 복수형으로 나타난다. 그러나 고린도전서 14장에서 바울은 단수와 복수형 둘 다를 사용하고 있다. 이에 대해 한 가지 가능한 설명은 그가 2, 4, 13, 14, 19절에서 단수형 "방언"을 사용할 때는 몇몇 고린도 교회 성도들이 진짜 방언의 은사 대신에 사용하고 있었던 이교도적인 가짜 방언을 말하는 것이라는 설명이다. 의미 없이 흥분상태에 빠져 하는 웅얼거림은 근본적으로 전부 마찬가지의 것들이며 그렇기 때문에 복수형으로 지칭하는 것이 불필요하다. 그러나 바울은 분명하게 언어의 은사를 언급할 때에는 복수형 "방언"을 사용했다. 단 한 가지 예외가 있다면 고린도전서 14:27인데 거기서 바울은 다른 사람이 알 수 없는(unknown) 방언을 하는 한 사람에 대해 묘사한 것으로 단수형 "방언"만이 맞는 표현이었다.
흠정역(KJV)은 glossa가 단수형일 때에만 unknown(알지 못하는)이라는 단어를 사용했다. 만일 "방언"의 단수형과 복수형의 구별이 진정한 성령의 은사와 이단적인 가짜 방언의 차이가 아니라 실제 언어와 단순한 웅얼거림의 차이를 의미한다면 결국 흠정역 번역자들이 그 단어들을 사용한 방법에는 오류가 없게 된다. 그러므로 27절의 "알지 못하는 방언"은 진정한 영적 은사의 나타남이 아니라 이단적인 타락의 행위로 이해될 수 있다.

뿐만 아니라 바울은 방언이 교회 내에서 행해질 때 누군가에 의해 통역되어져야 한다고 주장했다(14:13, 27). 만일 바울이 "개인적인" 기도의 언어나 무의식적인 천상의 소리로서 무아경의 상태에서 주절거리는 소리를 염두에 두었다면 그같이 말하지 않았을 것이다. 통역을 뜻하는 헬라어 "허메뉴오(Hermeneuo)"는 "번역"을 의미하는 단어이다(요 9:7; 히 7:2). 통역의 은사는 결코 배운 적이 없는 언어를 해석하는 초자연적인 능력으로서, 그 말씀으로 다른 사람들을 세우기 위한 것이었다(14:5). 무아경 상태에서 횡설수설하는 것이라면 결코 통역할 수 없을 것이다.

더 나아가, 바울이 사람의 언어를 염두에 두었던 또 다른 암시가 고린도전서 14:21-22에 나타나 있다. 그곳에서 바울은 방언이 믿지 않는 이스라엘에 표적으로 주어진 것임을 밝히고 있다. "율법에 기록된 바 주께서 가라사대 내가 다른 방언하는 자와 다른 입술로 이 백성에게 말할지라도 저희가 오히려 듣지 아니하리라 하였으니." 바울은 하나님께서 이방의 언어로 계시를 말씀하실 것이라고 이스라엘 백성을 향해 주어진 이사야 28:11-12의 예언에 언급하고 있는 것으로, 이는 이스라엘의 불신앙을 책망하는 것이었다. 의미심장한 표적이기 위해서 방언은 어떤 천사들의 언어가 아닌 이방의 언어여야 했다.

거짓된 방언

명백히 성경에서 말하는 참된 방언은 횡설수설하는 것이 아닌 제대로 된 언어이다. 그러나 오순절파와 은사주의에서의 방언은 제대로 된 언어가 아니다. 종정 방언(glossolalia)으로 불리는 현대의 방언은 성경적인 방언 은사와는 다른 것이다. 토론토 대학(Toronto)의 언어학 교수인 윌리암 사마린(William Samarin)은 다음과 같이 말했다.

> 5년 이상 나는 이탈리아, 네덜란드, 자마이카, 캐나다, 미국 등지에서 있었던 모임에 참석하여 전통적인 오순절파들과 신오순절파들을 살펴보았다. 나는 가정에서 있었던 작은 모임에서부터 대형 집회에 이르기까지 각종 모임에 참석하여 보았는데 그때마다 브롱크스의 푸에리토리코 사람들과 애팔래치아 산맥의 뱀 조련사들에게서나 찾아볼 수 있을 법한 이상한 문화적 현상을 목격하였다······ 방언(glossolia)은 어떤 의미에서 언어와 같은 것이기는 하나 이는 단지 방언을 말하는 자가 (무의식적으로) 이것이 언어이기를 바라기 때문에 그렇게 생각되는 것뿐이다. 여러 외적인 유사성이 있기는 하지만 방언(glossolia)은 근본적으로 언어가 아니다.[16]

윌리엄 사마린(William Samarin)은 방언을 연구한 많은 사람들 중 한 사람이다. 모든 연구는 오늘날 듣는 방언이 언어가 아니라는 사실에 일치된 견해를 보여 준다. 따라서 만일 그것이 언어가 아니라면 그것은 성경적인 방언의 은사가 아니다.

앞에서 살펴보았듯이(은사Ⅱ 제7장) 1세기 당시 고린도 교회에는 황홀경의 언어나 무아경의 경험들과 언어나 무아경의 경험들과 같은 신비 종교가 널리 유포되어 있었다. 어떤 고린도 교인들은 거짓된 무아경을 유포함으로써 방언의 은사를 훼손시켰던 것으로 보인다. 그들이 사용한 것은 오늘날의 방언과 매우 유사한 것이었다. 바울은 그들에게 그 같은 행위는 방언 은사의 목적을 혼란케 하는 것이라고 말함으로써 그들을 바로 잡으려고 했다. 만일

---

16) William J. Samarin, *Tongues of Men and Angels*(New York: Macmillan, 1972), Xii, 227. For an expansion of that claim, see pp.103-28.

그들이 그처럼 방언을 사용했다면, 그들은 그리스도에게 유익을 주기는커녕 해만 끼쳤을 것이다.

고린도에서의 방언의 남용

고린도전서 14:2에서 바울이 사람이 아니라 하나님께서 사용하시는 "방언의 은사"라는 문제로 고린도 교인들을 책망하고 있는 것을 주목해 보라. "방언을 말하는 자는 사람에게 하지 아니하고 하나님께 하나니 이는 알아듣는 자가 없고 그 영으로 비밀을 말함이니라."[17]

여기서 바울은 기도할 때 방언을 말하는 것은 무익하다고 지적해 주기 위해 역설적으로 말하고 있는 것이다. 이는 방언을 할 경우 단지 하나님만이 아실 수 있기 때문이다. 영적인 은사는 결코 하나님의 유익이나 은사를 받은 당사자의 유익을 위해 주어진 것이 아니다. 베드로는 그 사실을 베드로전서 4:10에서 명확하게 밝히고 있다. "각각 은사를 받은 대로 서로 봉사하라."

더 나아가 바울은 고린도전서 14:4에서 다음 내용을 덧붙이고 있다. "방언을 말하는 자는 자기의 덕을 세우고 예언하는 자는 교회의 덕을 세우나니." 다시 말하자면 바울은 자기의 덕을 세우기 위해 방언을 사용하라고 말하고 있는 것이 아니라, 그 목적을 파괴하고 사랑의 원리("사랑은…… 자기의 유익을 구치 아니하며")를 무시한 채 은사를 사용하는 자들을 책망하고 있는 것이다. 14:4의 "세운다"라는 것은 문맥에 따라 소극적인 의미 혹은 적

---

17) 희랍어 문장에는 정관사가 사용되지 않기 때문에 이 구절을 다음과 같이 번역하는 것도 가능하다. "방언을 하는 자는 사람에게 하지 아니하고 신(a god)에게 하나니"– 여기서는 이방신을 가리키는 것이다. 어느 쪽으로 해석이 되든 고린도전서 14:2의 말씀은 칭찬이 아니라 책망이다. 문맥에서 그것을 알 수 있다.

극적인 의미를 취할 수 있다.[18]

고린도 교인들은 이기적인 욕심으로 자신들을 세우기 위해 방언을 사용하였다. 그들의 동기는 건전하지 못했으며 자기중심적이었다. 방언에 대한 그들의 열망은 다른 신자들 앞에서 은사를 과시하고자 하는 욕심에서 비롯된 것이었다. 바울이 말하고자 했던 것은 그 같이 과시욕에 가득 찬 방언은 자기 외에 아무에게도 유익을 주지 못한다는 것이었다. 결국 방언을 하는 주된 이유는 자신의 이기심을 세우기 위한 것밖에 안 된다는 것이었다. 고린도전서 10:24에서 바울은 이미 이 같은 원리를 분명하게 했었다. "누구든지 자기의 유익을 구치 말고 남의 유익을 구하라."

방언은 또 다른 문제를 야기시켰다. 즉, 고린도 교인들은 밝히 드러내야 할 말씀을 사용함으로써 오히려 모호하게 만들었던 것이다. 고린도전서 14:16-17에서 바울은 다음과 같이 말했다. "그렇지 아니하면 네가 영으로 축복할 때에 무식한 처지에 있는 자가 네가 무슨 말을 하는지 알지 못하고 네 감사에 어찌 아멘하리요. 너는 감사를 잘하였으나 그러나 다른 사람은 덕 세움을 받지 못하리라." 다시 말하면 고린도에서 방언하는 자들은 이기적인 자들이었으며, 다른 회중을 무시하는 자들이었고, 교제를 위해 주어진 은사를 훼손시키는 자들이었고, 모든 것을 자기만족을 위해 그리고 자기들의 영성을 다른 사람들에게 과시하고 나타내 보이기 위해 행하는 자들이었다.

그 같은 관점에서 볼 때 고린도전서 12:31에 나타나 있는 바울의 말은 납득이 잘 되지 않을 수도 있다. "너희는 더욱 큰 은사를 사모하라." 이 구절은 매우 심각한 번역상의 문제를 안고 있는 것처럼 보인다. 바울은 은사를 주시

---

18) 그 예로 고린도전서 8:10에서는 똑같은 희랍어 단어가 죄를 짓고 싶어 하는 마음이 "강해지는" 것을 말할 때 사용된다.

는 하나님의 주권을 강조하는 가운데 은사를 과시하려는 고린도 교인들을 꾸짖고 나서 왜 "더욱 큰" 은사를 사모하라는 말을 했을까? 그것은 그들에게 현 상태를 계속해서 고수하라고 격려하는 것밖에 더 되겠는가?

그러나 사실 그 구절은 그 같은 명령을 보여 주는 구절이 아니다. 여기에 사용된 동사는 직설법(사실의 진술)이 될 수도 있고 명령법이 될 수도 있는데 직설법을 취할 경우 뜻이 더욱 명료해진다. 새국제역(NIV) 성경은 이 대목을 직설법으로 옮기고 있다. "그러나 너희는 열렬히 더 큰 은사를 사모하고 있다." 그리고 알버트 반즈(Albert Barnes)가 19세기 중반의 많은 주석가들(Doddridge, Locke, Macknight)이 이와 같이 주석했음을 지적하면서 직설법을 취하였다. 반즈는 다음과 같은 시리아 역본의 대목을 비중 있게 보인다. "너희가 가장 좋은 은사를 사모하므로 내가 너희에게 제일 좋은 길을 보이리라."[19]

다시 말하면 바울은 실제로 "너희는 질투심을 가지고 과시하기 위한 은사를 탐하고 있다"고 말하고 있는 것이다. 이것은 일종의 책망으로서 계속해서 이어지는 말씀을 더욱 분명하게 해 준다. "내가 또한 제일 좋은 길을 너희에게 보이리라." 즉, 바울은 그들에게 어떤 은사들을 구하라고 말하고 있는 것이 아니라 과시하기 위해 은사를 구하는 것에 대해 책망하고 있는 것이다.

---

19) Albert Barnes, *Notes on the New Testament : 1 Corinthians*(Grand Rapids: Baker, 1975 reprint), 240. 은사주의 주석가 Gordon Fee는 직설법으로 보는 견해가 타당함을 인정한다. [Gordon D. Fee, *The First Epistle to the Corinthians*(Grand Rapids : Eerdmans, 1987), 624.] Fee는 또한 그 견해를 지지하는 학자들을 열거하고 있다. Gifts and Grades, *A Commentary on I Corinthians 12-14*(Grand Rapids : Eerdmans, 1967), 73-75 ; Ralph P. Martin *The Spirit and the Congregation : Studies in 1 Corinthians 12-15*(Grand Rapids : Eerdmans, 1984), 34-35 ; D. L. Baker, "The Interpretation of 1 Corinthians 12-14," *Evangelical Quarterly 46*(1974) : 226-27 ; G. Iber, "Zum Verstandinis von I Cor. 12:31, "*Zeitschrift fur die neutestamentliche Wissenschaft 54*(1963) : 42-52 ; M. A. Chevallier, *Esprit de Dieu, Paroles Hommes* (Neuchatel, 1963) : 159-63.

그가 말한 "제일 좋은 길"은 고린도전서 13장에 나타나고 있는 사랑의 길을 뜻하는 것이다.

고린도 교인들은 이기적인 마음으로 가장 탁월하고 가장 과시할 만하고 가장 유명한 은사들을 구하였다. 그들은 다른 이들로부터 칭송받기를 원하였으며 사람들의 찬사를 구했다. 그들은 "영적인" 자들로 보여지기를 소원했다. 그 결과 그들은 거짓된 방언의 사용이라는 극단으로까지 나아갔는데 고린도에서의 남용은 교회를 위협하는 것이었다.

슬프게도 그와 똑같은 문제가 오늘날 교회를 위협하고 있다.

방언은 그칠 것이다

고린도전서 13:8에서 바울은 흥미 있고도 놀랄 만한 사실을 전하고 있다. "사랑은 언제까지든지 떨어지지 아니하나 예언도 폐하고 방언도 그치고 지식도 폐하리라."

"사랑은 언제까지든지 떨어지지 아니하나"라는 표현에서 "떨어지지 아니하나"라는 헬라어 단어는 "쇠하지 아니하다"를 의미한다. 바울은 사랑이란 대적할 수 없고 거부할 수 없는 영원한 것이라고 말하고 있는 것이다. 즉, 사랑은 영원히 유효할 것이며 결코 한물간 것이 되지 않을 것이라는 말이다.

그러나 방언은 "그칠 것이다." 고린도전서 13:8에 사용된 헬라어 단어는 "영원히 그치는 것"을 의미한다. 그것은 방언이 그치게 되면 결코 다시 일어나지 않게 됨을 암시하고 있는 것이다.[20]

여기에 오늘날 은사주의와 결부된 문제점이 나타난다. 즉, 만약 방언이 그치게 될 것이라면 그 일은 이미 일어났는가, 아니면 여전히 미래의 일인가?

은사주의자들은 어떤 은사도 아직 그치지 않았다고 주장한다. 따라서 방언이 그치는 것은 여전히 미래의 일이라고 한다. 반면에 대부분의 비은사주의자들은 방언은 사도 시대가 지나면서 이미 그쳤다고 주장한다.

누가 옳은가?

나는 역사, 신학, 성경 모두 방언이 사도 시대에 그쳤음을 보여 준다고 믿는다. 현재의 은사주의는 성경적 방언의 재현이 아니다. 그것은 고린도에서 있었던 거짓된 방언과 비슷한 것에 불과하다.

방언이 그쳤다는 무슨 증거가 있는가?

첫째, 방언은 기적적이고 계시적인 은사였으며 여러 차례 살펴보았듯이 기적과 계시의 시대는 사도들과 함께 막을 내렸다.

신약성경에 마지막으로 기록된 기적은 주후 58년경에 있었던 말타섬에서의 치유라고 할 수 있다(행 28:7). 주후 58년에서부터 요한이 계시록을 다 기록한 96년까지는 어떤 기적도 기록되어 있지 않다. 방언이나 치유 같은

---

20) 그 구절은 방언이 사라졌다고는 하지 않았다. 여기서 방언이 그치는 '때'에 관해 어떤 주석가들은 "완전한 것이 오면 부분적인 것들은 사라진다"는 10절의 말씀이 말하는 때에 해당한다고 생각한다. 많은 사람들이 "완전함"의 의미가 무엇인지에 대해 논의해 왔다. 어떤 사람들은 그것을 완전한 신약(새 계명)이라고 생각하기 때문에 이 구절을 율법이 완성될 때 방언이 치는 것이라고 보고 있다. 다른 사람들은 완전한 것이란 교회의 완성, 두 번째 재림이라고 말한다. 그러나 바울이 생각하는 완전한 것은 영원한 상태의 것이 되어야 할 것 같다. 12절의 "얼굴과 얼굴을 대하여"라는 말은 새 하늘과 새 땅에서 하나님과 함께 거하는 모습을 설명하는 것으로 보는 것이 가장 타당하다. 주님께서 우리를 아시는 것 같이 우리가 온전히 알게 되는 것은 바로 그러한 영광 가운데서이다(12절).

그 구절은 방언을 예언과 지식과 따로 분리한 한 범주로서 말한다. 8절은 예언과 지식이 "폐한다(Gk. katargeo)"는 말을 썼으나 방언은 "그친다(pauo, stop)"는 말을 사용했다. Katargeo는 문장의 주어가 서술어가 나타내는 행위를 겪게 되는 경우에 수동태 동사로서 사용된다. 예언과 지식은 "완전한 것"에 의해서 폐할 것이다. 그러나 Pauo는 희랍어의 중간 태(middle voice)에서 나타나는데 특히 여기서는 재귀적 행동을 의미하는 데 쓰였다. 즉, 방언의 은사는 스스로 그칠 것이다. 그 '때'가 구체적으로 규정된 것은 아니라고 할지라도 완전한 것이 도래할 때 방언이 이 서신을 쓴 후 얼마 안 되어 사라졌다고 말하고 있다.

덧붙여 말하면, 지식과 예언은 이 문맥에서 완전히 기적적이고 계시적인 은사로 이해될 필요는 없다. 지식(하나님의 계시 말씀의 의미를 이해하는 능력)과 예언(진리를 강력하게 선포하는 능력)은 비계시적인 은사들로서 오늘날에도 계속되고 있으며 영원한 상태의 궁극적인 완성이 이루어져 그것들을 폐할 때까지는 사라지지 않을 것이다.

기적들은 초기의 서신인 고린도전서에 기록되어 있을 뿐이다. 후에 에베소서와 로마서 두 서신에서 성령의 은사에 대해 길게 기록하고 있으나, 기적을 행하는 어떤 언급도 나타나고 있지 않다. 그 당시 이미 기적은 과거에 있었던 일들로 이야기되고 있다(히 2:3-4). 사도의 권위나 사도의 메시지가 더 이상 어떤 확증을 필요로 하지 않았다. 1세기가 끝나기 전 모든 신약성경이 다 기록되었으며 이미 전 교회에 회람되고 있었다. 계시적인 은사들은 더 이상 그 존재의 필요성이 없어졌다. 따라서 사도 요한의 죽음과 더불어 사도 시대가 끝나게 되었을 때 사도임을 입증하기 위해 주어졌던 표적은 이미 그 의미를 상실하게 되었다(고후 12:12).

둘째, 앞에서 살펴보았듯이 방언은 믿지 않는 이스라엘에 대한 표적으로서 주어진 것이었다.

그것은 하나님께서 이방인들을 포함하는 새 일을 시작하셨음을 증거 하는 것이었다. 이제는 주님께서 모든 민족을 향해 모든 언어로 말씀하고 계시는 것이다. 장애물은 거두어졌다. 따라서 방언의 은사가 불순종하는 민족에 대한 하나님의 축복을 보여 주는 것이기도 했다.

그러므로 방언은 옛 언약과 새 언약 사이의 교체의 표시였다. 교회의 설립과 더불어 하나님의 백성들을 위해 새 날이 밝았다. 하나님께서 모든 언어로 말씀하고 계셨다. 그러나 교체의 시기는 지나갔으며 그 같은 표적은 더 이상 필요치 않다. 팔마 로버트슨(O. Palmer Robertson) 교수가 그 결과를 적절하게 설명하였다.

> 방언은 기독교가 유대교의 요람에서 시작되었다 할지라도 분명하게 유대교와 다른 것임을 보여 주는 것이었다. …… 옛 언약과 새 언약 사이의 교체가 이루어졌으며, 교체

의 표적이었던 방언은 이제 더 이상 교회 생활에 남아 있을 이유가 없어졌다.

오늘날 하나님께서 단일 민족인 이스라엘에게서 전 민족으로 옮기시고 계심을 보여 주는 표적이 더 이상 있을 필요가 없다. 그 같은 변동은 이미 성취된 사실이기 때문이다. 사도의 직분을 세우기 위한 경우처럼, 특별히 방언이라는 교체적인 은사가 하나님의 옛 언약 백성과 새 언약 백성을 위한 언약적인 표적으로서 그 역할을 다했다. 그 역할이 완수되었기에 이제 더 이상 하나님의 백성 가운데 그 기능이 존재할 필요가 없게 되었다.[21]

게다가 방언의 은사는 다른 은사보다 낮은 등급의 것이었다. 그것은 무엇보다 표적으로서 주어진 것이었기에(고전 14:22) 적절하게 교회를 세울 수가 없었다. 반면에 그것은 자기를 세우는 데 쉽게 오용될 소지가 있었다(14:4). 교회는 자기만족이나 개인적인 경험을 구하는 곳이 아니라 몸을 세우는 곳이다. 그러므로 방언은 교회에서 제한적으로 사용되었던 것이었으며, 따라서 결코 영원한 은사로 간주될 수가 없는 것이다.

역사는 방언이 그쳐진 사실을 기록해 주고 있다.[22]

다시 말하면 방언이 신약성경 가운데 단지 가장 앞부분에만 기록되어 있다는 사실은 의미심장한 일이다.

바울은 고린도전서를 쓴 후에 적어도 12편의 서신을 기록했으나 어디에서도 방언에 대한 기록은 찾아볼 수 없다. 베드로도 결코 방언을 기록하지

---

21) O. Palmer Robertson, "Tongues : Sign of Covenantal Curse and Blessing" *The Westminster Theological Journal 38* (Fall 1975-Spring 1976) : 53.
22) For helpful discussions of the historical evidence for the cessation of tongues, see Robert G. Gromacki, *The Modern Tongues Movement*(Phillipsburg, N.J: Presbyterian and Reformed, 1967) ; Victor Budgen, *The Charismatics and the Word of God* (Durham: Evangelical Press, 1989) ; Thomas R. Edgar, *Miraculous Gifts: Art They for Today?* (Neptune, N.J: Loizeaux Brothers, 1983).

않았다. 야고보도 결코 방언을 기록하지 않았다. 요한 또한 결코 방언을 기록하지 않았다. 유다 역시 기록하지 않았다. 방언은 사도행전과 고린도전서에만 일부 기록되어 있는데 그때는 복음의 새 메시지가 널리 전파되고 있을 때였다.

그러나 교회가 한번 설립된 이후 방언은 사라졌다. 즉, 방언이 멈춘 것이다. 신약의 후반부는 결코 방언에 대해 다시 언급하고 있지 않다. 후기 사도 시대에 가서도 마찬가지였다. 아무도 방언에 대해 언급하고 있지 않다. 클레온 로저스(Cleon Rogers)는 다음과 같이 기록했다. "방언의 은사가 어디에서도, 심지어 사도적 교부 시대에서조차 나타나고 있지 않다는 것은 매우 의미심장한 일이다."[23]

각각 동방 교회와 서방 교회의 최고의 신학자였던 크리소스톰(Chrysostom)과 어거스틴(Augustine)은 방언을 이미 지나가 버린 것으로 간주했다. 크리소스톰의 경우 방언이 사도 시대에 이미 끝난 것으로 분류했다. 4세기경에 쓴 저작에서 그는 은사의 특성에 대해 확실히 알 수 없음을 인정하면서 방언을 모호한 행위로 묘사했다. 그는 다음과 같이 말했다. "모호성은 옛날에는 있었으나 지금은 더 이상 일어나지 않는 그 단절로 인해 그것에 대해 무지하게 된 연유로 말미암은 것이다."[24]

어거스틴은 방언을 다음과 같이 사도 시대를 위해 주어진 표적이라고 보았다.

---

23) Cleon L. Rogers, "The Gift for Tongues in the Post-Apostolic Church" *Bibliotheca Sacra* 122(April-June 1965) : 134.
24) Chrysostom, "Homilies in First Corinthians" Philip Schaff, ed., *The Nicene and Post-Nicene Fathers of the Christian Church*, Vol. 12(Grand Rapids: Eerdmans, 1956), 168.

사도 시대에 "성령이 믿는 자들에게 임하자 그들이 전혀 배운 적이 없는 언어가 성령의 말하게 하심으로 말미암아 그들에게 임했다." 이것은 그 시대에 적합한 표적이었다. 이는 성령께서 모든 언어로 임하셔서 하나님의 복음을 전 세계에 두루 펼치게 하실 필요가 있어서였다. 그 일이 이루어지자 그것은 폐하여졌다. 성령 받기 위해 안수하는 가운데 그들이 방언하는 것을 보았는가? (이 물음에 대해 어거스틴은 명백하게 부정적인 답변을 하였다.) 만일 성령 임재의 증거가 이적을 통해 주어지지 않는다면 그것은 어떻게 주어지는가? 무엇으로 성령받은 사실을 알 수 있는가? 그 당사자로 하여금 그 자신의 마음에 답하도록 하라. 만일 그가 그의 형제를 사랑하면 하나님의 영이 그에게 임한 것이다.[25]

어거스틴은 또한 다음과 같이 기록했다.

그렇다면 형제들이여, 그리스도 안에서 세례 받고 그리스도를 믿는 자가 모든 민족의 방언을 말하지 못할 경우 우리는 그가 성령을 받지 못했다고 생각해야 하는가? 하나님께서는 우리 마음이 이 같은 불신앙에 의해 시험당하는 것을 금하셨다. …… 어느 누구도 모든 민족의 방언을 다하지 못하는 이유는 무엇 때문인가? 이는 교회 자체가 이제 모든 민족의 방언을 하기 때문이다. 예전에 교회는 한 민족 가운데 있었으며 모든 방언을 했다.[26]

교회가 시작된 지 처음 오백 년 동안 방언을 했다고 주장하는 사람들은 이단으로 낙인찍힌 몬타누스(Montanus)의 추종자들이었다.
그 다음으로 기독교 안에 방언을 하는 세력이 나타나기 시작한 것은 지난

---

25) Augustine, "Ten Homilies on the First Epistle of John" Philip Schaff, ed., *The Nicene and Post-Nicene Fathers of the Christian Church*, Vol. 7(Grand Rapids: Eerdmans, 1956), 497(emphasis added).
26) Augustine, "Lectures of Tractates on the Gospel According to St. John." Ibid., 195.

17세기에 들어서였다. 남부 프랑스의 세베니스(Cevennes) 지역에 있는 호전적인 한 개신교 모임이 예언을 하며 환상을 보고 방언을 하게 되었다. 때때로 그들은 세베놀(Cevennol) 선지자들로 불리며, 영적인 유산보다는 정치적·군사적 활동으로 더 알려져 있다. 그들 예언의 대부분은 성취되지 않았다. 그들은 격렬하게 카톨릭에 대적했으며 카톨릭 교회에 대해 군사적인 무력의 사용을 주장하였다. 결국 그들 중 대부분은 로마에 의해 핍박받거나 죽임을 당했다.

그들과는 반대편에 있던 자들로 믿음에 의한 칭의를 가르치는 개혁자들을 반대했던 로마 카톨릭의 한 분파인 젠센파(Jansenists) 역시 1700년대 당시 방언을 할 수 있다고 주장했던 자들이었다.

방언을 말했던 또 다른 일파가 있었는데 1700년대 중반에 일어났던 미국의 퀘이커인 쉐이커(Shakers) 교도들이었다. 그 일파의 창시자인 마더 앤 리(Mother Ann Lee)는 자신을 예수 그리스도와 대등한 여성으로 간주했다. 그녀는 72가지의 방언을 할 수 있다고 주장했다. 쉐이커 교도들은 성 관계가 죄악된 것이라고 믿었는데, 심지어 결혼한 관계라 할지라도 마찬가지라고 하였다. 그들은 몽롱한 상태에서 노래하고 춤추는 가운데 방언을 했다.

그리고 19세기 초반에 스코틀랜드의 장로교 목사인 에드워드 어빙(Edward Irving)과 그 교회 신도들이 방언과 예언을 하였다. 어빙파 사람들의 예언은 서로 일치하지 않았으며 맞지도 않았다. 또한 그들 중 일부가 거짓된 예언을 인정하고 또 어떤 이들의 경우 자기들의 "은사"를 마귀에게 돌리기까지 하는 바람에 불신당하고 말았다. 결국 이 그룹은 카톨릭 사도 교회가 되었는데, 그들은 여러 로마 카톨릭의 가르침을 담고 있을 뿐만 아니라 열두 사도의 직분을 세우는 등 많은 가르침을 거짓되게 가르쳤다.

  방언을 하는 모든 자들은 이단적이고 광신적인 그룹들과 동일시되거나 그렇지 않을 경우 비정통적인 것으로 간주되었다. 성경적으로 정통한 같은 시대를 사는 신자들의 판단에 의하면 이들 모든 그룹이 곁길로 이탈했다는 것이다. 이것은 또한 틀림없이 진리에 관심을 가지고 있는 모든 기독교인들의 평가여야만 한다. 따라서 우리는 사도 시대 말기에서부터 20세기 초반까지 순수한 신약의 방언 은사가 일어나지 않았다고 결론을 내릴 수가 있다. 방언은 성령이 말씀하신 대로 끝나버린 것이다(고전 13:8).

  신약 학자인 토마스 애드가(Thomas R. Edgar)는 다음과 같이 말했다.

> 은사와 표적들이 그쳤기에 자신들의 타당성을 입증하기 위한 은사주의자들의 짐은 더욱 무거워질 수밖에 없다. 기독교인들은 오랫동안 비은사주의자들이 표적으로서의 기적적인 은사들이 끝났다고 하는 명백한 성경적 증거를 제시할 수 있어야 한다고 생각해 왔다. 그러나 비은사주의자들은 이것을 증거 하는 데 있어 전혀 어려움이 없다. 왜냐하면 그것은 역사 속에서 이미 증명되었기 때문이다. 그것은 많은 오순절파들에 의해서도 인정된 논의의 여지가 없는 사실이다. 그러므로 은사주의자들은 표적으로서의 은사가 교회 시대 동안 다시 시작될 것이며, 오늘날의 현상들이 그 재현이라는 것을 성경적으로 증명해야만 한다. 다시 말하면 그들의 경험이 거의 1900년 동안 일어나지 않았던 은사의 재현임을 입증할 수 있어야 한다.[27]

성령의 마지막 강림

  방언의 은사는 20세기에 다시 시작되었는가? 오순절파들과 은사주의자

---

27) Thomas R. Edgar, "The Cessation of the Sign Gifts" *Bibliotheca Sacra*(October-December 1988), 374.

들은 둘 중 한 가지 방법으로 이 물음에 대해 답하고 있다. 어떤 이들은 은사는 단지 퇴보했을 뿐 결코 끝난 것이 아니라고 주장한다. 따라서 이들 방언을 주장하는 자들은 동시대의 오순절파들과 은사주의자들의 선두 주자들이라고 할 수 있는 자들이다.[28]

그 같은 입장을 취함으로써 그들은 이단의 한 무리가 되었다.

또 다른 입장으로, 많은 은사주의자들이 사도 시대 이후 방언이 끝났다는 사실을 인정한다. 그러나 이 시대에 나타나고 있는 많은 은사들은 성령의 마지막 강림이며 마지막 때를 위한 은사들이라고 믿는다.

후자의 견해를 취하는 오순절파들과 은사주의자들의 주된 근거는 요엘 2:28이다. "그 후에 내가 내 신을 만민에게 부어 주리니 너희 자녀들이 장래 일을 말할 것이며 너희 늙은이는 꿈을 꾸며 너희 젊은이는 이상을 볼 것이며."

요엘 2:19-32에 따르면 주의 마지막 때가 이르기 전에 하늘과 땅에 기이한 일이 일어나는 방식으로 즉, 피와 불과 구름 기둥들이 나타나는 방식으로 하나님의 영이 부어지게 될 것이다. "여호와의 크고 두려운 날이 이르기 전에 해가 어두워지고 달이 핏빛 같이 변하려니와(31절). 그것은 명백히 다가올 천년왕국에 대한 예언으로, 그 전의 어떤 것으로도 말해질 수 없다. 요엘서의 문맥은 이것만이 적합한 해석임을 보여 준다.

예를 들면 요엘 2:20은 마지막 때의 묵시 가운데서 이스라엘을 공격할 "북편 군대"의 패배를 말하고 있다. 요엘 2:27은 이스라엘을 하나님께 돌아오게 할 대부흥에 대해 언급하고 있다. 그것은 대환난 때의 또 다른 환상으

---

[28] John Wimber, for example, takes this position. See John Wimber, *A Brief Sketch of Signs and Wonders Through the Church Age*(Placentia, Calif: The Vineyard, 1984), 41-46.

로 아직 성취되지 않은 것이다. 요엘 3장(2, 12, 14절)은 그 민족의 심판 즉, 아마겟돈 이후에 오게 되는 사건과 지상에서 있게 되는 주 예수 그리스도의 천년왕국의 도래와 관련된 사건을 묘사하고 있다. 3장 후반부에서 요엘은 천년왕국에 대해 아름답게 묘사하고 있다(18절). 요엘 2장은 명백히 왕국에 대한 예언으로 그것은 여전히 미래에 속한 것임에 틀림없다.

그러나 베드로가 오순절 날에 대해 요엘 2:28-32을 인용했을 때 그가 의미하고자 했던 것이 무엇이었을까 하는 의문이 따르게 된다(행 2:17-21). 어떤 성경학자들은 베드로가 오순절을 요엘 2:28의 성취로 보고 있다고 말한다. 그러나 오순절 날에는 하늘이나 땅에 어떤 기이한 일도, 표적도 일어나지 않았다. 어떤 피도, 불도, 어떤 연기도 없었다. 해가 어두워지지도 않았으며, 달이 핏빛이 되지도 않았다. 따라서 주님의 크고 두려운 날은 아직 온 것이 아니었다. 그 예언은 전혀 실현된 것이 아니었다. 오순절은 단지 그 예언의 부분적인 성취이거나 혹은 미리 선을 보인 것에 불과했다. 그와 흡사한 사건이 변화산 사건이다. 거기서 우리 주님의 영광이 잠시 나타났는데 그것은 천년왕국 때 갖추시게 될 주님의 모습이었다.

베드로는 단지 오순절에 참석한 자들에게, 그들이 지금 보고 있는 것은 임시적인 것으로서 천년왕국 때 성령께서 나타내 보이시게 될 능력이 이와 같을 것임을 말하고 있는 것이다. 다른 많은 사람들과 더불어 그들이 지금 예루살렘에서 보고 있는 것은 하나님의 영이 언젠가 전 세계에 행하실 표적이었던 것이다.

19세기에 뛰어난 성경학자 중 한 사람이었던 조지 피터(George N. H. Peters)는 다음과 같이 썼다. "오순절의 세례는 성령께서 오는 시대에 행하시게 될 것을 입증하는, 미래의 성취를 약속하는 것이었다."[29]

오순절 날에 시작된 기적은 도래하고 있는 예수 그리스도의 지상의 왕국을 전하는 선포와도 같은 것이었다.

어떤 은사주의자들은 요엘 2:23의 "이른 비와 늦은 비"를 영적으로 해석한다. 그들은 말하기를 이른 비는 성령께서 강림하셨던 오순절 날을 말하며 늦은 비는 20세기의 강림을 말한다고 한다.

구약 전체를 통해 볼 때 "이른 비"는 가을에 내리는 비를 의미하며 "늦은 비"는 봄에 내리는 비를 의미한다. 요엘은 실제로 천년왕국 때 두 비 모두 "전과 같이(23절)" 내리게 될 것임을 말하고 있는 것이다.[30]

그가 말하고자 하는 것은 하나님께서 그 왕국에서 풍성하게 양식을 자라게 하실 것이라는 것이다. 요엘 2:24-26은 그 사실을 명백하게 보여 주고 있다. "마당에는 밀이 가득하고 독에는 새 포도주와 기름이 넘치리로다 내가 전에 너희에게 보낸 큰 군대 곧 메뚜기와 늣과 황충과 팟종이의 먹은 햇수대로 너희에게 갚아 주리니 너희는 먹되 풍족히 먹고 너희를 기이히 대접한 너희 하나님 여호와의 이름을 찬송할 것이라. 내 백성이 영영히 수치를 당치 아니하리로다."

이처럼 "이른 비와 늦은 비"는 오순절이나 20세기, 혹은 성령과 아무런 관계가 없는 것이다. 오순절파들과 은사주의자들은 요엘 2:28을 두 번째 방언을 주시는 근거로 사용할 수 없다. 그 이유는 첫째, 요엘은 방언을 언급조차 하지 않았기 때문이며 둘째로, 오순절에서의 성령의 강림은 요엘이 예언한 것의 궁극적인 성취가 아니었기 때문이다.

---

29) George N. H. Peters, *The Theocratic Kingdom* (Grand Rapids: Krege, 1972), 66(emphasis in original).
30) 문자적으로 히브리어의 의미는 "첫 번째로"이다 – 아마 그것은 두 가지의 비가 모두 풍성한 수확을 가져다주는 첫 번째 달이 비를 의미할 것이다.

토마스 에드가(Thomas Edgar)는 다음과 같이 중요한 사실을 말하고 있다.

표적 은사가 교회 내에 다시 일어날 것이라는, 혹은 신자들이 교회 시대 말기에 기적을 행할 것이라는 어떤 성경적 증거도 없다. 그러나 그 시대에 기적을 행하고 예언을 말하고 예수의 이름으로 귀신을 쫓아내는 거짓 선지자들이 일어나게 될 것이라는 확실한 증거는 있다(마 7:22-23; 24:11, 24; 살후 2:9-12)[31]

따라서 우리는 경계를 게을리 해서는 안 될 것이다.

오늘날의 방언은 어떤 유(類)의 것인가?

우리는 은사주의자들의 경험을 어떻게 설명해야 하는가? 그들은 방언이 자기들의 삶을 풍성하게 하고 있다고 수없이 증거 하고 있다. 다음 내용은 그 한 예이다.

"방언의 용도는 무엇인가?" 내가 말할 수 있는 유일한 답변은 이것이다. "블루버드(Bluebird, 미국산 지빠귀과의 일종)의 용도는 무엇인가? 석양의 용도는 무엇인가?" 단지 순수하고 완전한 고양, 말할 수 없는 기쁨, 그리고 더불어 있게 되는 건강과 평화, 무거운 짐과 긴장으로부터 해방과 쉼을 경험할 수가 있었다.[32]

계속해서 다음 내용을 보라

---

31) Thomas Edgar, "The Cessation of the Sign Gifts" 375.
32) Sherrill, *They Speak with Other Tongues*, 83.

내가 방언을 시작했을 때 사람들은 나에게 20년은 젊어 보인다고 말했다…… 나는 일으킴을 받았으며 기쁨과 용기와 평화를 얻었고 하나님의 임재를 느꼈다. 마침 나는 그와 같은 것들을 필요로 하는 약한 사람이었다.[33]

이 같은 증언들은 방언에 대해 강한 매력을 갖게 해 준다. 만일 방언이 건강과 행복을 가져다주고 당신을 더 젊어 보이게 해 준다면 그 잠재적 시장성은 무한하다.

그러나 그 같은 주장들이 과연 사실일까? 정말 오늘날 방언을 하는 사람들이 그렇지 못한 사람보다 더 경건하며 더 그리스도를 위한 삶을 살고 있을까? 오늘날 도덕적으로나 영적으로 타락한 은사주의 지도자들에 대해서는 뭐라고 말하겠는가? 그것은 과연 은사를 주장하는 교회들이 은사를 내세우지 않는 교회들 즉, 성경적인 신앙을 가지고 있는 교회들보다 더 영적으로 견고하고 강하다는 증거가 되는가?

사실 순수하게 성경의 이해와 영적인 성장만을 추구하는 교회를 찾으려면 인내심을 가지고 오래 지켜볼 수 있어야 한다. 이 은사주의 운동이 신학적으로 잘 훈련된 영적인 신자들을 배출하지 못하고 있다면 그것은 도대체 어떤 결실을 맺고 있다는 것인가? 더 나아가 방언을 말하는 자들을 배출하지 못하고 있다면 그것은 도대체 어떤 결실을 거두고 있는가? 더 나아가 방언 운동에서 벗어나기 전에는 순수한 평화나 만족, 능력, 기쁨을 누리지 못했다고 증거 하는 많은 방언 경험자들의 말은 무엇을 보여 주는가? 초기의 황홀경의 경험에서 더욱 고조된 감정을 갖게 된 이들이 그 같은 상태를 반복하지 못하게 될 때 왜 그처럼 자주 환멸 가운데 떨어지곤 하는가?

---

33) Ibid.

물을 것도 없이 방언을 하는 많은 사람들은 어느 정도는 그 행위를 통해 유익을 얻는다고 말한다. 그러나 대개-위에서 인용한 증거들처럼-그들은 그것이 어떤 느낌을 주었으며 또 외양이 어떠했는가에 대해서만 말한다. 즉, 그들은 더 나은 기독교인이 되도록 어떻게 도움을 주었는지에 대해서는 말하고 있지 않다. 신약이 보여 주는 은사는 결코 더 나은 감정이나 외모와는 아무런 상관이 없다.

오순절파들과 은사주의자들이 자기들의 행위가 성경적인 방언임을 전혀 입증하지 못한다는 것은 주목할 만한 가치가 있다.[34] 우리는 그들이 실제로 동일함을 증명할 수 있다거나 통역할 수 있는 언어로 말했다는 어떤 증거도 찾아볼 수 없다. 언어학자 윌리엄 사마린(William Samarin)은 다음과 같이 말했다. "은사주의자들 가운데 의심스러운 일들은 모두 그것을 입증하려 할 때마다 그 이야기들의 앞뒤가 맞지 않거나 혹은 언어학적인 관점에서 볼 때 납득할 수 없는 것이었음이 판명되었다."[35]

"은사를 반대하는 자들은 신약의 은사와 그것들이 같은 현상이라는 그들의 가정 말고는 어떤 증거도 들어보지 못했다."[36]

그러면 그 현상은 어떻게 설명될 수 있는가?

많은 가능성이 있을 수 있다.

---

34) 어떤 은사주의자들은 그들이 인간의 언어로 방언할 수 있다고 혹은 다른 사람들이 그렇게 할 수 있는 것을 알고 있다고 주장한다. 그러나 그런 주장들은 거의 전부가 소문이나 추측에 의한 것들이다. 그 예로 Pat Boone은 자기 아내 Shirlely가 처음 방언을 받았을 때 라틴어로 말했다고 얘기한다. 그러나 이를 증명할 수 있는 테이프나 어떤 독립적인 증빙자료도 없으며 최근에는 라틴어로 방언을 하지도 않는다. 자신들이 번역될 수 있는 인간의 언어로 방언을 한다고 생각하는 사람들이 있다면 통제된 조건아래서 그 주장을 테스트해 보는 것도 도움이 될 것이다.
35) William Samarin, *Tongues of Men and Angels*, 112-13.
36) Thomas Edgar, "The Cessation of Sign Gifts" 372.

첫째로, 방언은 사탄이 주는 것이나 귀신이 주는 것일 수 있다.

이 운동을 비판하는 어떤 비평가는 일체의 방언을 마귀의 역사로 말하기도 한다. 그렇게까지 생각하지는 않지만, 종종 사탄이 성령의 은사처럼 보이는 현상의 배후 세력일 수도 있다. 무엇보다도 그들은 모든 거짓된 종교의 배후로서(고전 10:20) 거짓 진리를 가장하는 일을 한다(고후 11:13-15). 오늘날 교회에 있는 많은 사람들이 그들의 거짓말에 현혹되고 있다. "성령께서 밝히 말씀하시기를 후일에 어떤 사람들이 믿음에서 떠나 미혹케 하는 영과 귀신의 가르침을 좇으리라 하셨으니(딤전 4:1)."

전에 방언을 말한 적이 있는 밴 비어드(Ben Byrd)는 자신의 특별한 능력 중 일부는 "심령적인 것이었으며 사탄의 능력 같았다"고 믿고 있다.

> 나는 방언으로 사람들을 위해 기도하면서 눈을 감은 채 수없이 성도들이 있는 곳으로 걸어 내려갔다. 나는 눈을 뜨고 있는 것처럼 행동할 수 있었다. 분명히 눈이 감겨져 있었음에도 불구하고 어떤 일이 일어나고 있는지 알 수가 있었다. 나는 이상한 곳에 있는 것처럼 느껴졌다. 마치 생생한 꿈같다고나 할까…… 내 몸은 거의 잠든 듯했으나 의식은 깨어 있는 상태였다. 다른 영역을 통해 인식하는 것은 가능하다. 그러나 모든 은사가 성령으로부터 오는 것이 아님을 기억할 필요가 있다.[37]

황홀경의 언어는 일반적으로 거짓된 종교들 가운데서 발견된다. 『브리태니커 백과사전(Encyclopedia Britanica)』 최근판은 이방 종교의 예배 시 사용하는 그들의 방언에 관해 도움이 될 만한 내용을 담고 있다. 그 보고서는 스와힐리어나 영어를 유창하게 구사하는 귀신들린 사람들에 대해 말하고

---

37) Ben Byrd, *One Pastor's Journey Into and Out of the Charismatic and Faith Movements*, (Columbus, Ga. : Brentwood, 1987), 45(emphasis in original)

있다. 정상적인 상황에서도 그들의 말은 이해할 수가 없다. 아프리카 동가(Thonga) 사람들의 경우 귀신이 쫓겨나게 될 때 대개 그들이 전혀 알지 못하는 줄루(Zulu)어로 노래를 부른다. 아마도 귀신을 쫓아내는 사람은 "방언의 기적"에 의해 줄루어를 할 수 있는 듯싶다.

오늘날 황홀경의 언어는 모슬렘이나 에스키모, 티벳의 승려들 가운데서 찾아볼 수 있다. 버지니아 의과대학의 초심리학(정신감응, 천리안 따위의 자연적 심리현상을 다루는 학문-역자 주) 실험보고서는 신비로운 일들 가운데 방언을 하는 것을 포함시키고 있다.[38]

위의 것들은 이방종교, 이단, 그리고 신비스러운 일을 믿는 이들 가운데 오늘날까지 이어져 내려오고 있는 오랜 전통을 지닌 방언의 몇몇 실례이다. 이러한 것들은 사탄의 영향을 받았을 가능성이 있는 심각한 것들로, 은사주의자들은 그것들의 영향을 약간이라도 받았음을 부인하지 못하고 있다.

또 다른 가능성은 방언이 학습된 행위라는 것이다.

내가 확신하기로는 대부분의 방언은 이 범주에 포함된다. 앞에서 살펴본 것처럼 찰스 헌터와 프랜시스 헌터는 어떻게 방언의 은사를 받을 수 있는가에 대해 세미나를 가졌다. 그것이 배우는 것이 아니고 무엇이겠는가?

이 두 사람은 기도와 찬양을 할 때 큰소리를 내도록 함으로써 감정적으로 첫 시동을 건다. 이어서 그들의 방언을 촉진시키기 위해서 몇 가지 실례가 되는 음운을 일러 주면서 "우스꽝스러운 소리"를 반복해서 내도록 권한다.[39]

그것은 분명히 자연스럽게 나타나는 은사가 아니다. 그와 같은 방식의 방

---

38) William Samarin, *Tongues of men and Angels*, 254-55. See also Joseph Dillow, *Speaking in Tongues*(Grand Rapids : Zondervan, 1975), 172-75.
39) Hunter, "Receiving the Baptism" 54.

언은 "초자연적인" 경험도 아니다. 그것은 기적이 아니다. 그것은 거의 배워서 얻어지는 것이다. 방언을 하는 많은 사람들이 비슷한 형태의 소리를 낸다는 것은 놀라운 일이다. 그들 모두는 근본적으로 같은 방식으로 말한다. 따라서 그것을 듣는 사람은 누구든지 그 소리를 낼 수 있다.

존 킬델(John Kildahl)은 그의 저서 『방언의 심리학(The Psychology of Speaking in Tongues)』에서 여러 가지 증거들을 연구한 후에 방언은 학습된 기교라고 결론을 내렸다.[40]

임상심리학자인 킬델과 그의 파트너인 심리학자 폴 퀄밴(Paul Qualben)은 방언에 대해 폭 넓은 연구를 하도록 미국 루터 교회와 전국 정신과 협회(The National Institute of Mental Health)로부터 요청을 받고 그것에 대해 연구한 후에 방언이 "학습된 현상" 외에는 다른 아무것도 아니라는 확고한 결론에 도달하게 되었다.[41]

보다 최근에 오타와주의 칼스톤 대학(Carleton University)에서 행해진 연구에서 사실상 약간의 지도와 시범을 통해 누구든지 방언을 할 수 있다는 사실이 드러나게 되었다. 결코 방언을 해 본 적이 없거나 다른 사람의 방언을 결코 들어본 적이 없는 60명을 대상으로 실험을 해 보았는데, 방언이 담겨 있는 오디오와 비디오 테이프를 통해 훈련을 시킨 뒤 그들 모두에게 30초 동안 방언을 해 보도록 요청하였다. 그 결과 그들 모두가 30초간 방언을 하였는데 그 중 70퍼센트는 아주 유창하게 방언을 하였다.[42]

우리 교회에 출석하는 방언을 할 줄 아는 어떤 사람이 내게 다음과 같이

---

[40] John Kildahl, *The Psychology of Speaking in Tongues*(New York: Harper and Row, 1972), 64.
[41] Ibid.
[42] Nicholas P. Spanos, Wendy P. Cross, Mark Lepage, and Majorie Coristine, "Glossolalia as Learned Behavior : An Experimental Demonstration," *Journal of Abnormal Psychology* 95 :1(1987), 21-23.

말했다. "저는 그것을 배웠어요. 자, 한번 보여 드리지요." 그리고는 방언을 하기 시작하였다. 그때 내가 들은 소리는 정확하게 다른 사람이 말하는 것과 같은 유의 소리였다. 그럼에도 불구하고 여전히 은사주의자들은 그것이 자신들의 사적인 기도의 언어라고 주장하고 있다.

한번은 새 신자에게 방언을 가르치려고 한 어떤 열심 있는 은사자에 대해 들은 적이 있다. 그 사람이 아직 미숙한 신자에게 그처럼 열심히 방언의 은사를 받도록 애쓸 필요를 느꼈다는 사실이 내게는 의아하게 느껴졌다. 사람이 성령의 은사를 받는 방법을 배운다는 것은 부질없는 것이다. 그럼에도 불구하고 은사주의자들은 당신에게 방언하는 방법을 기꺼이 가르치려 하는 것이다.

이 책을 쓰기 위해 조사를 하는 동안 TV를 통해 은사에 관한 토크쇼를 보게 되었다. 한 사람이 영적인 어려움에 대해 고백을 하자 다른 은사자가 그에게 이렇게 말했다. "당신은 매일 방언을 사용하나요? 당신은 당신이 받은 언어로 매일 말하나요?"

"아니요, 그렇지 않은데요." 그 사람이 대답하였다.

그러자 또 다른 사람이 말했다. "그것이 당신의 문제입니다. 당신은 매일 그것을 사용해야만 합니다. 그것을 어떻게 시작하든 그것은 중요한 문제가 되지 않습니다. 그저 시작만 하세요. 일단 시작만 하면 성령께서 계속 그것을 지속시켜 주실 것입니다."

그 대화는 여러 가지 사실을 보여 준다. 무엇보다 만일 성령께서 그에게 방언의 은사를 주셨다면 그 사람은 그것을 시작하는 데 있어 왜 노력이 필요한 것인가?

은사주의 안에는 다른 사람이 가지고 있는 것과 똑같은 은사나 능력을 행

할 수 있어야 한다는 일종의 강박 관념 같은 것이 상당히 있다. 영적인 문제에 대한 그들의 "해결책"은 방언이다. 방언이 은사주의자들에게 있어 영성과 정통성 그리고 성숙도를 재는 가장 공통된 기준이자 보편적인 기준인 것이다. 그러나 그것은 명백히 잘못된 기준이다.

킬델과 퀄벤은 다음과 같이 썼다.

> 실제적으로 계속해서 방언을 말하는 자들의 보고에 의하면, 방언은 방언을 하는 실제적인 경험 때문에 주어지기보다는 그 그룹의 지도자들과 구성원들에게 인정받는 것에 의해 주어진다는 것이 우리의 연구를 통해 얻은 결론이다.
>
> 방언을 하는 자들이 그 그룹의 지도자와 좋지 않은 관계에 이르거나 그가 속한 그룹으로부터 쫓겨났을 때 그들의 방언의 경험은 더 이상 의미를 가지지 못하게 된다.[43]

그들의 연구 가운데 상당량은 방언에 대한 환멸을 기록하고 있다. 방언 은사자들은 본능적으로 자신들이 행하고 있는 것이 학습된 행위라는 것을 깨달았다. 거기에 어떤 초자연적인 것이란 아무것도 없었다. 그들은 이내 그들이 항상 지녀 왔던 정신적인 문제들에 직면해 있음을 알게 되었다. 킬델과 퀄벤에 따르면 방언 은사자들이 신실하면 신실할수록, 그가 방언을 그치게 되었을 때 더욱 환멸을 느끼게 된다는 것이다.

한 가지 또 다른 가능성이 제기될 수 있다. 즉, 방언은 심리적으로 야기될 수 있다는 것이다.

방언에 관한 가장 이상스런 경우들 중 어떤 것은 심리적인 착란으로 설명

---

[43] John Kildahl, *The Psychology of Speaking in Tongues*, 55.

될 수도 있다. 방언 은사자들은 무의식적인 신경작용 속으로 빠져드는 것이다. 그것은 임상학적으로 볼 때 주변의 의식으로부터 내부적으로 전격 분리되는 현상으로 묘사될 수 있다. 무의식적인 신경작용이란 모든 수의근(voluntary muscles)이 의식의 통제에서 벗어났음을 가리키는 말이기도 하다.

뉴스 시간에 록 콘서트에서의 십대 소녀들을 본 적이 있는가? 흥분의 도가니, 열광의 함성들, 그들은 그야말로 의식의 통제를 상실한 모습을 보여 준다. 나중에는 극에 달해 아예 바닥에 누워 버리기까지 한다.

대부분의 사람들에게 한번쯤 의식이 희미한, 뭔가 동떨어진 듯한 의식 상태에 처한 경험들이 있다. 누구든 감정이 극도로 격한 상태에 처하게 될 경우 쉽게 자신을 통제하기 어려운 상태에 이르게 된다. 방언은 그 같은 상태에서 나올 수 있는 것이기도 하다.

방언으로 인해 황홀경을 경험하는 사람들의 상태는 거의 최면 상태와 같다. 킬델과 퀼벤은 연구를 통해 "최면 상태는 방언 경험에 있어 필수 불가결의 것으로, 만약 누군가가 최면 상태에 빠져 있다면 그 사람은 방언을 할 수 있는 적합한 상태에 있는 것이다"라고 말했다.[44]

방언을 하는 자들을 깊이 연구한 후에 킬델과 퀼벤은 결론적으로, 지도자에 의존하며 복종하는 사람들이 대개 방언을 하는 사람들이라고 말했다.[45]

윌리엄 사마린은 모든 유형의 방언 은사자들이 이 범주에 속하는 것은 아니라고 한다.[46]

그러나 그들 중 상당수가 여기에 해당한다. TV에 나오는 대부분의 은사

---

44) Ibid., 54.
45) Ibid., 38-56.
46) William Samarin, *Tongues of Men and Angels*, 228.

적인 프로그램을 보라. 청중석에 있는 사람들은 하나같이 강단에서 나오는 말이라면 그것이 무엇이든, 심지어 소설이든 기괴한 무슨 이야기든 모든 것에 대해 고개를 끄덕이며, "아멘"을 연발한다. 그들은 쉽사리 그 가르침을 따르며 순순히 하라는 대로 행한다. 그런 가운데 감정이 격해지고 분위기가 고조될 때 무엇인가가 일어나게 되는 것이다.

방언을 하는 각각의 사람을 분석한다든지 그들의 행위에 대한 분명한 근거를 제시할 수는 없다. 그러나 우리가 이제까지 본 것처럼 현대의 은사들 가운데 방언에 대한 많은 가능한 설명들이 있을 수 있다. 기독교 심리학회(The Christian Association for Psychological Studies)의 한 회원인 멘셀 피터슨(E. Mansell Pattison) 박사는 다음과 같이 말했다.

> 우리가 분석한 바로는 방언을 하는 것이 매우 자연스런 기계적 현상입니다. 방언은 심리적인 현상으로서, 일어나기가 쉬우며 이해할 수 있는 것입니다.
> 게다가 신경정신과 환자들과 가진 임상적인 실험들로부터 얻어 낸 관찰을 덧붙이자면 충격이나 뇌종양 같은 데서 비롯된 뇌 손상의 경우에 환자는 언어 체계의 와해에 빠지게 됩니다. 이 같은 실어증 환자를 연구하게 되면 우리는 방언에서 발견할 수 있는 것과 비슷한 현상을 목격하게 됩니다. 정신 분열증에서도 비슷한 언어 해제현상이 나타나는데 그것은 구조에 있어서 방언과 같습니다.
> 이 자료는 방언과 같은 언어의 상동증(무의미한 언어를 반복 지속하는 증상-역자주) 현상이 언어의식 혹은 언어의 통제의지가 뇌의 손상이나 정신병, 혹은 의지의 통제가 포기되었을 때 나타날 수 있음을 보여 주는 것이라고 할 수 있습니다.[47]

---

47) E. Mansell Pattison, "Speaking in Tongues and About Tongues," *Christian Standard*(February 15, 1964), 2.

앞에서 살펴본 것처럼, 방언을 하는 자들은 "의지 통제의 수동적인 자기 포기"상태로 들어가도록 분명하게 지지를 받았다. 그들은 자신을 포기하도록, 자신들의 소리에 대한 통제를 포기하도록 가르침을 받았다. 뿐만 아니라 그들은 몇 개의 똑같은 소리를 반복해서 내도록 지시를 받았다. 그들은 결코 자신들이 무엇을 말하고 있는지 생각해서는 안 된다.

지금은 고인이 된 매스터스 신학교(The Master's Seminary)의 학장이었던 찰스 스미스(Charles Smith)는 현대에 일어나는 온갖 방언 현상에 대해 가능한 모든 설명을 한 적이 있다. 그는 방언에 대해 여러 가지의 표현을 썼는데 "자동 무의식 작용(motor automatism)", "황홀경", "최면상태", "심령 정화", "집단정신", 혹은 "암기의 반복"이라고도 했다.[48]

어쨌든 방언은 여러 가지로 설명이 가능하다. 성령과 관계없이 1세기 당시의 고린도 사람들처럼 오늘날에도 여러 가지 속임수의 형태로 방언이 존재할 수 있다는 사실에 대해 아무도 부인할 수 없을 것이다.

그러면 방언은 왜 그처럼 널리 퍼져 있는가?

모든 교파의 기독교인들이 방언을 계속하고 있으며 새로운 사람들이 오늘도 매일같이 그것을 갈구하고 있다. 은사주의 작가들과 교사들은 이것이 성령의 역사라고 주장한다. 즉, 그것은 마지막 때에 교회에 주어진 전혀 새로운 능력의 역사라는 것이다.

어째서 그렇다는 것인지 모르겠다. 오늘날 방언은 성경적이 아니다. 방언하는 자들은 성경에서 기록된 은사를 행하고 있는 것이 아니다. 그러면 왜

---

48) Charles R. Smith, *Tongues in Biblical Perspective*(Winona Lake, Ind.: BMH, 1972), chap. 5.

그처럼 많은 사람들이 그토록 열렬히 방언을 사모하는가? 왜 그들은 다른 사람들로 하여금 그토록 방언하게 하려고 혈안이 되어 있는가? 기본적인 이유는 영적인 고갈이다. 사람들은 방언이 놀라운 영적 경험을 가지는 방편인 양 생각하고 있다. 그들은 자신들이 방언을 하지 못할 경우 무엇인가를 잃어버리지나 않을까 두려워하고 있다. 그들은 "무엇인가 더 나은 것"을 원하고 있는 것이다.

또한 많은 사람들은 자신들을 영적으로 나타내는 일에 갈급해 하고 있다. 그들은 오랫동안 교회를 다녔다. 그러나 그들은 실제로 교회 안에 속하지 못했다. 즉, 특별히 영적이거나 거룩한 자로 인정받지 못했다. 따라서 그들은 방언하는 자들이 특별히 거룩하며 영적인 자로 인정받는다고 여기고 그와 같이 되고자 그처럼 애쓰는 것이다.

방언이 그처럼 널리 유포된 또 다른 근본적이 이유는 소속감과 안정감 때문이다. 사람들은 "그룹 안에" 소속되는 것이 필요하며 "방언을 하는" 자들 가운데 포함되기를 원한다. 따라서 그들은 방언을 하지 못하고 주위를 맴도는 자들 가운데 속하는 것을 두려워하고 있다. 은사주의에 속하는 것은 매우 만족스러운 것이다. 왜냐하면 그것은 "나는 은사를 받은 자이다"라는 것을 말하는 것과도 같은 것이기 때문이다. 그것은 많은 사람들로 하여금 자신들이 특별한 사람처럼 즉, 다른 사람이 가지지 못한 것을 가진 사람처럼 느끼게 해 주기 때문이다.

또 다른 설명으로, 은사주의는 우리가 살고 있는 세속적인, 기계적인, 학구적인 냉함, 그리고 무관심한 사회의 반작용으로 나타난 것이라고 할 수 있다. 방언을 하는 자들은 자신이 초자연적인 것에 직접 접한 것처럼 느낀다. 그들이 경험한 것에는 확실한 무엇인가가 있다. 그것은 메마른 것도, 학구적인 것도 아니다. 그것은 분명 사실로 느껴지고 있는 것이다!

아마도 방언이 그처럼 강력하게 유포된 가장 중요한 이유는, 대부분의 교회에서 찾아볼 수 있는 냉랭하고 무기력한 기독교에 대해, 대체할 만한 것이 필요했기 때문이다. 은사주의와 결부된 사람들을 보게 되면 종종 행위나 뜨거움, 따스함이나 사랑을 추구하는 자들이다. 그들은 하나님이 실제로 그들의 삶 가운데서 즉, 지금 여기서 역사하고 계시다는 것을 믿고 싶어 하는 자들이 많다. 죽은 정통 교리로는 결코 만족할 수 없다. 그것이 많은 사람들이 은사주의에서 만족을 구하는 이유이다.

우리는 하나님의 말씀을 믿는 오순절파와 은사주의자들로 인해 하나님께 감사를 드린다. 아울러 그들의 게시판에 대해 의구심을 가지고 있기는 하나 그들이 성령을 믿으며 그것을 권위 있는 것으로 인정하는 것에 대해 감사하고 싶어 한다. 또한 우리는 그들이 예수 그리스도의 신성을 믿으며 그의 희생적인 죽음과 육체의 부활, 행위가 아닌 믿음으로 인한 구원, 그리고 예수 그리스도께 복종하는 가운데 살 필요가 있음을 믿는 것으로 인해, 아울러 열심히 다른 사람들을 사랑하는 것과 뜨겁게 믿음 생활을 가지는 것으로 인해 하나님께 영광을 올리고 싶어 한다.

어떤 이는 이렇게 말할지도 모른다.

"왜 그들을 비판하나요?"

이는 우리의 형제자매가 진리 가운데 바로 걷는가 그렇지 않은가 관심을 가져야 하는 것이 성경의 가르치는 바이기 때문이다. 그것이 어떤 이들에게는 사랑하지 않는 것처럼 보인다 할지라도 성경은 분명히 우리에게 "사랑 안에서 참된 것을 말하도록(엡 4:5)" 가르치고 있다. 참된 사랑은 진리 위에서 행하는 것이어야 한다.

제11장
진정한 영성(spirituality)이란 무엇인가?

"오직 마음을 새롭게 함으로 변화를 받아." 바울은 로마서 12:2에서 이렇게 말했다. 많은 은사주의자들은 의식적인 노력을 전혀 하지 않고도 마음을 새롭게 하거나 거룩함에 이를 수 있다고 생각한다. 그들은 성화(sanctification)란 한 번의 체험을 통해 혹은 잠재의식의 조절을 통해 아무런 노력 없이도 일순간에 이루어질 수 있는 것이라고 믿는다.

"잠재의식 속에 심어 넣는 영성(subliminal spirituality)"이라는 개념을 처음 접하게 된 것은 몇 년 전 "잠재의식용 넥타이"를 선전하는 광고 전단을 받아 보았을 때였다. 그것은 멋진 페이즐리(옷감의 일종. 추상적인 곡선으로 짜여진 부드러운 모직물-역자주) 넥타이였는데, 한번 쓱 훑어볼 때는 아주 평범해 보였다. 그러나 그 광고는 그 넥타이가 전혀 평범하지 않은 특이한 넥타이라는 것을 선전하고 있었다. "그러나 이 섬유 속에는 인간의 육안으로는 절대로 알아볼 수 없는 '예수 구원'이라는 단어가 숨어 있습니다. 이것은 기름 부음을 받은 옷감으로 만든 넥타이입니다." 그 넥타이는 은사주의를 표방하는 회사가 판매하는 것이었다. "삼십 달러만 지불하면 이 넥타이를 살 수 있습니다. 게다가 세금 공제가 되기 때문에 당신에게 더없이 좋은 선물이 될 것입니다. 또 당신은 이백 달러(세금 공제액)만 내면 넥타이를 일곱 개나 살 수 있고, 그것으로 우리 회사의 빈민 구호 사업에 동참하실 수 있습니다."

"몇 년 동안 러시아를 비롯한 공산권의 과학자들이 식역하광고(Subliminal advertising, 광고를 보거나 듣는 사람이 의식하지 못하는 사이에 극히 짧은 시간 동안 전달하고자 하는 메시지를 되풀이해서 그들의 잠재의식 속에 남도록 하는 광고 - 역자주)에 대해 실험을 했습니다. 그것은 전혀 의식하지 못하고 있는 소비자들을 향해 그들의 사상이나 선전을 주입시키기 위해서 고안된 것이었습니다." 그 광고 전단은 계속되었다. "이제…… 하나님의 백성인 우리가 그분의 영광을 위하여 이 기술을 어떻게 사용할 수 있는지 보여 주셨습니다." 아주 크게 확대된 그 넥타이 사진이, 그게 무슨 말인지 정말로 보여 주고 있었다. 섬유 전체가 "예수구원 예수구원 예수구원 예수구원 예수구원"이라는 말로 직조되어 있었다. 그 광고 전단은 또 이런 장담도 서슴지 않았다. "이 넥타이를 착용하면 '예수 구원'이라는 말이 이것을 보는 모든 사람들의 잠재의식 속에 새겨질 것입니다." 다시 말하면 사람들에게 전혀 말을 하지 않고도 전도할 수 있다는 것이다.

바로 그때 그 말은 내 머리 속에 기괴하고 이상한 물건을 떠오르게 했다. 돌이켜보건대, 그것은 최근 들어 나타나고 있는 은사주의 운동의 한 단면을 보여 주는 예고편이었던 것 같다. 잠재의식 속에 메시지를 주입하는 일은 뉴

에이지나 오컬트(occult, 초자연적인, 밀교적인)적인 뉴앙스에도 불구하고, 은사주의자들 사이에 영적이고 감정적이고 육체적인 문제들을 해결하는 데 인기 있는 방법으로 급속히 자리 잡아 가고 있다.

이 책의 서두에서 나는 라파 랜치(치유 농원)가 암 환자들을 치료하는 수단으로 사용하기 위해 배포한 잠재의식에 영향을 주는 "말씀 치료법"에 대해 언급한 바 있다. 라파 랜치에서는 14달러 95센트에 말씀 치료용 테이프 하나를 준다. 테이프 값이 비싼 편임에도 불구하고, 무슨 대가를 치르고라도 암을 치료하려는 수천 명의 사람들은 기꺼이 돈을 지불하고 있다. 그 테이프가 어떻게 해서 나온 것인지에 관해 린다 펠(Linda Fehl)이 설명하는 말은 이렇다.

1983년에 하나님께서 나의 유방암을 치유하셨습니다. 그리고는 "암환자들이 와서 치료받을 수 있는 장소를 건설하도록 내게 소명을 주셨습니다. 그 부르심에 순종하여 우리 네 식구는 북서부 플로리다의 작은 시골 마을에 자리한 70에이커 규모의 땅으로 이사를 갔습니다. 거기서 우리는 오천 평방 피트의 라파 랜치(Rapha Ranch Lodge 치유 농원)의 건축을 시작했습니다.
거의 이 년이 되서야 우리는 첫 번째 암 환자를 받게 되었고, 곧 우리의 사명이 쉬운 일이 아니라는 것을 깨닫게 되었습니다. 그 후 이 년 동안 우리는 많은 것을 배우기도 했지만, 환자들 대부분이 암으로 죽어가는 것을 계속해서 지켜보아야 했습니다…….
 우리는 계속 하나님의 말씀을 고통스런 상황에 처해 있는 그분의 귀한 백성들에게 어떻게 하면 깨닫게 할 수 있는지 보여 달라고 울부짖었습니다. 그러던 어느 날 우리는 우연히 식역하 과정이 많은 사람들에게 긍정적인 확신을 갖게 하는데 어떤 식으로 도움을 줄 수 있는지에 대해서 설명하는 한 텔레비전 프로를 보게 되었습니다.

그때 아이디어 하나가 떠올랐습니다. "하나님의 순전한 말씀을 전하는 일에 이와 비슷한 방식이 사용될 수 있을지도 모른다." 그 후 두 달 동안의 연구와 기도 끝에 우리는 병자들을 치료하는 데 도움이 되는 도구를 생산하는 일에 하나님께서 독창적인 아이디어를 주셨을 뿐만 아니라 그 일을 또한 명령하셨다는 것도 알게 되었습니다. 주님께서는 나의 영혼을 신뢰하셨기 때문에 이 놀라운 새 테이프를 만드는 일에 내 목소리를 사용해서 녹음하라고 말씀하셨고, 크리스첸 음악가들과 기술자들, 그리고 크리스천 스튜디오를 사용하라고 하셨습니다.

1988년 6월 드디어 '말씀 치료법 치유 테이프'가 배포되었고, 즉각 치유 사역에 대한 보고가 들어오기 시작했습니다. 두 주가 채 못 되어서 한 여인이 암으로부터 치유되었습니다.[1]

그러한 잠재의식적 치료법을 사탄적인 것이라고 생각되어 두려워하는 사람들을 향해 펠 여사는 이런 글을 썼다.

식역하 테이프를 처음 접할 때 당신이 갖게 되는 경계심은 당연한 것이겠지요. 그러나 이 사실을 확실히 알아 둘 필요가 있습니다. "우리의 테이프를 두려워할 필요는 전혀 없습니다. 우리 테이프들은 거룩하고 하나님의 축복을 받은 것입니다."

우리는 최면법이나 긴장이완법을 사용하지 않습니다. 또한 뉴 에이지도, 속임수를 쓰는 것도 아닙니다. 단지 순전한 하나님의 말씀을 다중 트랙 복사라는 현대 과학 기술을 사용해서 녹음했을 뿐입니다. 당신이 직접 테이프를 하나 들어본다면, 그 기름 부으심이 당신을 여러 가지 속박으로부터 해방시킨다는 것을 확신하게 될 것입니다. …… 만약 열두 사도들이 오늘날 살아 있다면, 그들은 이 말씀 치료법을 1990년대의 두루마리 성서(a scroll of 90's)라고 생각할 것입니다.[2]

---

1) Linda Fehl, "A Personal Letter from Linda Fehl"(advertisement) *Charisma*(December 1990), 87.
2) Ibid. (emphasis in original).

몇몇 은사주의 단체들이 이러한 잠재의식 테이프를 사람들에게 제공하고 있다. 갱생회라고 불리는 한 모임은 다시 앞으로 돌리지 않아도 계속해서 재생되는 테이프를 판매하고 있는데(개당 19.95달러이다), 이 테이프는 모든 의심, 두려움, 좌절, 죽음에 대한 공포, 죄의식, 우울, 의기소침, 성마름, 자존심, 욕심, 유혹, 음란, 매춘, 용서받지 못한 마음, 거부감, 마약, 알콜, 흡연, 화, 반항, 시기, 공포, 판단, 동성애, 그리고 아동에 대한 학대와 성희롱으로부터 자유롭게 될 것임을 약속하고 있다.[3]

그 갱생회의 또 다른 테이프는 "재산증식, 살빼기, 평화, 치유, 자존감, 구원, 결혼생활의 조화, 하나님께 대한 순종, 하나님 사랑을 받아들임, 하나님과 더 가까이 동행함" 등 이런 것들이 이루어질 것이라고 장담하고 있다.[4]

갱생회에 따르면 "성경에 기초한 잠재의식 개조의 메시지는 잠재의식을 지배하고 있는 악한 영들을 쳐서 예수의 이름으로 떠나라고 명령한다. 그러면 그 빈자리는 하나님의 말씀으로 채워지게 된다!"[5]

그런 테이프를 만들어 내는 기술적인 방법은 무엇인가? 갱생회는 우리 속에 들어 있는 마귀를 공격하는 메시지가 담겨 있는 여러 개의 목소리를 각기 다른 트랙에 동시에 입히는 방법을 사용한다.

예를 들어 동성애로 인해 고통받는 사람들을 위해 고안된 한 테이프에는 다음과 같은 메시지가 담겨 있다. "나는 너희들에게 말한다. 동성애의 영들아…… 예수 그리스도의 이름으로 너희들을 저주하노니 당장 나가라." 이 메시지는 도덕적인 순결에 관한 성경 말씀을 흉내 낸 것이다.[6]

---

3) "Subliminal Deliverance"(advertisement) *Charisma* (November 1990).
4) Ibid.
5) Ibid. (emphasis in original)
6) Walter L. Walker, "What About Subliminal Tapes" *Charisma* (October 1990), 128.

여러 회사들이 그런 방법을 조금씩 변형해서 사용하고 있다. 엘 파소에 있는 '라이프 소스(Lifesource)' 사는 바다의 파도 소리가 들리게 만든 트랙을 사용한다. 그 이면의 잠재의식 속의 들리지 않는 트랙들은 성경 구절을 담고 있다.[7]

오클라호마 툴사(Tulsa)에 위치한 치유 사역 전도 전문인 '비키 자미슨 피터슨(VIcki Jamison Peterson)' 사는 흠정역(KJV) 신약 성서 전체를 60분짜리 테이프에 아주 빠른 속도로 녹음했다. 그 회사는 선전 책자에다 이런 약속을 해 놓고 있다. "긍정적인 생각이 시간당 십만 개의 속도로 당신의 신앙 체계 안에 저장되고 있습니다."[8]

그렇게만 된다면 모든 것들이 너무도 쉬워질 것이다. 전혀 주의를 집중하지 않고도 성경의 내용을 흡수할 수 있을 것이다. 이런 방법에 의하면 불타는 기도와 경건에 이르기 위한 연습, 열성적인 헌신, 세심한 성경 연구, 그리고 내면 깊은 곳의 묵상과 같은 일들은 모두 불필요한 것들이 되어 버린다. 전에는 감량을 하기 위해 극기와 훈련이 필요했었다. 그러나 이제는 계속해서 돌아가는 테이프가 비만과 식욕의 악귀를 쫓아낼 수 있고 그 이상 더 필요한 것은 아무것도 없다고 말한다. 더욱 중요한 것은, 헌신과 성경 연구의 훈련된 삶에서 우리가 추구했던 것들이 믿음과 영적인 지혜 그리고 의로움이었으나, 이제 잠재의식의 조절을 통한 치료 요법을 주장하는 사람들이 약속하는 것은 잠자는 동안에도 그러한 거룩함이 당신에게 생길 수 있다는 것이다!

잠재의식을 이용하는 성향과 은사주의는 서로 완벽하게 맞아 떨어진다.

---

7) Ibid., 132.
8) Ibid.

애초부터 은사주의는 무엇보다 영적 성숙에 도달하는 지름길을 약속했기 때문에 번창할 수 있었다. 이 운동의 가장 큰 매력 중 하나는 단 한 번의 체험으로 성도들에게 즉각적인 능력과 지혜, 그리고 영성을 제공한다는 것이다. 거기서는 정상적인 성장과정의 일부인 시간, 노력, 그리고 죄에 대항하여 싸우는 모습을 찾아볼 수 없다.

그러나 과연 우리가 거룩함에 이르는 데에 있어서 지름길이 존재하는가? 성도가 잠재의식에 영향을 끼치는 메시지를 받으면, 혹은 영적인 쇼크나 능력의 급상승을 체험하면, 즉각적으로 어린 신앙에서 성숙한 신앙으로 변화할 수가 있는가? 성경은 그렇게 말하고 있지 않다.

성령체험의 문제

전형적인 은사주의자들에게 있어서 영성을 소유하게 되는 첫 관문은 보통 방언의 경험이다. 몇몇 은사주의자들이 이를 두고 실제로 사용하는 단어는 "뜨거운 방언 체험(zapped)"이다. 이 말은 은사주의자들이 성화(sanctification)를 바라보는 방식을 묘사할 때 사용하는 말이다. 내가 있는 교회의 성도들이 은사주의자들과 영성(spirituality)에 대해 이야기를 나누고 와서 나에게 말하는 바에 의하면, 자기는 한번도 영적인 무아지경의 절정 상태를 경험해 본 적이 없다고 하자 그 은사주의자가 "오, 하나님, 이 사람을 뜨겁게 달아오르게 해 주소서"라고 하더라는 것이었다.

은사주의 전도자인 노벨 헤이스(Norvel Hayes)는 그 자신이 뜨거운 방언을 경험했을 때 무슨 일이 일어났었는지를 이렇게 설명했다. "하나님이 강렬하게 다가오셔서는 나를 아주 넘치게 축복하기 시작하셨다. 나는 무릎을 꿇고 눈물을 흘리기 시작했고, 울부짖으면서 그 축복을 받아들일 수밖에 없었다. 그때 나는 하나님께서 나를 사랑하신다는 것을 깨달았고, 또한 그분께서는 나를 어루만져 주셨는데, 그것은 내가 성령에 순종했기 때문이었다."9)

불행히도 그러한 은사주의는 기독교인들을 달아오르는 흥분 상태를 경험한 사람들(the zapped)과 그렇지 못한 사람들(the unzapped)의 두 분류로 양분시켰다.

흥분 상태를 경험한 사람들은 그렇지 못한 사람들보다 자신들이 적어도 조금은 더 영적이라고 믿는다. 그리고 좋든 싫든 간에 그 영향은 교회를 양분시키는 결과를 초래한다.

흥분 상태를 경험해 보지 못한 사람들 중의 어떤 이들은 왜 자기들에게는 은사주의자들이 겪는 것과 같은 그런 종류의 체험이 일어나지 않는지 이상하게 여기게 된다. 은사주의자들은 당신이 방언으로 성령 세례를 받지 않으면 하나님이 진정으로 원하시는 방식으로 살아갈 수 없다고 주장한다. 그런 사람들의 주장에 의하면 당신은 모자라도 한참 모자란다.

멜빈 하지(Melvin Hodge)의 『영적 은사들(Spiritual Gifts)』이라는 책에는 이러한 견해에 관한 좋은 예가 수록되어 있다.

은사나 사명을 완전히 알기 위해서는 반드시 성령 충만을 기다려야 한다. 그렇지 않으면, 오순절 성령 강림과 같은 은사체험의 절정을 경험할 수 없으며, 영적 사역의 부분적인 방법과 영적 은사나 달란트의 불완전함밖에는 알 수가 없다…….
우리는 신약성경이 성령 세례(여기서 하지는 은사 체험을 의미한다)를 영적인 삶과 사

---

9) Norvel Hayes, "From Heaven Come God's Weapons for the Church"(Tulsa: Harrison, 1979), 15-16.

역을 온전히 발달시키는 데 없어서는 안 될 필수적이고도 우선적인 요소로 보고 있다는 사실에 주목해야 한다.[10]

은사주의자들의 말이 사실인가? 그리스도인들 사이에 구별이 존재하는가? 영적 흥분 상태를 경험한 자와 경험하지 못한 자의 두 부류가 존재하는가? 은사주의자들이 아닌 그리스도인들은 이류로 전락해야 하는가? 성령세례를 체험하지 못한 사람들은 성경이 자신들을 결코 그런 식으로 운명지우지 않았다는 사실을 알게 되면 매우 기뻐할 것이다.

육에 속한 사람 대 영에 속한 사람

그리스도인들의 영성에 관한 근본적인 가르침이 고린도전서 2:14-15에 나와 있다. "육에 속한 사람은 하나님의 성령의 일을 받지 아니하나니 저에게는 미련하게 보임이요 또 깨닫지도 못하나니 이런 일은 영적으로라야 분변함이니라 신령한 자는 모든 것을 판단하나 자기는 아무에게도 판단을 받지 아니하느니라."

바울은 고린도전서 2장의 대부분을 육신에 속한(거듭나지 못한) 사람과 영에 속한(구원받은) 사람이 차이를 논하는 데 할애했다. 육신에 속한 사람은 하나님을 모른다. 그는 육신적인 삶 속에 갇혀 구원을 받지 못한다. 또한 그는 영의 일을 알지 못한다. 이와는 대조적으로 영에 속한 사람은 하나님을 알고 영적인 일들을 이해한다.

고린도전서 2장에 따르면 모든 그리스도인들은 영에 속해 있다. 적어도

---

10) Melvin L. Hodges, *Spiritual Gifts* (Springfield, Mo.: Gospel Publishing House, 1964), 16.

그리스도 안에서의 우리의 지위는 그렇다. 모든 그리스도인들은 성령을 소유하고 있기 때문에 영에 속해 있다. "영적"이라는 것은 단순히 성령을 소유한 것만을 의미하지는 않는다. 로마서 8:6-9이 그것을 분명히 밝히고 있다.[11]

그러나 모든 그리스도인들이 지위 상 영적이기는 하지만 실제적으로도 항상 영적인 것은 아니다. 말하자면, 우리가 언제나 영적으로 행동하지는 못한다는 것이다. 그것이 바로 고린도전서 3:1-3에서 바울이 영적 어린아이에 관해 언급했던 이유이다. 바울은 고린도 교회 성도들을 영에 속한 자들로 여기면서 여러 가지 이야기를 해 주고 싶었지만, 그들이 아직도 영에 속한 사람들로서 행동하지 못하고 있다고 말했다. 그들은 말씀을 받지 않았으며, 삶에 거룩함이 없었다. 그들은 또한 육체가 원하는 대로 행하며, 바울이 자신들을 그리스도 안에서 어린아이로 취급해 주기를 바랐다.

고린도 교회 성도들만이 유별났던 것은 아니다. 우리 시대의 모든 그리스도인들도 같은 문제에 봉착해 있다. 모든 그리스도인들은 그리스도를 구주로 알고 있고 그 안에 성령이 내주하시기 때문에 "영적"이다. 그러나 항상 영적으로 행동하는 것은 아니다. 어떤 때는 아주 육적이며 본능에 따라 행동한다.

그 좋은 예가 바로 사도 베드로이다. 마태복음 16장에서 베드로는 그리스도를 살아 계신 하나님의 아들이라고 고백한다. 예수께서는 즉각 이렇게 답하셨다. "시몬아 네가 복이 있도다. 내가 이제 너희 이름을 베드로(베드로는

---

11) 로마서 8장에서 바울은 육에 속한 것과 영에 속한 것의 차이점을 명백히 밝히고 있는데, 육에 속한 것은 거듭나지 못하고 구원받지 못하고 하나님을 모르는 것이며, 영에 속한 것은 구세주인 예수 그리스도를 믿는 믿음을 통하여 성령을 소유하는 것이라는 점을 분명히 하고 있다.

"반석"을 의미한다)로 바꾸겠다. 너는 이제부터 반석처럼 견고한 새 사람이 될 것이다(16:17-18)." 그러나 요한복음 21장에 보면, 예수께서 십자가에 달리시기 전날 밤 베드로가 예수님을 부인한 사건이 있은 후에, 갈릴리 바닷가에서 예수께서 베드로를 만나시는 장면이 나온다. 그때 예수께서는 베드로를 시몬이라고 부르신다. 왜일까 그것은 베드로가 옛 사람처럼 행동했기 때문이다. 그리스도를 영접하기 이전의 사람처럼.

베드로가 저지른 일, 그리고 우리들 모두가 때때로 저지르는 일은 그리스도를 가까이 따르는 일을 잠시 멈추게 했다. 오순절 후에도 베드로는 가끔씩 육신을 따르는 일을 잠시 멈추게 했다. 한번은 바울이 그를 직접 대면하여 책망하기까지 했다(갈 2:11-12).

바울은 누구보다도 그리스도인들이 겪는 육신의 정욕과의 싸움을 잘 이해했다. 그렇기 때문에 로마서 6장과 7장에 걸쳐 매우 감동적인 편지를 쓸 수 있었던 것이다. 그 요점은, 영적인 성숙(spirituality)은 당신이 어떤 영적 체험을 통해 흥분 상태에 빠지자마자(zapped) 그 이후로 영원히 지속되는 상태가 아니라는 것이다. 영적(성숙)이라는 것은 하나님께로부터 살아 있는 말씀을 매일 공급받아 당신 안에 풍성히 거하게 하고 매순간마다 성령 안에서 행하고 그 말씀에 순종하며 살아가는 것이다. 바울도 갈라디아서 5:16에서 똑같이 말했다. "성령을 좇아 행하라 그리하면 육체의 욕심을 이루지 아니하리라." "행하다"라는 말은 신약성경에서 매우 중요한 단어이다. 행함은 매순간의 행동을 일컫는 것이다. 바울은 성령을 따라 행할 것을 교회에 권면하였다. "만일 우리가 성령으로 살면 또한 성령으로 행할지니(갈 5:25)." 행하는 것은 한 번에 한 걸음씩 적당한 속도를 유지하는 것을 말한다. 한 번에 한 걸음씩 꾸준히 나아가는 것, 그것이 바로 진정한 영성(spirituality)이 유지되는 비결이다.

진정한 영성의 표지들

진정한 영성의 기본적인 특징은 죄를 깊이 깨닫는 것이다. 성경을 보면 죄를 아주 경멸하는 사람들은 다름 아닌 매우 영적인 사람들인 경우가 많다는 것을 알 수 있다. 바울은 자신이 죄인의 괴수라고 말한 바 있다(딤전 1:15). 또 베드로는 "주여 나를 떠나소서 나는 죄인이로소이다(눅 5:8)"라고 했고 이사야는 "화로다 나여 망하게 되었도다 나는 입술이 부정한 사람이요(사 6:5)"라고 말했다. 영적인 사람들은 자신들이 죄와 결사적으로 싸우고 있다는 것을 안다. 그리하여 바울이 "나는 날마다 죽노라(고전 15:31)"라고 말했던 것이다.

영적 성숙의 궁극적 목표는 그리스도와 같이 되는 것이다. 바울은 이 진리를 되풀이하여 강조했다(고전 1:11; 갈 2:20; 엡 4:13; 빌 1:21). 바울에게서 궁극적인 영적 성숙이란, 예수를 닮는 것이었다. 그리고 그것은 단 한 번의 경험으로, 혹은 잠재의식을 변화시키는 고도의 기술로 얻을 수 있는 종류의 것이 아니다. 그것은 끊임없이 꾸준하게 노력해야 하는 "추구"이다.

내가 이미 얻었다 함도 아니요 온전히 이루었다 함도 아니라 오직 내가 그리스도 예수께 잡힌 바 된 그것을 잡으려고 좇아가노라 형제들아 나는 아직 내가 잡은 줄로 여기지 아니하고 오직 한 일 즉 뒤에 있는 것은 잊어버리고 앞에 있는 것을 잡으려고 푯대를 향하여 그리스도 예수 안에서 하나님이 위에서 부르신 부름의 상을 위하여 좇아가노라(빌 3:12-14).

그러나 많은 은사주의자들이 성령 세례를 한번 받기만 하면 영적 성숙은 당신의 것이 된다고 주장한다. 그러나 불행히도 그런 식으로는 되지 않는다. 일순간의 체험으로 달아올랐던 것이 식고 나면 그들은 또 다른 경험을 찾을 수 밖에 없게 되고, 이런 식으로 자꾸 다른 경험들을 찾아 헤매게 된다. 그들은 두 번째로 받은 은혜로는 뭔가 부족함을 느끼게 되고, 세 번째, 네 번째, 다섯 번째……계속해서 그러한 체험들을 원하게 된다. 더 만족스런 체험을 찾아 끊임없이 노력하다가, 자기도 모르는 사이에 성경과 진정한 영적 성숙의 길에서 벗어나 체험이라는 잘못된 길로 달려가다가, 죽음으로 끝나는 피할 수 없는 결말에 이르게 된다.

은사가 영성을 보장하지는 않는다

은사주의자들의 책들과 팜플렛들, 그리고 기사들은 어떤 특별한 경험에 의해 새로운 영적 차원에 도달했던 과정을 설명하는 간증들로 가득 차 있다. 흔히 그런 간증들은 일반적으로 똑같은 유형을 따른다. "성령 세례를 받았을 때 나는 방언을 하기 시작했습니다. 그리고 나서 나는 좀더 거룩한 삶을 살게 되었습니다. 나는 전보다 더 큰 능력과 자유, 그리고 기쁨을 소유하게 되었습니다. 사랑이 더 많아졌고 그리스도인으로서 더욱 충성했습니다."

은사주의가 다 같은 것은 아니지만, 대부분의 은사주의자들은 영적 성숙에 도달하는 방법으로 방언의 은사를 강력하게 주장한다. 그러나 성경은 그러한 생각을 지지하지 않는다. 그 예로 바울은 고린도전서 1:7에서 "너희가 모든 은사에 부족함이 없다"라고 말함으로써 고린도 교회를 칭찬하고 있다. 고린도 교인들은 모두 영적인 은사들을 갖고 있었다. 예언, 지식, 능력 행함,

병 고침, 방언, 방언 통역 이외에도 여러 가지가 있었다. 그들은 위치적인 면에서는 영에 속했지만 그 행동들은 교회를 욕심의 혼란 속으로 던져 넣었다.

1세기의 고린도 교인들만이 그랬던 것은 아니다. 오늘날의 그리스도인들도 비슷한 문제에 직면해 있다. 우리는 구원을 받았고 성령을 모시고 있다. 또 영적인 은사들도 갖고 있다. 그러나 아직도 육신과의 투쟁은 계속되고 있다(롬 7장). 어떤 영적 은사도 우리가 이 세상을 사는 동안 단번에 그리고 영원히 그 싸움에서의 승리를 보장해 줄 수는 없다. 우리가 승리할 수 있는 단 한 가지 길은 끊임없이 성령을 좇아 행하고 육체의 욕심을 채우지 아니하는 것이다(갈 5:16).

분별력이 있는 은사주의자라면 우리들만큼이나 그 자신도 육체가 원하는 것에 따라가고 싶어 하기 때문에 고민하고 있다는 것을 인정할 것이다. 열망, 행복감, 열정, 흥분, 그리고 감수성-이 모두를 은사주의자들은 영력의 수준과 동일시하는 경향이 있다-은 욕심, 자존심, 이기심, 그리고 탐욕을 제거하는 능력을 갖고 있지 못하다. 가장 최근의 체험이 얼마나 강력했느냐에 그 능력이 좌우되는 은사주의자들은 사실상 영적으로 더 연약하고 더 미성숙해지기 쉽다. 은사주의 운동의 역사가 이를 증명하고 있다.

많은 사람들은 은사 체험이 육신과의 싸움에 있어서 해결책이 된다고 생각하지만 그러한 체험은 해결책이 되지 못한다. 그들은 그리스도인의 성화에 대한 자신들의 신학을 재검토하려고 하기보다는 사탄의 능력에 그 책임을 전가시킨다.

은사주의자들이 새로운 능력과 새로운 영적 수준을 소유하고 있다고 주장함에도 불구하고, 그들을 황홀경에 이르게 하는 체험들이 그들에게 새롭고 영원히 지속되는 영적 상태를 절대적으로 보장해 줄 수는 없다. 어떤 종류의 경험을 하던 간에, 그리고 아무리 자주 방언을 하더라도, 아무리 자주 성령 속에서 자기를 부인하더라도, 그들 역시 모든 그리스도인들과 마찬가지로 말씀에 순종하면서 성령으로 행하고 날마다 자신과 죄에 대하여 죽어야 할 필요를 느끼는 우리와 마찬가지로 도전에 부딪히게 되는 것이다.

은사주의 간증과 가르침은 그런 점에 있어서 드물기는 하지만 정직할 때가 종종 있다. 그리고 그 때문에 은사주의자들이 가끔 심한 정신적 도피주의자들을 길러내게 되는 것이다. 얼마나 많은 사람들이 지금도 고민들에 대한 손쉬운 경건에 이르는, 약삭빠르고 쉬운 지름길을 약속하는 것에 현혹되어 이 운동에 가담하고 있는가?

거룩함인가, 천박함인가?

아직도 은사주의 운동에서 이루어지고 있는 많은 일들이 경건하기 보다는 경솔, 천박, 수선스럽기 짝이 없다. 내가 사는 지역의 기독교 텔레비전 방송국은 대화와 다양한 쇼를 생방으로 보여 주는 프로그램을 매일 밤 방송한다. 텔레비전을 켜기만 하면 거의 매일 밤 똑같은 것을 보게 된다. 그 프로가 중점을 두는 것은 거의 전적으로 재미와 경박스러움이다. 깔깔거리는 소리와 쉴 새 없이 쏟아지는 과장된 이야기들로 가득 찬다. 그 시간은 보통 오락과 저속한 농담, 바보짓, 그리고 얕은 입담으로 채워지게 된다. 비싸고 사치스런 옷, 두터운 화장, 그리고 베드로전서 3:3-6과 디모데전서 2:9-10로부터 생각할 수 있는 정숙한 여인들의 모습과는 전혀 다른 여자들의 행동과 대화들이 있을 뿐이다.

솔직히 말해 나는 수많은 불신자들이 기독교인에 대한 이미지를 그런 사람들로부터 얻어 낸다는 것을 알고는 무척 당황스러웠다. 나는 지금 우리가 잘 모르거나 아주 극단적인 은사주의자들에 대해서 말하고 있는 것이 아니다. 그들은 바로 은사 운동의 선두에 서서 지도력을 과시하는 사람들인 것이다.

행복을 느끼는 것에는 아무 잘못된 것이 없다. 하나님을 찬양하고 충만한 듯한 느낌을 갖는 것에는 잘못이 없다. 그러나 불행히도 은사주의자들 중의 다수가 감정의 고조, 급작스런 떨림, 흥분되는 사건, 전기에 감전되는 듯한 순간, 그리고 기분을 들뜨게 하는 집회를 찾아다니는 데에만 너무 집착하고 다수의 사람들 속에서 경험하는 피상적인 즐거움에 현혹된 나머지, 하나님과의 끊임없는 동행으로부터 오는 풍부한 보상, 대가들을 점점 포기하고 있다.[12]

그러나 쾌락이 경건의 대용물은 아니다. 그리고 진정한 경험이 언제나 감정적 고양을 동반하는 것은 아니다. 성경을 보면 성령이 충만한 사람은 뜨거운 확신과 자기 자신의 죄에 대한 깊은 깨달음으로 의를 좇는다. 성령이 일하시는 곳에는 큰 기쁨이 있다. 그러나 거기에는 또한 월터 챈트리(Walter Chantry)가 적절히 묘사한 것처럼 심오한 경지의 슬픔이 존재하기도 한다.

성령이 죄 많은 인간에게 다가오실 때는 무엇보다 먼저 슬픔을 안겨 주신다. 그러나

---

12) 찰스 스미스(Charles R. Smith)는 다음과 같이 지적하고 있다. "자유로운 사랑과 '영적인 혼인'에 관한 교리들이 방언과 관련지어서 아주 많이 나타나고 있다. 성과 결혼에 관련된 성경의 가르침을 왜곡하는 일들이 몰몬교나 쉐이커교에서 빈번히 일어난다. 맥퍼슨(Aimee Semple McPherson)은 자신의 결혼이 하나님의 뜻이 아니었다는 계시를 받고 또 다른 사람과 혼인한, 방언을 강조하는 지도자들 중에 하나였다. 그녀 외에도 그런 사람들이 많다. 오순절파의 가장 심각한 문제 중의 하나는 많은 지도자들이 부도덕하게 타락하고 있다는 사실이다. 3년 전에 남편과 사별한 한 유명한 오순절파 설교자인 어떤 여인은 자신이 성령의 자녀와 동침했다고 공공연히 주장했다. '현대 오순절 운동'의 아버지인 파햄(Parham)은 그의 심한 부도덕성으로 인해 체포당했다." [Charles R. Smith, Tongues in Biblical Perspective (Winana Lake, Ind.: BMH, 1972), 23.]

"은사주의" 안에서는 …… 기쁨과 평안의 상태로 아주 급속히 변화되었다는 자랑만이 있을 뿐이다. 즉각적인 기쁨과 중단 없이 계속되는 행복감을 가져다주는 어떠한 종교적인 체험도 믿을 만한 것이 되지는 못한다. 영적이라는 것에는 영혼의 고조, 정력이 넘치는 삶의 시작, 떨리는 경험을 계속 더해 가는 것보다 더 중요한 것이 있다. 그러나 많은 인기 있는 신오순절주의 협회에서 당신이 그 외의 것들을 찾는다는 것은 헛수고일 뿐이다.

하나님의 성령을 소유한 자로서 이 세상의 슬픔과 깊은 절망을 경험해 보지 않은 사람은 아무도 없다. 부도덕의 악취가 코를 찌르는데도 성령 충만한 사람은 매일매일 기쁘고 즐겁고 행복하고…… 그렇게 살 수는 없다. 만일 성령께서 이 시대에 능력으로 임하신다면 사람들은 기쁨에 겨워 손뼉을 치는 것이 아니라 슬픔에 잠겨 가슴을 치게 될 것이다.[13]

"그는 '기쁨에 들뜬 성령(the Jolly Spirit)'이 아니라 '거룩한 성령(the Holy Spirit)'이시다"라고 챈트리는 덧붙여 말한다.[14]

은사주의자들은 보통 성령이 거룩한 분이라기보다는 즐거움을 주는 분이라는 인상을 갖게 한다. 만일 어떤 사람이 모든 요란함, 소동, 소리 지르는 일, 현기증 나는 행동들과 어리석음, 경박함, 그리고 거짓 약속들에 대해 이의를 제기한다면, 그는 곧 눈총의 대상이 되어 버리고 말 것이다. 한편 자기 도취와 극단성은 점점 자라나서 더욱 커지고 화려해져 저속한 치장을 하게 되고 더 괴상해지게 된다. 그런 모습은 온전한 경건의 열매가 될 수 없는 것이다.

---

13) Walter J. Chantry, Signs of the Apostle (Edinburgh: Banner of Truth, 1973), 99-101.
14) Ibid., 100.

바울 그리고 거짓 사도들

은사주의자들의 가장 좋지 못한 특징 중의 하나는 일상적인 체험이 되어야 하는 놀랍고 극적이며 감각적인 사건들을 끊임없이 강조하는 것이다. 그 결과 방언, 예언, 영적인 달아오름, 기적적인 일들로 가득 찬 뜨거움, 하나님의 목소리가 들리는 일을 경험하지 못하는 사람들을 위축시킨다. 그러한 가시적인 체험이 점점 줄어드는 사람들(혹은 그런 경험이 전혀 일어나지 않는 메마른 상태에 빠져 있는 사람들)은 자신들이 이류로 전락한 것 같은 느낌을 가지게 된다.

사도 바울은 자기보다 더 높은 지위를 갖고 있다고 생각하는 사람들에 의해 조롱받고 위협당하는 것이 어떤 것인지를 알고 있었다. 고린도후서의 마지막 네 장에 걸쳐서 바울은 그가 없는 동안 고린도에 나타나서 고린도 교회를 장악하려고 하는 새로운 거짓 선지자들에 대해 언급하고 있다. 새로운 선생들은 스스로를 높이는 것을 좋아했다. 그들은 자신들의 능력과 경험과 절정의 체험이 고린도 교회의 성도들을 열광시킬 것이라고 주장했다. 그리고는 바울에게 영적인 문제가 있다며 공격했다. 그 새로운 거짓 사도들은 바울의 자리를 차지하기 위해, 바울이 자신들보다 영적으로 모자라는 부족한 사람이라고 주장했다.

바울이 거기에 대해서 무엇이라고 답했을까? 고린도후서 11장과 12장을 읽어 보라. 바울은 그가 베풀었던 많은 치유와 기사들을 크게 떠들어 말하지 않았다. 그 대신에 그는 자신의 영적인 "전과 기록"이라고 불리울 만한 지난 일에 대해서 언급했다. "유대인들에게 사십에 감한 매를 다섯 번 맞았으며 세 번 태장(rods 笞杖)으로 맞고 한 번 돌로 맞아 죽을 뻔 하였으며, 세 번 파선하여 일주야를 망망대해의 깊음에서 지내야 했다."

바울은 그 모든 일을 견디어 냈다. 자지 못하고 주리고 춥고 헐벗었으며, 여러 번의 여행 중에 강도와 이방인들로 인한 위험, 심지어 자기 동족으로 인한 위험도 겪었다. 그는 아마 그가 기억하는 것보다 훨씬 더 많이 마을에서 쫓겨남을 당했을 것이다. 그는 또 육체의 가시를 지니고 있었다. 세 번이나 없애 주시기를 구했지만 하나님께서는 들어주시지 않았다. 그것은 바울에게는 견디기 어려운 고통이었다. 그러나 이 모든 일들에 대해서 바울이 무엇이라고 말했던가?

그러므로 내가 그리스도를 위하여 약한 것들과 능욕과 궁핍과 핍박과 곤란을 기뻐하노니 이는 내가 약할 그때에 곧 강함이니라 내가 어리석은 자가 되었으나 너희가 억지로 시킨 것이니 내가 너희에게 칭찬을 받아야 마땅하도다 내가 아무것도 아니나 지극히 큰 사도들보다 조금도 부족하지 아니하니라(고후 12:10-11).

은사를 강조하는 오늘날의 수많은 TV쇼를 보고 바울이 좋아할 것인지 의심스럽다. 그가 몇 번이나 죽을 위험을 당했던 것은 영에 대한 것이 아니라 육신에 대한 것이었다. 그리고 실제로 죽음의 상태를 경험하기도 했다. 고린도후서 12:1-4에서 그는 14년 전에 셋째 하늘에 이끌려 갔던 일에 대해 말한다. 그러나 그는 구체적인 것에 대해서는 제대로 기억조차 하지 못했다. 그는 셋째 하늘에 갔었던 기적적인 체험을 강조하기 보다는, 자신의 연약함과 하나님께 얼마나 큰 영광을 돌릴 수 있는지에 대해서 더 말하고 싶어 했다.

바울이 말하는 이러한 진정한 영성은 요즈음의 기독서적 베스트 셀러 목록들에서는 좀처럼 발견할 수 없다. 바울은 자신의 삶이 약하고 가련하고 절망적이고 보잘 것 없는 것이라고 말한다. 그에게는 그리스도를 만났을 때부터 로마 참수관에 의해 목이 잘릴 때까지(고후 4:8-11) 역경과 당혹케 함과 박해가 끊이지 않았다. 그것은 고난과 진정한 영성(true spirituality)이 무엇인지 알고 있었던 다른 사도들-특히 베드로, 야고보, 요한-에게도 마찬가지였다.

성경의 어디에서도 살아가는 동안 고통과 어려움이 닥치면 도피하라는 말을 찾을 수가 없다. 방언을 한다고 해서 진정 영성으로부터 잘못된 길에서 당신을 끌어내릴 수는 없다. 진정한 영성에 도달하는 바른 길은 오직 "성령과 동행함"이라는 표시가 붙은 길이다.

성령 충만함이란 무엇인가?

우리가 이제까지 보아온 것처럼 성경은 "성령 세례"를 받으라고 명령하고 있지 않다. 그리스도인은 예수를 믿는 그 순간에 성령이 함께 거하게 된다(고전 12:13; 롬 8:9). 신약 성서에는 성령 세례에 관해 일곱 군데에서 언급하고 있다. 그 모두가 직설법으로 서술되고 있다는 사실은 의미가 있다. 그 일곱 군데 중 어느 것에도 명령은 없다.

그러나 성경은 그리스도인들이 어떻게 살아야 하는가에 관한 명령들로 가득 차 있다. 그리스도인들이 힘차게 앞으로 나아가도록 하는 명령은 무엇보다 서신서에서 발견되는데, 특히 바울의 서신서들이 그러하다. 에베소서 4:1에서 바울 사도는 "부르심을 입은 부름에 합당하게 행하라"고 권면하고 있다. 그리고 5:18에서 어떻게 해야 합당하게 행할 수 있는지 가르치고 있다. 그것은 바로 성령의 충만을 받는 것이다.

그는 간곡한 권고로 그의 말을 시작한다. "술 취하지 말라 이는 방탕한 것이니." 우리는 우리로 하여금 방탕과 타락과 사치에 이르게 하는 것들을, 그리고 우리 자신을 스스로 제어하지 못하게 하는 것들을 피해야 한다.

바울은 술에 취하는 것과는 반대되는 "성령의 충만함을 받으라(Be filled with the Spirit)"라는 명령을 한 후에, 일곱 개의 문단에 걸쳐서 성령의 충만함을 받는 것이 어떠한 것인지에 관해 설명하고 있다. 거기에는 과격하고 황홀한 종교적인 체험으로 고취되라는 언급은 없다. 그 대신에 성령 충만함을 받는 것은 피차 복종하고 서로 사랑하고 서로를 위하여 제일 좋은 것을 추구하는 것과 관련이 있다고 말한다.

바울이 "성령의 충만함을 받으라"라고 표현했을 때 그는 끊임없이 계속적으로 충만하라는 말을 하고 있는 것이다. 그는 우리가 선택하거나 또는 선택하지 않을 수 있는 어떤 것을 제안하고 있는 것이 아니다. 그가 사용한 말은 명령임을 나타내기 위해 고른 말이다. 우리는 계속해서 성령으로 가득 채워져야 한다. 이것은 무엇을 의미하는가? 바울은 지금 우리에게 전혀 타락을 염려하지 않아도 될 초영성의 세계에 도달하라고 요구하고 있는 것인가? 그는 우리가 완전함에 이르러야 한다고 주장하고 있는 것인가?

바울은 "성령 세례를 받으라"라고 말하지 않았다. 그는 성령의 그런 이차적인 역할을 옹호하고 있지 않다. 바울이 말하고자 하는 것은 끊이지 않고 계속되는 매일매일의 충만함이다. 당신이 오늘 성령 충만하다고 해서 내일도 그러하리라는 보장은 없다. 내일은 말 그대로 오늘이 아닌 또 하나의 날인 것이다. 그것이 바로 성령 세례와 같은 "이차적인 축복"의 모든 개념들이

온당치 못한 이유이다. "이차적인 축복"이 사라지고 나면 은사주의의 신도들은 여전히 다른 모든 그리스도인들이 직면하고 있는 똑같은 종류의 기본적인 어려움들과 씨름하게 된다. 비록 구원을 받긴 했지만 그는 아직도 죄를 짓고 싶어 하는 성향을 강하게 지닌, 육신을 입은 한 인간에 불과하다. 이스라엘 백성들이 광야에서 만나를 날마다 주웠던 것처럼 그리스도인들도 날마다 성령에 의해 가득 채워져야 한다.

성령 충만은 성령이 우리 삶을 충만히 지배하시는 것이다

바울이 말한 성령으로 "채워진다"라는 단어가 과연 무엇을 의미하는지 정확하게 알 필요가 있다. 우리가 채운다는 것을 생각할 때 보통은 가득 찰 때까지 무엇인가를 따라 붓거나 퍼 넣을 수 있는 어떤 그릇을 떠올리게 된다. 그것은 바울이 여기서 생각하고 있는 것과는 다른 것이다. 바울은 끝까지 꽉 채우는 것을 말하고 있지 않다. 그가 생각하는 것은 양적인 꽉 채움이 아닌 질적인 채움이며 성령의 감화가 우리 속에 충만하게 스며들어 있는 상태이다.

우리는 종종 사람들이 분노에 "차 있다"거나 기쁨에 "차 있다"라고 말한다. 그것은 그들이 전적으로 분노나 기쁨의 통제 아래 놓여 있다는 말이다. 바울이 생각하는 것이 바로 이와 같다. 우리는 성령에 의해 완전히 지배되어야 한다.

성경은 그런 의미에서 종종 "충만함"이라는 단어를 사용한다. 예를 들어서 예수께서 제자들에게서 떠나실 것을 말씀하실 때 제자들은 근심이 "가득했었다(요 16:6)"라고 성경은 표현하고 있다. 그 순간에 근심이 그들을 지배

했고 그들의 마음을 파고들었다. 누가복음 5장에서 예수님은 한 중풍환자를 치유하셨고 그로 인해 거기 있던 모든 사람들이 놀라 "두려움에 가득 차게 되었다(26절)". 대부분의 사람들은 두려움으로 가득 차는 경험을 해 봤을 것이다. 두려움은 다른 느낌들과는 다른(즉, 공통분모가 없는) 감정이다. 당신이 무섭다고 생각할 때, 거기에는 다른 감정들은 조금도 섞이지 않고 오로지 두려움만이 존재한다! 누가복음 6장에서 예수께서는 안식일에 바리새인들과 더불어 그들의 율법주의에 대해 언쟁하시고 나서 손 마른 한 병자를 고치신다. 그 결과 바리새인들이 "분기가 가득하게" 되었고 예수님을 어떻게 처치할 것인지 모의하기 시작했다(6:11). 바리새인들은 분노에 치를 떨었다. 당신이 성냄과 분노로 가득하게 되면 그런 것들이 당신을 온통 지배하게 되고, 당신을 완전히 소모시킨다. 그것이 바로 성냄이 굉장히 위험한 것이 될 수 있는 이유이다. 그러한 격정들로 인해 이성적인 판단이 완전히 흐려지는 일이 일어날 수 있다.

그런 식으로, 성경에서 "가득 찬다"라는 단어는 어떤 감정이나 영향력에 의해 완전히 지배받는 사람들에 대해 말할 때 사용되었다. 성경은 성령으로 가득 차는 것, 다시 말해서 성령 충만함(being filled with Spirit)을 말할 때에도 정확하게 그와 같은 것을 의미한다. 우리는 사도행전 4:31에서 바로 그러한 점을 발견한다. "빌기를 다하매 모인 곳이 진동하더니 무리가 다 성령이 충만하여(they were are filled with the Holy Spirit) 담대히 하나님의 말씀을 전하니라."

분명히 많은 성도들이 성령 충만한 상태에 있지 않다. 더구나 체험을 가졌었다고 주장하는 많은 은사주의자들도 성령이 충만하다거나 성령에 의해 지배받는다는 증거를 보여 주지 못하고 있다. 그들은 성령이 그들의 삶에 충만히 넘치도록 하는 길을 따르고 있지 않다. 그들은 자기 자신과 다른 사람들과 혹은 다른 것들에 도취되어 있다. 그들은 자만심과 자기중심성, 분노, 우울, 그리고 영적 공허감을 몰고 오는 다른 많은 유혹들에 지고 있다.

어떻게 성령 충만할 수 있는가?

성령 충만하게 되는 첫 단계는 우리 일상의 삶에서 성령에 복종하는 것이다. 에베소서 4:30에서처럼 그리스도인들은 하나님의 성령을 "근심하게" 할 수도 있다. 데살로니가전서 5:19은 이와 비슷하게 우리가 성령을 "소멸할" 수도 있음을 말하고 있다. 성령을 근심케 하고 소멸케 하는 것이 가능하다면, 성령의 인도를 기꺼이 받아들이려는 마음을 품고 성령을 귀하게 모시는 것도 마찬가지로 가능할 것이다. 그것이 바로 성령에 순종하며 그분이 우리의 삶에서 역사하시도록 하는 것이다. 우리는 우리의 의지와 생각과 몸과 시간과 달란트와 우리가 갖고 있는 모든 귀한 것들을 내어 드림으로써 그렇게 할 수 있다.

우리 삶의 모든 영역에 있어서 성령을 따르기로 헌신하는 것, 이것은 굉장한 결단성이 요구되는 행동이다. 시험이 다가와도 우리는 그런 시험에 굴복하기를 거부한다. 죄악이 손짓할 때에도 우리는 그것으로부터 돌아설 수 있다. 무엇인가가 우리를 성령의 영향권으로부터 끌어내리려고 할 때마다 우리는 그것을 옆으로 제쳐 버린다. 우리는 하나님의 것으로부터 우리를 빼앗아 가는 오락이나 기분 전환 거리, 혹은 친구들을 찾아 헤매지 않는다. 그리고 실패할 때 우리는 회개하고 죄를 떠난다. 이렇게 해서 성령이 우리를 지배하게 될 때, 우리는 충만과 기쁨과 능력을 경험한다. 이것이 바로 요한복음

10:10에서 말하는 풍성한 삶인 것이다.

당신이 그러한 풍성한 삶을 산다면 그것이 밖으로 드러나게 될 것이다. 왜냐하면 성령 충만한(Spirit-filled) 사람은 그의 삶에서 의의 열매를 맺기 때문이다.

성령 충만할 때 어떤 일이 일어나는가?

성경의 어느 부분도 흥분 상태의 체험이나 외적인 표시들을 동반한다고 가르치고 있지 않다. 성령 충만함을 받는 것은 확실히 성도에게 형언할 수 없는 희열과 기쁨을 가져다준다. 그러나 신약성경의 서신들은 성령 충만함이 성령의 열매로 생기는 것이지 성령 은사의 결과로 생기는 것이 아니라는 점을 밝히고 있다.

에베소서 5:19, 6:9에서 우리는 그 구체적인 특징들을 볼 수 있다. 성령 충만한 사람은 시와 찬미와 신령한 노래를 부르며 그의 마음으로 주께 찬송한다. 성령 충만한 사람은 범사에 그리스도의 이름으로 항상 감사한다. 성령 충만한 사람은 피차 복종하며 서로의 이야기를 경청하며 권위 있는 자들에게 순종할 줄 안다. 성령 충만한 아내들은 남편들에게 복종하며, 성령 충만한 자녀들은 부모를 공경하고 화나게 하지 않고, 성령 충만한 부모들은 자녀들을 주의 교양과 훈계로 양육한다. 성령 충만한 종들은 상전에게 열심히 일하며 성령 충만한 상전들도 종들을 공평히 대하고 이해한다. 이 모든 것들이 성령 충만한 사람들에게 분명히 나타나는 현상이다.

비슷한 말씀인 골로새서 3:16-22에서는 성령 충만함의 표시가 "그리스도의 말씀이 우리 속에 풍성히 거하게" 하는 것으로 인하여 나타난다고 말한다

(3:16). 성령 충만한 것과 그리스도의 말씀이 우리 안에 거하게 하는 것은 둘 다 같은 결과를 낳기 때문에, 성령 충만한 그리스도인은 바로 그리스도의 말씀을 그 안에 거하게 하는 사람이 된다. 성령 충만한 그리스도인은 그리스도를 의식하는 그리스도인이다. 성령 충만한 그리스도인은 예수에 대해 알 수 있는 한 모든 것을 배우려고 전심전력하는 사람이며, 예수가 말씀하신 모든 것에 복종하고자 애쓰는 사람이다. 그것이 바로 "그리스도의 말씀이 너희 속에 풍성히 거하게 하는 것"이 의미하는 바이다. 성령으로 가득 채워지는 것은(즉, 성령 충만은) 예수 그리스도를 알아가는 일에 전적으로 그리고 모든 방법을 다 동원하여 매달리는 것이다.

베드로 – 성령 충만의 모범적인 예

성령 충만이 어떠한 것인가를 알 수 있는 한 완벽한 예가 있다면 그것은 바로 사도 베드로의 예이다. 베드로는 예수님의 곁에 있기를 좋아했다. 그는 잠시도 주님 곁을 떠나려 하지 않았다. 그리고 그가 예수님의 곁에 있었을 때 그는 참 놀라운 일들을 많이 행했고 놀라운 말도 많이 했다. 마태복음 16장에서 예수님은 제자들에게 과연 자신이 누구인지 물어보셨다. 베드로가 이렇게 대답했다. "주는 그리스도시오 살아 계신 하나님의 아들이시니이다(16절)." 예수께서는 그것이 베드로 스스로가 생각해 낸 것이 아니고 하늘에 계신 아버지께서 가르쳐 주신 것이라고 말씀하셨다(17절).

마태복음 14장에서 우리는 거친 물결 속에서 배를 타고 있는 제자들을 만난다. 그들은 바다 위로 걸어오시는 예수님을 보았다. 그때 베드로는 그분이 예수님이신지 확인하고 싶었다. 그래서 이렇게 말했다. "주여 만일 주시

어든 나를 명하사 물위로 오라 하소서(28절)." 그리고는 곧장 물위로 걸어 나갔다. 배 밖으로 나오자마자, 그는 불안한 생각들로 인해 두려워져서 점점 물에 빠지기 시작했다. 그러나 예수님께서는 그를 물 위로 끌어올리셨다. 이렇듯 예수님이 가까이 계실 때마다 베드로는 놀라운 일들을 해 낼 수 있었다.

또 하나의 예는 겟세마네 동산에서 예수께서 체포당하시는 장면이다. 무장한 군사들이 예수님을 체포하려고 다가왔다. 그러나 베드로는 겁내지 않았다. 오히려 급히 달려들어 칼을 빼들고 대제사장의 종인 말고의 귀를 쳐서 떨어뜨렸다. 예수님께서는 베드로가 폭력을 휘두른 것에 대해 책망하시고는 말고의 귀를 제자리에 붙여 주셨다. 비록 베드로가 행한 일이 바르지 못한 일이었다 하더라도 이 사건은 그가 예수님과 함께 있을 때에는 아무것도 두려워하지 않았다는 것을 보여 준다.

그러나 바로 몇 시간 후에 무슨 일이 일어났는가? 예수께서 고난을 받으셨을 때 베드로는 그분 곁에 있지 않았다. 사람들이 세 번이나 예수를 아느냐고 물었지만 그는 세 번 다 예수가 자신의 주인이라는 것을 완강하게 부인했다. 예수님께서 십자가에 달리실 때 베드로는 자기가 사랑하는 분이 십자가의 고통을 겪는 것을 바라보며, 자기가 행한 예수님에 대한 부인으로 인해 더욱 괴로워했을 것이다.

그 후 예수님은 죽음에서 부활하셨고 몇 주 후 다시 승천하셨다. 베드로는 주님께서 불과 몇 발자국 안 떨어진 곳에 그토록 가까이 계시다가 하늘로 완전히 사라지시는 모습을 보아야 했다. 그 후 베드로는 무엇을 했는가? 사도행전 2장에서 우리는 그 답을 찾을 수 있다. 베드로는 예루살렘의 중심부에서 적대적인 군중들 앞에 섰다. 그리고는 많은 사람들에게 예수 그리스도를 믿도록 확신을 주는 능력 있는 설교를 행했다. 곧이어 그는 나면서부터 앉은 뱅이 된 자를 고쳤다. 그리고 노한 산헤드린(Sanhedrin) 공회원들 앞에서 대담하게 외쳤다. 무엇이 달라졌는가? 베드로는 성령을 받고 그리고 성령으로 충만해져 있었다. 베드로가 하나님의 성령으로 가득 차 있을 때, 그는 예수님과 함께 있었을 때와 똑같은 능력과 담대함과 힘을 소유했던 것이다.

성령 충만함은 매 순간을 마치 예수 그리스도의 앞에 서 있는 것처럼 사는 것을 의미한다. 주님을 의식하는 것을 연습하는 것이다. 어떻게 하면 그렇게 할 수 있는가? 우리가 어떤 사람을 의식할 때에는 그 사람과 대화를 한다. 이것은 그리스도를 의식하는 것을 연습하는 데에도 똑같이 적용될 수 있다. 매일 아침을 "주님, 안녕하세요?"하며 시작해야 한다. "주님, 안녕하세요? 오늘도 당신의 것입니다. 당신이 제 옆에 계시다는 것을 제가 잊지 않도록 하루 종일 그것을 생각나게 해 주세요."

유혹을 받을 때에도 주님께 말해야 한다. 결정할 사항이 있을 때에도 가야 할 길을 보여 주시도록 주님께 간구해야 한다. 우리의 마음과 생각은 예수님을 생각하는 것과 죄를 생각하는 것으로 동시에 채워질 수 없다. 예수님과 죄는 한꺼번에 같은 장소를 차지하지 못한다. 전자 아니면 후자가 반드시 밀려나게 되어 있다. 우리가 그리스도께서 지금 내 앞에 계시다는 것을 기억하지 못할 때, 우리의 죄 많은 육신이 그 자리를 점령해 버리게 된다. 그러나 만일 우리가 그리스도가 살아 계심을 기억하고 그가 우리와 함께 계시다는 것을 의식한다면, 우리는 성령으로 충만한 자들이 될 것이다.

성령 충만하다는 것을 어떻게 알 수 있는가?

당신이 성령으로 충만하다는 것을 실제적으로 어떻게 알 수 있는가? 당신 스스로에게 이런 질문들을 해 보기 바란다.

나는 찬송하고 있는가? 성경은 그리스도의 말씀이 당신 안에 풍성히 거하게 될 때에 시와 찬미와 신령한 노래들을 성도 간에 서로 나누게 될 것이라고 말한다(골 3:16). 이 말씀을 통해서 우리는 매일매일의 성경 읽기와 주님과의 영적 교제가 일시적이고 형식적으로 행해지는 것이 아니라 성령 충만함을 위해 일상적인 일로서, 자연스럽게 계속되어야 하는 영적인 양식섭취의 수단이라는 것을 알 수 있다.

나는 감사하고 있는가? 성경은 항상 감사하라고 가르친다(엡 5:20; 살전 5:18). 당신의 삶은 어떠한가? 불평인가 감사인가, 어느 쪽인가? 이 부패한 세상에서 살아가자면 불평할 일이 너무나 많은 것도 사실이다. 우리는 모두 골칫거리와 짜증스러운 일들, 절망과 위기 상황들을 경험한다. 그러나 감사할 일들도 너무나 많이 갖고 있다. 당신은 하나님이 계심을 감사하는가? 그리스도 안에서 받은 구원을 감사하는가? 건강을 주심에 대해 감사하는가? 가족들 그리고 친구들을 주신 것에도 감사하는가? 계속 열거하자면 끝도 없다. 당신이 받은 축복을 헤아려 보라. 당신이 받은 축복이 얼마나 많은지 잊어서는 안 된다.

나는 나의 배우자와 자녀들, 친구, 동료, 이웃들과 잘 지내고 있는가? 우리는 바울의 에베소서 5:21-6:9의 가르침에 전적으로 따르는 삶을 살아야 한다. 당신은 다른 사람들에게 복종할 수 있는가? 당신은 나서는 것만 아니라 따르는 일도 잘 하는가? 만일 당신이 한 남자의 아내라면 남편의 이끎에 잘 순종하고 있는가? 또 당신이 한 여자의 남편이라면 그리스도가 교회를 사랑하신 것처럼 희생적으로 아내를 사랑하고 있는가?

당신은 직장에서 다른 사람들에게 신뢰를 받을 만한 사람으로 여겨지는가? 당신은 윗사람의 말에 순종하는 직원인가? 당신은 성실히 일하고 있는가? 당신이 고용주라면 아랫사람에게 공평하고 정당하게 대우하고 있는가? 당신은 당신의 고용주의 이익을 위해 노력하고 있는가? 아니면 이윤의 많은 부분을 어떻게 하면 더 많이 차지할까만을 고심하고 있는가?

내 삶 속에 자백하지 않은 죄가 있는가? 성령 충만의 한 가지 분명한 증거는 자신이 죄에 물들어 있음을 느끼는 것이다. 베드로는 예수님께 이렇게 말했다. "주여 나를 떠나소서 나는 죄인이로소이다(눅 5:8)." 주님께 가까이 갈수록 당신은 죄를 더 많이 깨닫게 되고, 그분이 정말로 필요하다는 것을 더욱 느끼게 될 것이다. 당신은 당신의 삶에 있는 죄를 깨닫게 될 때마다 즉시 그 죄를 자백하고 그로부터 돌아서야 한다. 성령 충만함을 바라는 것보다 당신이 더 바라는 세상적인 어떤 것이 있는가?

나는 다른 사람들에게 베푸는 삶을 살고 있는가? 나는 자기중심적이지는 않은가? 기도하고 성경을 읽고 그리스도의 복음을 다른 사람들과 나누는 일을 하고 있는가?

당신의 삶에서 결핍된 것이 무엇이건 간에, 당신은 그것을 그리스도께 드리고 성령이 바로 이 순간부터 그 부분을 지배하시도록 할 수가 있다. 주님께 그저 당신이 완전히 그분의 영향 아래로 들어가기를 원한다는 것을 말씀드리기만 하라. 그러고 나서 당신 자신을 훈련시켜 그분의 말씀에 순종하라.

성령에 굴복하는 것, 그리고 성령으로 충만해지는 것은 사람마다 각기 다

른 반응들을 불러 일으킨다. 어떤 사람은 짐이 떨어져나간 것처럼 아주 기쁘고 즐거울 것이다. 또 어떤 사람들은 감정의 급격한 변화는 느끼지 못하더라도 다른 것으로부터는 올 수 없는 평안과 만족을 느낄 수도 있다. 당신의 반응이 어떤 것이 될지는 몰라도, 성경은 "신성한 흥분체험(divine zap)"은 아무 소용이 없다고 말하고 있다.

진정한 영성이란 그리스도께 진실하고, 날마다 그리고 매 순간마다 끊이지 않고 변함없이 그분께 복종하는 것이다. 그것은 결코 한 번에 이루어지지 않는다. 오히려 아주 적은 양으로 조금씩 조금씩 힘들게 다가온다. 쉬운 길은 없다. 일회성의 "영적인 흥분 상태(spiritual zap)"는 아무 소용이 없는 것이다.

그것이 마음을 새롭게 하는 과정이다(롬 12:2). 그리고 거기에는 잠재의식을 개조하는 테이프나, 아무런 노력 없이 그런 상태에 도달하게 해 주는 방법들은 존재하지 않는다. 우리는 우리 자신을 하나님 같아서 "인내로 결실하는 자들(눅 8:15)"이 되어야 한다. 베드로는 커다란 수고를 요구하는 계속적인 영적 성장의 과정을 이렇게 설명했다.

이러므로 너희가 더욱 힘써 너희 믿음에 덕을, 덕에 지식을, 지식에 절제를, 절제에 인내를, 인내에 경건을, 경건에 형제 우애를, 형제 우애에 사랑을 공급하라 이런 것이 너희에게 있어 흡족한즉 너희로 우리 주 예수 그리스도를 알기에 게으르지 않고 열매 없는 자가 되지 않게 하려니와(벧후 1:5-8).

우리는 단번에 멋진 새사람으로 개조되는 것과 이러한 과정을 맞바꿔서는 안 된다.

우리는 입에 뼈다귀를 물고 다리를 건너다가 물에 비친 자기 모습을 보고는, 거기 보이는 뼈다귀가 더 먹음직스럽게 보여 그걸 물기 위해 입을 벌리다가 자기가 가진 진짜 뼈다귀를 잃어버린 어리석은 개에 관한 이솝우화를 알고 있다. 그 개는 물속에 비친 뼈가 자신이 가진 뼈보다 어찌나 좋아 보였던지 그만 대번에 컹 하고 짖었던 것이다. 결국 그 개는 환상 때문에 현실을 내버리고 말았다. 나는 참으로 두려운 마음을 금할 길이 없다. 그것은 하나님을 깊이 갈망하고 있으나, 지식이 없음으로 인해서 그 개가 한 것과 똑같은 어리석음을 범하는 그리스도인들이 너무나 많기 때문이다.

제12장
하나님께서는 건강과 부를 약속하시는가?

CHARISMATIC CHAOS CHARISMATIC CHAOS CHARISMATIC CHAOS CHARISMATIC CHAOS

세계 제2차 대전이 물려준 가장 특이한 선물 중의 하나는 남태평양에서 생긴 "물신 숭배 의식"이다. 호주로부터 인도네시아에 이르는 많은 섬 지방의 원주민들은 이 전쟁 기간 동안 연합군들을 통해 처음으로 현대 문명을 접하게 되었다. 특히 미군들은 군수품 공급을 위하여 외딴 섬들을 활주로로 이용하였고, 그 지역들을 지도에 표시해 두었다.

백인들은 군수품을 나르기 위해 그 섬들에 잠시 왔다가는 금방 철수했다. 그 당시 원주민들은 문명인들의 생활 방식을 배울 시간적 여유가 없었다. 그러나 아주 짧은 기간이었지만 그들은 고도의 기술들을 접하게 되었다. 군수 물자를 나르는 수송기들이 하늘을 가득 메우며 착륙했다가 군수 물품을 내려놓고는 곧 이륙했다. 그 섬의 원주민들은 라이터 불을 보고 기적이라 믿었다. 또한 커다란 괴물 같은 것이 숲을 밀어 버리고 그곳에 비행기 활주로를 건설하는 것을 보았다. 생전 처음으로 짚차나 현대식 무기, 냉장고, 라디오, 동력기들과 다양한 종류의 음식물들도 보았다. 그 모든 것에 매혹된 원주민들은 백인들을 신이라고 여기게 됐다. 전쟁이 끝나고, 군인들은 사라졌지만 물신인 백인들을 위한 사당이 세워졌다. 그 사당의 모습은 수송기의 완전 복제품이었는데, 조정탑, 비행기 격납고, 갑판 등을 대나무와 실로 만들었다. 이러한 건축물들은 실제 모습과 똑같아 보였지만, 물신 숭배를 위한 사당의 기능 외에는 아무 짝에도 쓸모가 없는 것이었다. 먼 외딴 섬에서는 오늘날까지도 그 물신 숭배 사상이 성행하고 있다. 그 섬의 어떤 이들은 모든 미국인들을 톰 나비(Tom Navy)라는 이름의 하나의 신으로 단일화한다. 그들은 또 섬 위로 지나가는 모든 비행기들에게 물품을 달라고 기도한다. 미국인들이 남기고 간 지퍼, 라이터, 카메라, 안경, 볼펜, 볼트와 너트 등을 종교적으로 숭배하기도 한다. 게다가 문명의 혜택이 그들 문화 속으로 침투해 들어오기 시작했기 때문에 물질에 대한 그들의 숭배는 사라질 수가 없었다. 그러므로 물신 숭배가 성행하고 있던 그 섬들에 파송된 선교사들은 처음에는 따뜻한 환영을 받았다. 그 물신 숭배자들은 선교사들의 방문을 일종의 재림으로 생각했다. 그러나 그 섬사람들이 기대했던 것은 복음보다는 물신이었다. 결국 선교사들은 섬사람들의 종교의 핵심인 물신 숭배 사상을 극복하기가 어렵다는 것을 깨닫게 되었다.

　최근의 은사주의 운동은 그 물신 숭배 사상의 다양성을 표출하고 있다. 신앙 운동―다른 말로는 말씀, 신조, 믿음의 말씀, 초월적 신앙, 긍정적 고백, 택해서 구하기, 건강이나 부에 대한 교육―으로 지칭되기도 하는 말씀 신앙 운동은 은사주의 운동의 한 분파이다. 그것은 모든 면에서 남태평양의 물신 숭배 사상만큼이나 미신적이고 물질적이다. 이 운동의 지도자들은 케네스

하긴(Kenneth Hagin), 코프랜드 부부(Kenneth and Gloria Copeland), 로버트 틸톤(Robert Tilton), 프레드 프라이스(Fred Price), 찰스 콥스(Charles Copps) 등인데, 그들은 모든 신자들에게 경제적 부와 완전한 건강을 약속한다. 그들의 주장에 따르면 부족한 것은 하나님의 뜻이다.

거짓 종교와 참 종교

사실상 지금까지의 모든 거짓 종교들은 인간이 만들었다. 거짓 종교들의 특성은 어떤 물질적 이득을 보장해 주는 신을 숭배한다는 것이다. 즉, 인간의 종교는 실용주의적인 목적 때문에 신을 창조한다. 결국 신은 인간들에게 봉사하기 위해 존재한다. 인간이 신에게 봉사하기 위해 존재하는 것이 아니다. 말씀 신앙 운동 신학은 기독교적 신앙을 하찮은 인간이 만든 종교와 유사한 체계로 만들었다. 즉, 무속적인 종교 체계로 만들어 버린 것이다. 말씀 신앙 운동의 주장에 따른다면 하나님은 기독교인들의 목적을 위해 강요당하고, 속고, 조작되고, 조정되며, 착취될 수 있다.

얼마 전 나는 다소 극단적인 말씀 신앙 운동 교사인 데이비드 에플레이(David Epley)라는 사람에게서 우편물 하나를 받았다. 그 우편물 속에는 "기도로 축복된" 비누에 관한 자료가 들어 있었다. 그 비누에 대해 쓰여 있기를 "우리는 모든 불운, 병, 불행과 죄악들을 일소할 것입니다! 그렇습니다. 당신의 삶 속에서 일소해 버리기를 원하는 죄된 속성까지도 그렇게 할 것입니다. 나는 당신이 Hexs(원문 그대로), Vexs(원문 그대로) 또는 가정 문제, 사랑, 행복, 기쁨에 관해서도 당신을 돕고 싶습니다!" 이런 주장과 함께 그 비누를 통해 하나님의 은총을 받았다는 사람들의 증거를 동봉하고 있었다. 즉, "새로운 직장을 갖게 되었다." "80,000만 불의 꿈이 실현되었다." "12년 만에 직업을 갖게 되었다." 또한 에플레이의 개인적인 편지도 있었는데, 그 글의 내용은 신유와 기적적인 돈벌이가 되게 하는 그 비누의 사용법으로 가득했다. "이제, 가난을 털어 버리고 당신이 갖고 있는 100불, 50불, 20불의 지폐나 혹은 수표들을 정결해진 손에 쥐고 나서 '예수의 이름으로, 나는 이 선물을 하나님의 일을 위해 사용하겠습니다. 그리고 돈을 보상해 주시는 기적의 체험을 원합니다.' 라고 말하십시오." 물론 지폐나 수표 등은 에플레이가 근무하는 기관으로 보내야만 한다.

그 편지의 마지막 문단에는 이렇게 기록되어 있었다.

이런 각성시키는 편지를 통해 나는 어떤 사람에게서 25불의 헌금을 받았습니다. 하나님께서는 오래지 않아 그에게 거액의 수표로 되돌려 주셨음을 보았습니다. 거액이었습니다……. 그것은 1000불이 넘는 수표처럼 보였습니다. 물론, 이 이야기가 이상하게 들리겠지만 당신도 알다시피 나는 하나님께서 명하시면 즉시 그분에게 복종합니다. 저는 여기서 당신의 답신을 기다립니다.

위의 편지 내용은 신앙보다는 마술에 더 가까운 것 같다. 또한 그것은 거의 모든 말씀 신앙 운동 사역자들의 전형적인 말투이다. 단순히 얄팍한 상술이구나 하고 그칠 문제가 아니다. 그것은 그 이상의 것이다. 말씀 신앙 운동 교사들은 신약의 핵심을 파괴시켜 왔다. 마땅히 초점을 건전한 기독교 교리와 경배와 예배와 헌신에 두어야 함에도 불구하고 육체적이고 경제적이며 물질적인 은총의 약속에 두고 있다. 그들에게 있어 축복이란 하나님께서 말씀 신앙 운동의 교리를 알고 그것을 추종하는 사람들에게 베푸실 것으로 기대되는 물질이다.

말씀 신앙 운동 저술가들은 "하나님과 함께 티켓을 적는 법"[1], "선행은 유익하다"[2], "부유해지는 법"[3], "하나님의 창조 능력이 당신을 위해 일하신다"[4], "기도를 통한 하나님의 능력"[5], "성공과 부에 대한 하나님의 법칙"[6], "부에 대한 하나님의 주권적 열쇠"[7], "하나님의 부유함 안에 거함"[8]이라는 제목은 그들의 저술에 붙인다.

또한 말씀 신앙 운동에 있어서 신자들은 하나님을 이용한다. 그것은 성경적인 가르침-하나님께서 성도를 사용하신다-과는 반대되는 것이다. 말씀 신앙 운동 사역자들은 성령을 성도들이 원하는 것을 가능하게 하는 능력으로 간주한다. 그러나 성경의 가르침에 따르면 성령은 성도들이 하나님의 뜻을 행할 수 있게 하는 분이다.[9]

많은 말씀 신앙 운동 교사들은 예수께서 다시 태어나셨기 때문에 우리는 작은 신들이 될 수 있다고 주장한다. 그러나 성경의 가르침에 따르면, 예수님은 하나님이며, 중생해야만 할 대상은 바로 우리이다.

나는 성경을 왜곡하고 파괴하는 것을 용납할 수 없다. 또한 말씀 신앙 운동의 오류에 대해서도 너그러울 수 없다. 그것은 마치 초대교회를 파괴시켰던 탐심 많은 어떤 종파들과 유사하다. 바울과 그 밖의 사도들은 그들과 화

---

1) Kenneth E. Hagin, "How to Write Your Own Ticket with God"(Tulsa: Faith Library, 1979).
2) Kenneth E. Hagin, "Godliness Is Profitable"(Tulsa: Faith Library, 1982).
3) Kenneth Copeland, *The Laws of Prosperity*(For Worth: Kenneth Copeland, 1974).
4) Charles Capps, "God's Creative Power Will for You"(Tulsa: Harrison, 1976).
5) Charles Capps, *Releasing the Ability of God Through Prayer*(Tulsa: Harrison, 1978).
6) Oral Roberts, *God's Formula for Success and Prosperity* (Tulsa: Healing Waters, 1955).
7) Gordon Lindsay, *God's Master Key to Prosperity*(Dallas: Christ for the Nations, 1960).
8) Jerry Savelle, *Living in Divine Prosperity*(Tulsa: Harrison, 1982).
9) 말씀 신앙 운동을 주장하는 사람들은 대부분 성령의 인격을 인정한다. 그러나 실제로 그들은 그분을 비인격화한다. 그들은 그분을 끌어들일 수 있는 힘쯤으로 언급함으로써, 그분이 도구가 되어야 할 쪽은 오히려 우리 사람들이라는 성경의 진리를 놓치고 있다.

해할 수도 없었다. 오히려 바울과 그 밖의 사도들은 그들이 위험한 거짓 교사들임을 인식하고, 기독교인들에게 그들로부터 피할 것을 주장했다. 예컨대 바울은 디모데에게 다음과 같이 경고하고 있다.

마음이 부패하여지고 진리를 잃어버려 경건을 이익의 재료로 생각하는 자들……, 하지만 부(富)하려 하는 자들은 시험과 올무와 여러 가지 어리석고 해로운 정욕에 떨어지나니 곧 사람으로 침륜과 멸망에 빠지게 하는 것이라. 돈을 사랑함이 일만 악의 뿌리가 되나니 이것을 사모하는 자들이 미혹을 받아 믿음에서 떠나 많은 근심으로써 자기를 찔렀도다. 그러나 오직 너 하나님의 사람아 이것들을 피하고 의와 경건과 믿음과 사랑과 인내와 온유를 좇으며(딤전 6:5, 9-11)

유다는 이런 자들에 관하여 쓰기를,

화 있을 진저 이 사람들이여, 가인의 길에 행하였으며 삯을 위하여 발람의 어그러진 길로 몰려갔으며 고라의 패역을 좇아 멸망을 받았도다. 저희는 기탄없이 너희와 함께 먹으니 너의 애찬의 암초요 자기 몸만 기르는 목자요 바람에 불려가는 물 없는 구름이요 죽고 또 죽어 뿌리까지 뽑힌 열매 없는 가을 나무요 자기의 수치의 거품을 뿜는 바다의 거친 물결이요 영원히 예비된 캄캄한 흑암에 돌아갈 유리하는 별들이라. 이 사람들은 원망하는 자며 불만을 토하는 자며 그 정욕대로 행하는 자라. 그 입으로 자랑하는 말을 내며 이를 위해 아첨하느니라(유 11-16).

베드로도 쓰기를,

그러나 민간에 또한 거짓 선지자들이 일어났었나니 이와 같이 너희 중에도 거짓 선생들이 있으리라. 저희는 멸망케 할 이단을 가만히 끌어들여 자기들을 사신 주를 부인

하고 임박한 멸망을 스스로 취하는 자들이라. 여럿이 저희 호색하는 것을 좇으리니, 이로 인하여 진리의 도가 훼방을 받을 것이요 저희가 탐심을 인하여 지은 말을 가지고 너희로 이를 삼으니 저희 심판은 옛적부터 지체하지 아니하며 저희 멸망은 자지 아니하느니라. 저희가 허탄한 자랑의 말을 토하여 미혹한데 행하는 모든 사람에게서 겨우 피한 자들을 음란으로써 육체의 정욕 중에서 유혹하여 저희에게 자유를 준다하여도 자기는 멸망의 종들이니 누구든지 진 자는 이긴 자의 종이 됨이니라. (벧후 2:1-19)

바울은 탐심을 우상숭배라 했고(엡 5:5), 에베소 교회 사람들에게 부도덕한 즉, 탐심에 찬 말을 하는 사람들과 멍에를 함께 하지 말라고 권하고 있다 (6-7절).

오늘날 말씀 신앙 운동 교사들이 초대교회 당시 사도들이 그렇게 비난했던 탐심 많은 거짓 교사들과 얼마나 닮았는가? 이 운동을 삼류 기독교인들의 이단적인 운동으로 몰아 버리는 것이 공정한가?

나는 말씀 신앙 운동이 그 범위가 아직 다소 모호하기 때문에 이단이라고 칭하기를 망설이고 있다. 많은 신실한 성도들이 아직도 말씀 신앙 운동 가르침의 핵심을 이해하지 못하고 그 주변을 배회하고 있다. 또한 이 말씀 신앙 운동의 핵심을 고수하는 사람들 중에 몇 사람은 말씀 신앙 운동의 극단적 가르침을 거부한다. 그럼에도 불구하고, 이단과 공통적인 요소들이 모두 이 운동 안에 존재하고 있다. 즉, 왜곡된 그리스도론, 고양된 인간론, 인간의 공로에 중점을 둔 신학, 이 집단 안에서 발생하는 새로운 계시가 오랫동안 교회 내에 감추어져 있던 비밀을 밝힐 것이라는 믿음, 성령의 영감을 받아서 권위가 있다고 생각되는 성경 이외의 저작들[10], 복음주의적 용어의 사용과 오용, 말씀 신앙 운동에 대한 비판이나 그 운동의 가르침과 배치되는 가르침을 금하는 배타성이 그것들이다. 말씀 신앙 운동의 근본적 교리에 대한 수정이 가해지지 않는 한 그 용어가 말하는 그대로의 이단이 될 것이다. 확실히 그것은 신약성경 시대에 나타난 탐심 숭배와 가장 가까운 것이다. 사도들은 탐심 숭배를 이단이라고 고집스럽게 규정했다.

유감스럽게도 나는 많은 증거들이 말씀 신앙 운동이 이단임을 보여 주고 있음을 알았다. 거의 모든 중요한 교리에서 말씀 신앙 운동은 우리 신앙의 근본적인 교리들을 파괴하고, 왜곡시키며, 잘못 이해하게 하고, 망각하게 만들었다.

이 책의 서문에서 말했듯이 나는 말씀 신앙 운동의 출판물 뿐 아니라, 교사들의 테이프나 TV방송문을 자주 인용할 것이다. 그들의 말들은 우리로 죄를 짓게 한다. 나는 이런 자들 가운데 몇 사람이라도 그들이 이야기해 온 것으로부터 멀리 떨어져서 그들의 주장을 돌아보게 되기를 원한다. 이 운동가들 대부분이 그들의 주장을 계속 방송하기 위해서는 주류를 이루고 있는 복음주의자들의 도움을 절실히 필요로 한다. 결국 몇 사람은 그들의 교리에 대한 성경적인, 혹은 비판적인 분석을 잠재우기 위해 필요하다면 위험을 줄일 수 있는 모든 방법을 동원할 것이다. 대부분의 교사들은 사람들에게 그들의 가르침은 하나님께로부터 개인적으로 받은 것이기 때문에 오류가 있을

---

10) Venneth E. Hagin, "How to Write Your Own Ticket", 3장을 참조하라. 그는 환상 중에 예수님을 뵈었는데 그분께 이렇게 말씀드렸다고 한다. "주님, 주님의 옷자락을 만져서 나음을 얻은 여인에 관한 두 편의 설교가 준비되어 있습니다. 저는 영감으로 이 두 설교를 받았습니다." 나중에 그는 예수님께서 그에게 무엇이라고 대답하셨는지 밝힌다. "네 말이 옳다. 나의 영, 곧 성령이 네게 다른 설교를 허락했으나 네가 받아들이지 못했다. 지금 내가 네가 구하는 것을 시행하겠다. 네게 그 설교 요지를 가르쳐 주겠다. 종이와 연필을 가져와 받아 적도록 하여라(상게서, 4)." 그는 자신이 수많은 계시를 받았고, 그 중에 여덟 번은 예수님께서 친히 나타나셨다고 주장한다. 그는 이렇게 썼다. "주님께서 내게 번영에 관해 말씀하셨다. 나는 어떤 책에서도 그런 글을 읽어 본 적이 없다. 하늘에서 직접 받은 지식이다."(Kenneth E. Hagin, "How God Taught Me About Prosperity"(Tulsa: Faith Library, 1985), 1) 앞으로 살펴 보겠지만, 이 주장은 거짓말이다(각주 81번을 참조하라).

수 없다고 확신시킨다. 또한 그렇게 수년 동안을 분명하게 그리고 반복적으로 가르쳐 왔다. 그러나 놀라지 말라, 이들 중에 몇 사람은 그들이 잘못 이해하고 있었고, 내가 이 장에서 진술한 이후에 그들의 견해를 수정했다고 주장하고 있다.

그러나 그들이 단순히 포기했다고 해서, 그리고 교묘하게 반응했다고 해서 미혹되지 말라. 그들이 정말 역사적이며 성경적인 기독교를 받아들였는지의 여부를 판단할 수 있는 믿을 만한 유일한 증거는 그들이 공적으로 오랫동안 가르쳐 왔던 이단을 버리고, 실제로 건전한 성경적 교리를 가르치는 것이다.

거짓된 신

말씀 신앙 운동에서 말하는 신은 성경에서 말하는 하나님이 아니다. 사실상 그들의 가르침에 따르면, 신자들은 하나님보다 우위의 존재들이다. 하나님을 마치 요정이나 산타클로스, 혹은 기독교인들이 시키는 대로 행동하는 종의 개념으로 격하시킨다. 말씀 신앙 운동 추종자들은 스스로가 최고의 권위를 갖는다. 앞으로 우리가 보게 되겠지만, 이 추종자들은 자신들을 마치 작은 신들인 양 생각하도록 교육받으며, 작은 신들인 양 행동하도록 자극받는다.

말씀 신앙 운동의 가르침에 따르면, 하나님의 주권이란 존재하지 않는다. 반면에 성경은 "여호와께서 그 보좌를 하늘에 세우시고 그 정권으로 만유를 통치하시도다(시 103:19)" "하나님은 복되시고 홀로 주권적이시며, 만왕의 왕이시며, 만주의 주시오(딤전 6:15)"라고 선언하고 있다. 그러나 내가 읽은 말씀 신앙 운동 경전에서는 하나님의 주권에 대한 언급을 찾아볼 수가 없었다. 그 이유는 명확하다. 말씀 신앙 운동 교사들은 하나님의 주권을 믿지 않는다. 또한 말씀 신앙 운동의 신학에 의하면, 예수님은 이 땅에 대한 아무런 권세도 없으며, 그 권세는 이미 모든 교회에 위임되었다.[11]

더 나아가서 말씀 신앙 운동의 가르침에 따르면, 하나님은 건강과 부를 통제하는 영성법에 의해 제약을 받는다. 만일 우리가 올바른 말을 하고 하나님에 대해 흔들림이 없는 믿음을 가지고 있다면, 하나님께서는 우리가 어떤 결심을 하든지 거기에 보답하실 수밖에 없다. 로버트 틸튼(Robert Tiltion)의 주장에 따르면, 하나님께서는 이미 우리와의 언약 관계를 통해 이루셔야 할 일을 감당하셨다. 이제 우리는 우리가 원하는 어떤 약속이나 헌신을 하나님께 요구할 수 있고, 하나님 말씀의 권위에 의존해서 하나님께 무엇을 해 달라고 말할 수 있다. 그렇다! 정말로 당신은 언약에 근거하여 하나님께 어떤 존재가 되라고 말할 수 있다.[12]

말씀 신앙 운동의 교리에 따르면, 하나님은 만유의 주가 아니다. 그분은 우리가 그렇게 하도록 허락하기 전에는 아무 일도 못하신다. 하나님은 인간의 기구와 신앙에 의존하며, 무엇보다도 하나님의 사역은 인간들의 말에 의존한다. 찰스 캡스(Charles Capps)의 글에 따르면, "하나님께서 능력을 발휘할 수 있게 하는 것은 바로 당신의 힘입니다."[13] 그 반면에 "두려움은 악마로 하여금 힘을 발휘하게 합니다."[14] 만약 당신이 두려워하지 않으면—비록

---

11) Kenneth E. Hagin은 그의 책 *The Authority of the Believers*(Tulsa: Faith Library, 1979)에서 이 점을 개진한다. 그러나 그 긴 문장은 다른 사람의 글을 이리저리 베낀 것에 불과하다(이 장 각주 81번을 참조하라).
12) Robert Tilton, *God's Miracles Plan for Man*(Dallas: Robert Tilton, 1987), 36.
13) Charles Capps, *The Tongue : A Creative Force*(Tulsa: Harrison, 1976), 78.
14) 상게서, 79.

약간의 의심을 한다고 해도-

하나님을 움직이게도 할 수 있다…… 즉시 하나님의 능력을 멈추게도 할 수 있다. 그것은 곧 분명해질 것이다. 하지만, 당신은 이 세상에 사탄의 말을 유포하고 있다. 즉, 세상은 좋아지지 않고 더욱더 나빠지고 있다는 말을 유포하고 있는 것이다.[15]

캡스의 주장에 따르면, 하나님께서는 자신의 모든 주권을-그의 창조력을 포함해서-인간들에게 위임하셨다. 그는 이렇게 쓰고 있다.

1973년 8월, 하나님의 말씀을 들었다. 말씀하시기를 만일, 사람이 나를 믿으면, 장시간의 기도가 필요치 않다. 단지 말씀을 전함으로써 사람은 그가 원하는 것을 가질 수 있다. 나는 창조력을 말씀의 상태로 사람에게 주었다. 나는 잠시 나의 사역을 멈추고, 인간에게 내 창조력이 담긴 말씀을 주었다. 그 힘은 여전히 내 말씀 안에 있다.
  내 말이 능력을 발휘하기 위해서는, 사람이 믿음으로 그 말씀을 전해야 한다. 예수께서 세상에 계실 때, 말씀을 전파하셨다. 예수님 당시에 그 말씀이 사역을 하였듯이 지금도 그대로 사역할 것이다. 하지만 말씀은 육신을 통해 전파되어야 한다. 인간은 일어나야 한다. 일어나서 내 말을 가지고 악의 힘을 정복해야 한다. 내 백성이 말씀을 통해 보다 나은 삶을 사는 것, 그것이 나의 가장 큰 소망이다. 내 말이 그 힘을 잃지 않았음은 전파되어졌기 때문이다. 그것은 내가 "빛이 있으라"라고 말했을 때와 동일하게 오늘날도 능력이 있다.
  그러나 내 말이 능력을 발휘하기 위해서는 선포되어져야만 한다. 그때야 비로소 창조력은 믿음으로 말한 모든 것을 성취시킬 것이다.[16]

---

15) 상게서, 79-80.
16) 상게서, 136-147.

우리의 말이 그렇게 창조력이 있다면 도대체 왜 기도해야 하는가? 사실 몇 명의 말씀 신앙 운동 교사들은 기도를 통해 하나님의 도우심을 구해야 한다는 필요성을 명백히 거부한다. 그것은 매우 위험한 것이다. 노블 헤이즈(Norvel Hayes)가 말했듯이, 그들은 기도로 하나님을 변화시키는 것보다 수표책이나 질병들 혹은 처해 있는 곤경과 이야기 하는 게 더 낫다고 생각한다.

> 너의 처지에 대해 예수님과 이야기하려 하지 말라. 예수의 이름으로 산(너의 처지)-당신 삶에 있어 그 산이 어떤 것이든-과 직접 이야기하라…… 그 산에 관해 예수님께 이야기 하지 말라. 그것에 관해 다른 어떤 사람과도 이야기하지 말라. 예수의 이름으로 그 산 자체와 이야기하라! "오, 하나님 도와주세요. 나의 이 질병을 고쳐 주세요"라고 말하지 말라. 단지 "감기야, 내 몸에 범접치 말라. 예수의 이름으로 명하노니 내 몸에서 물러나라! 코야, 내가 너에게 명하노니, 콧물을 그만 흘려라! 기침아, 예수의 이름으로 네게 명하노니 물러가라!"라고 말하라. 혹은 "암아, 너는 날 죽일 수 없다. 예수 이름으로 결단코 난 암으로 죽지 않으리라!"라고 말하라.
> 생활 중에 경제적 어려움에 처했는가? 그렇다면 돈과 이야기하라. 하나님의 말씀과 조화되게 수표책과 이야기하라. 사업과 이야기하라. 고객들에게 당신 회사에 와서 돈을 쓰라고 명하라. 당신의 산(문제)과 이야기하라![17]

헤이즈의 가르침에 따르면, 신자들은 그들의 수호천사들을 다스릴 수 있게 연습해야 한다. 그의 주장에 따르면, "천사라는 것은 하나님께서 우리 기독교인들을 위해 보내 주신 사역의 영들이기에" 우리는 "그 영들을 우리 자신을 위해 사용하는 방법을" 배워야 한다.[18]

---

17) Norvel Hayes, "Prostitute Faith" (Tulsa: Harrison, 1988), 22-23.
18) Norvel Hayes, *Putting Your Angels to Work* (Tulsa: Harrison, 1989), 8.

"우리는 천사들이 바쁘게 사역하도록 만들어야 한다." 헤이즈의 주장에 따르면, "우리는 수호천사들이 언제나 우리를 위해 일하도록 만들어야 한다."[19]

말씀 신앙 운동의 신학은 하나님의 주권을 거부한다. 따라서 우리의 질고나 부족을 해결하기 위해 하나님께 기도할 필요가 없다. 기독교인들 스스로가 지배자가 되고 창조자가 된다.

말씀 신앙 운동의 가르침 중 가장 논란의 대상이 되는 것은 하나님께서 인류를 창조하시되 "작은 신들"이 되도록 창조하셨다는 가르침이다. 케네스 코프랜드가 분명히 언급했듯이 많은 말씀 신앙 운동 교사들은 다음과 같은 것을 정교하게 가르친다.

거듭났을 때 하나님께서는 당신 안에 거하신다-베드로가 "우리는 신성을 가졌다"라고 했을 때 이 점을 염두에 두고 있었다. 그 신성은 절대적으로 완전한 영생이다. 그 본성은 당신 속에 영으로 내재하고, 그 속으로 투사해 들어가며, 당신은 인성을 후손들에게 물려주듯이 하나님께서 그것을 당신에게 내재시키도록 해야 한다. 인성을 가진 자녀는 고래로 태어날 수 없다! 인간으로 태어난다. 그렇지 않은가? 그렇다면, 이제 당신은 인성만을 가진 존재는 아니지 않은가? 당신은 한 인격체이다. 당신은 신성만을 가진 존재는 아니지 않는가? 당신은 한 인격체(신성과 인성을 가진)이다.[20]

코프랜드의 가르침에 따르면 "아담은 신(神)격으로 창조되었다." 다시 말해서, 아담은 하나님의 복제품이었다. "아담은 하나님께 종속되지 않았다.

---

19) 상게서.
20) Kenneth Copeland, "The Force of Love"(Fort Worth: Kenneth Copeland Ministries, n.d.), 카세트 테이프 #02-0028.

심지어…… 아담은 하나님과 동행했으며…… 그가 말한 것은 그대로 되었다. 그가 행한 일은 중요한 것이 되었다. 그가 사탄에게 무릎을 꿇고 사탄이 아담 위에 군림하게 되었을 때도 하나님은 속수무책이었다. 그 이유는 한 신이 사탄을 받아들였기 때문이다.[21] 기억하라. 아담은 신격으로 창조되었다. 그러나 그는 커다란 반역으로 인해 신의 위치에서 떨어졌다."[22]

코프랜드의 주장에 따르면 예수께서 신자들을 중생시켜서 신의 위치로 되돌려 놓기 위해 십자가를 짊어지신 것은 잘한 일이다. 코프랜드의 견해에 따르면 예수의 신성은 "신유…… 구원…… 경제적 부유함, 정신적 부유함, 육체적 건강과 안위까지도 보장한다."[23] 신자들은 신의 반열에 있기 때문에 현세에서의 축복이 보장되어져 있다.

하나님께서는 예수 그리스도를 통한 영광의 부유하심을 따라 나의 필요를 채워 주시겠다고 말씀하셨습니다. 나는 그분 주위를 걸으며 이렇게 말했습니다. "그렇습니다. 그렇습니다. 내 필요는 예수 그리스도를 통한 그의 영광의 풍성하심을 따라 채워질 것입니다. 영광을 하나님께!……" 나는 하나님과 언약을 맺었습니다. 나는 "스스로 계신 분"과 언약을 맺었습니다. 할렐루야.
그들은 모든 면을 이런 식으로 말하고 있다. 왜냐하면, 그것이 당신을 격앙시키지 않을 것이기 때문이다. 그러나 그것을 어떤 식으로든 이야기해야 한다. 그분께서 말씀하신 "나는 스스로 있는 자니라"라는 말을 성경에서 읽었을 때, 나는 이렇게 말했다. "그렇다. 나는 또한 스스로 있는 자이다."[24]

---

21) 상게서.
22) 상게서.
23) Kenneth Copeland, "The Believer's Voice of Victory" 1987년 7월 9일 방송.
24) 상게서.

이것은 신성을 모독하는 것이다. 그것은 하나님의 참된 자녀들을 비참하게 만드는 것이다. 하지만, 이것이 말씀 신앙 운동의 전형적인 가르침이다. 신자들의 신성에 대한 그들의 가르침을 비판하는 몇몇 사례에 맞서 코프랜드는 폴과 쟌 크로취와 함께 삼위일체 전국 방송망 "여호와를 찬양하라"라는 프로그램에 출연했다. 거기서 그들은 자신의 가르침을 설명하고 강조했다. 당시 대화는 다음과 같다.

폴: 하나님께서는 그분 자신과 우리 인간 사이에 어떤 구분을 지어 놓지 않았습니다.
코프랜드: 결코 지어 놓지 않았어요! 언약 관계 속에서 그런 일을 하실 수가 없지요.
폴: 그렇다면 오늘 저녁 해결해야 할 것이 무엇입니까? 우리가 신이라는 주장에 반대하는 이런 경향과 외침, 그리고 논쟁이 그리스도의 육체 가운데서 불화를 조장하려는 사탄에 의해 진행되어 왔다는 거지요. 그렇다면 나는 신이겠군요!
코프랜드: 예 맞습니다.
쟌: 와! 놀랍군!(웃으며) 그분은 우리들에게 자신의 이름을 주셨군요.
코프랜드: 그 이유는……
폴: 나에게도 그분의 이름이 하나 있으니까 나도 그분과 같은 존재가 되겠군요. 나는 언약 관계에 있지요. 내가 작은 신이라니! 비평가들아 꺼져 버려라.
코프랜드: 당신은 그분이 어떤 분이든 그렇게 될 수 있어요.
폴: 그래요.[25]

폴 크로취(Paul Crouch)는 삼위일체 방송국의 대표자이며, 오늘날 종교 방송에서 가장 큰 영향력을 행사하는 사람 중 하나이다. 그는 반복해서 말씀 신앙 운동의 "작은 신들"에 대한 헌신을 재확인 했다.

---

25) Trinity Broadcasting Network을 통해 방송된 "Praise the Lord"(1986년 7월 7일).

새롭게 탄생한 그 피조물들은 하나님의 형상을 따라 지음을 받았습니다. 그리고 결국 이 피조물들은 예수 그리스도와 한 몸을 이루었습니다. 이것이 사실일까요? 성부, 성자, 성령이 하나를 이루는 것과 똑같은 결합이라면 그럴 수도 있을 것입니다. 예수께서는 "아버지여, 아버지와 제가 우리 안에서 하나인 것처럼 저들도 내 안에서 하나 되게 하옵소서"라고 말씀하십니다. 그러므로 그분이 하신 일은 신성 자체의 결합을 개방하시고 그분 안에 우리를 영접하신 것입니다.[26]

다른 말씀 신앙 운동 교사들도 이단을 계속 유포한다. 찰스 캡스는 이렇게 기록했다. "하나님의 말씀을 고백하고, 하나님의 약속을 되풀이해서 말하는 사람들은 하나님과 같이 행동하려고 할 것이다."라고 말하는 것을 들어왔다. 사실이다. 그것이 정말 우리가 하려고 하는 것이다. 하나님이 어떤 상황에서 어떻게 행동하실 것인가를 생각하여 그것에 맞추어 행동하라…… 그가 하신 일은 무엇인가? 그는 사물이 어떻게 되기를 원하시면 그대로 말씀하셨다.[27] 얼 폴크(Earl Paulk)의 기록에 따르면, "우리는 작은 신들이고, 우리가 그와 같이 행동할 때 비로소 하나님 나라를 선명하게 나타내 보일 수가 있다."[28] 로버트 틸튼은 또한 믿는 자들을 하나님과 같은 종류의 창조물이라고 명명했다. 그것은 이 세상에서 신이 되도록 우리를 창조하셨다고 믿는 것이다.[29] 그리고 모리스 캐룰로(Morris Cerullo)는 드와이트 톰슨(Dwight Thompson)과의 텔레비전 담화에서 다음과 같이 말했다.

모리스 : 보십시오, 하나님께서 자신의 형상대로 우리를 창조하셨을 때, 그분은 어떤

---

26) Trinity Broadcasting Network을 통해 방송된 "Praise the Lord"(1990년 11월 15일).
27) Charles Capps, "Seeding and Harvest"(Tulsa: Harrison, 1986),7.
28) Earl Paulk, *Satan Unmasked*(Atlanta : Kingdom, 1985), 97.
29) Robert Tilton, *God's Laws of Success*(Dallas : Word of Faith, 1983), 170.

억압도 받지 않았습니다. 그렇지요? 그분은 우리를 꼭두각시로 만들지 않았습니다.

드와이트 : 그렇죠! 정말 그래요.

모리스 : 그분은 말씀하지 않았어요. 말씀하지 않았다고요. 드와이트씨, 당신 손을 들어봐요. 여기 우리가 있지만, 전적으로 우리는 우리를 통제할 수 없어요.

드와이트 : 맞습니다! 옳습니다! 당연하죠!

모리스 : 그분은 드와이트씨 당신을, 그리고 나도 작고 섬세한 신으로 만들었습니다. 물론! 성경은 우리가 하나님의 형상대로 창조되었다고 말합니다. 그분의 형상대로 만들어졌어요. 하나님의 형상은, 그 형상은 어디 있습니까? 그분은 우리에게 권세를 주셨습니다…… 그분은 우리에게 권위를 주셨습니다. 그분은 우리에게 지배력을 주셨습니다. 그분은 우리에게 사람처럼 행동하라고 말씀하지 않으셨습니다. 그분은 우리에게 신처럼 행동하라고 말씀하셨습니다.[30]

베니 힌(Benny Hinn)은 다음과 같이 덧붙였다. "새로운 피조물들은 하나님을 따라 의와 거룩함으로 창조되었습니다. 새 사람은 하나님을 따라, 하나님처럼, 그리스도 예수 안에서 완전해지고 거룩해집니다. 새로운 피조물은 하나님과 똑같습니다. 이렇게 말할 수도 있습니다. '당신은 이곳저곳으로 지상을 뛰어다니는 작은 신입니다' 라고."[31]

이러한 가르침의 비판에 대해 베니 힌은 다음과 같이 대꾸한다.

자, 그럼 이제 참된 계시에 관한 지식을 알아볼까요? 다음과 같은 점을 고려해 봅시다. 하나님께서는 자신의 신성을 감추어 놓았습니다…… 언젠가는 신성한 모습으로

---

30) Trinity Broadcasting Network을 통해 방송된 "Praise the Lord"(1988년 1월 6일).
31) Trinity Broadcasting Network을 통해 방송된 "Praise-a-thon"(1990년 11월 12일)

온 지구를 덮게 되기를 희망합니다.

케네스 하긴의 가르침 때문에 많은 사람들이 곤란을 겪고 있습니다. 이건 정말 사실입니다. 케네스 코프랜드도 가르치고 있습니다. 많은 기독교인들이 그 가르침에 흠집을 내고 있지만, 그것은 신령한 진리입니다. 케네스 부부는 '당신은 신입니다. 당신들은 신이에요'라고 말합니다.

"오! 나는 신이 될 수 없어요." 주목해 보십시오. 이 가르침의 균형을 잡아 봅시다. 하긴은 그 균형이 무엇인지 가르쳐 줄 것입니다. 그 균형을 깨는 것은 하긴으로 하여금 그것을 되풀이하여 말하게 만드는 것들입니다. 코프랜드도 그 균형에 대해 교육하고 있습니다. 그는 내 절친한 친구입니다. 균형을 깨는 그의 가르침은 자신이 말한 것을 되풀이하게 하는 것입니다.

그 곳에서 형제를 보았습니까? 성경 말씀에 따르면, 예수께서 세상에 계실 때, 제일 먼저 하신 일이 신적인 모습을 버리셨다는 것입니다. 무한하신 그분, 하나님께서는 인간이 되셨습니다. 그러므로 우리 인간들도 그분처럼 될 수 있습니다.[32]

많은 말씀 신앙 운동 교사들이 하긴을 그들의 신학을 형성하는 데 지대한 공헌을 한 사람으로 간주한다. 하긴은 이렇게 말했다. "만약 우리가 깨어 있어 어떤 사람인지 깨닫게 되면, 우리는 우리가 하고자 했던 일을 하기 시작할 것이다. 교회가 아직 그들 자신들이 그리스도임을 깨닫지 못하고 있기 때문이다. 그들은 누구인가? 그들은 그리스도이다."[33]

이렇게 하여 말씀 신앙 운동 교사들은 하나님을 왕의 자리에서 쫓아내고 그 자리에 인간들을 올려놓는다. 이러한 근본적인 오류에 근거해서 거의 대부분의 다른 오류들이 나타나게 된다. 왜 그들은 건강과 부를 모든 그리스도

---

32) Benny Hinn, "Our Position in Christ"(Orlando: Orlando Christian Center, 1990), 카세트테이프 #A031190.
33) Kenneth E. Hagin, "As Christ Is- So are We"(Tulsa: Rhema), 카세트테이프 #44H06.

인들의 신적 권리라고 말하는가? 그 이유는, 그들의 신학 체계에 따라 기독교인들이 곧 신들이기 때문이다. 왜 그들은 신자들의 언어가 창조적이고 결정적인 힘을 갖는다고 가르치는가? 그들의 신학 체계상 신자들이 주권자이지 하나님이 주권자는 아니기 때문이다.

그들은 태초에 있었던 사탄의 거짓말을 인용하고 있다. "뱀이 여자에게 이르되, '너희가 결코 죽지 아니하리라! 너희가 그것을 먹는 날에는 너희 눈이 밝아 하나님과 같이 되어 선악을 알 줄을 하나님이 아심이니라'(창 3:4-5)." 피조물이 하나님과 같아 질 수 있다는 사상은 항상 사탄의 거짓말이었고, 거짓말이다. 사실상 사탄이 타락하게 된 것도 바로 이 거짓말 때문이었다(사 14:14). 말씀 신앙 운동 교사들은 자신들의 가르침을 뒷받침하기 위하여 종종 두 개의 본문을 사용한다. 시편 82:6에서, 하나님께서는 세상의 통치자들에게 말씀하신다. "너희는 신들이며 다 지존자의 아들들이라." 그러나, 시편을 좀 더 소박하게 읽어 보면 이 말씀은 심판 날이 가까이 왔다고 불의한 통치자들에게 경고하는 말씀임을 알 수 있다. 하나님께서는 그들의 사악함 때문에 그들을 속이신다. 실제로 자신들을 신이라고 믿는 것은 바로 그들이다. 6절과 7절을 다음과 같이 읽어 보라. "너희는 신들……이라 하였으나 범인같이 죽으리라." 하나님께서는 그들을 정죄하시면서 역설적인 기법을 사용하고 계시지 않는가? 그들의 신성을 인정하기보다는 오히려 자신들을 그렇게 높여 생각하는 그들을 정죄하고 계신다.

말씀 신앙 운동 교사들은 즉시 그들이 좋아하는 다른 구절을 찾아 자신들 주장의 증거로 내놓을 것이다. 그 구절은 예수님께서 당신의 신성을 증거하기 위해서 인용했던 시편 84편의 말씀이다. 그것은 우리가 이미 위에서 인용했던 것이다. "유대인들이 대답하되 선한 일을 인하여 우리가 너를 돌로 치려는 것이 아니라 참람함을 인함이니, 네가 사람이 되어 자칭 하나님이라 함이라. 예수께서 가라사대, 너희 율법에 기록한 바 내가 너희를 신(神)이라 하지 아니 하였느냐(요 10:33-34)." 그러나 예수께서 그 구절을 인용하신 목적이 무엇인지 간과하지 말라. 그것은 유대인들과 바리새인들에게 익숙한 말씀이었고, 유대인들과 바리새인들은 그 말씀이 악한 지도자들에 대한 책망임을 잘 알고 있었다. 예수님께서는 시편 원문의 풍자를 되풀이하시고 계신 것이다. 월터 마틴(Walter Martin)은 이렇게 기록하고 있다.

> 예수님께서는 "너희들은 스스로 신이라 생각하고 있구나. 너희 속에 있는 하나님보다 좀 더 위대한 신은 무엇이냐"라고 사람들을 꾸짖고 계신다. 아이러니는 우리를 책망하기 위한 것이지 우리에게 정보를 제공하려는 것이 아니다. 따라서 그것은 신학 체계를 세우는 기초가 될 수 없다.
> 이것은 또한, 요한복음 10장을 이해하는 데 안성맞춤이다. 이 구절에서 우리는 사탄이 '이 세상의 통치자'라 일컬어짐을 기억한다. 이것은 예수 그리스도의 권위에 대적하는 것이다(요 14:30, NASB 성경). 그리고 바울은 이 사탄을 '이 세대의 왕'이라고 말함으로써 '이 세상의 통치자'라는 표현을 강조한다(고후 4:4). 우리는 어떤 것들-돈, 권력, 지위, 신분, 애국심, 가족, 혹은 루시퍼의 경우에서는 천사-에서건 신을 만들 수 있다. 우리가 우리 자신을 "신"이라고 할 수도 있다. 하지만 어떤 것을 신이라 부르든 또는 숭배하고 신처럼 취급하든 그것은 본성상 혹은 근본적으로 신인 존재와는 별개의 것이다.[34]

하나님께서는 반역한 이스라엘 백성들에게 이르시기를 "너희의 패리함이 심하도다. 토기장이를 어찌 진흙같이 여기겠느냐?(사 29:16)"라고 말씀하셨

---

34) Walter Martin, "Ye Shall Be As Gods," Michael A. Horton, ed. *The Agony of Deceit* (Chicago: Moody, 1990), 97.

다. 말씀 신앙 운동에 따르면, 이 말씀은 자기들의 주장이 옳음을 증거 하는 것이라고 말한다. 그러나 성경 말씀은 "신"은 유일한 한 분 하나님뿐이며, 그 외의 다른 신은 있을 수 없음을 선포한다(신 5:35, 39; 삼하 7:22; 사 43:10; 44:5-6, 21, 22; 고후 8:4).

잘못 인식된 예수

말씀 신앙 운동에서 예수는 신약 성경이 말하는 예수가 아니다. 이것은 별로 놀랄 것이 못 된다. 말씀 신앙 운동의 가르침에 따르면, 예수께서는 자신의 신성을 버리셨고, 우리 죄의 대속을 위해 사탄의 본성을 입으셨다. 케네스 코프랜드는 그리스도의 신성에 대해 의혹을 불러일으키게 하는 자신의 불명예스러운 예언(은사Ⅰ 제2장)을 옹호하면서, "왜 예수님께서는 33년의 공생애 기간 동안 자기 자신이 하나님임을 공개적으로 주장하지 않으셨는가? 한 가지 이유 때문이다. 그는 하나님으로서 이 땅에 오신 것이 아니라, 인간으로 오셨기 때문이다"라고 기록했다.[35]

말씀 신앙 운동에서 말하는 예수는 약간의 신성이 부여된 인간일 뿐인 것처럼 들린다.

대부분의 기독교인들은 예수께서 우리가 갖고 있지 못한 신적 능력을 가지고 계셔서 기적을 일으키시고 이적을 행하시며, 죄를 초월하신 분으로 잘못 생각하고 있다. 그러므로 그들은 결코 예수께서 사신 것과 같은 삶을 살려고 노력하지 않는다.
그들은 예수께서 세상에 오셨을 때 자발적으로 신적 능력을 버리고 오셨으며, 하나님

---

35) Kenneth Copeland, *Believer's Voice of Victory Magazine*(1988년 8월 8일), 8.

으로서 이 땅에서의 생활을 영위하신 것이 아니라, 인간으로서 이 땅에서의 생활을 영위했다는 것을 깨닫지 못하고 있다. 예수께서는 천부적인 초자연적 권능을 갖고 있지 않았다. 예수께서 기적을 행할 수 있는 능력을 받은 것은 누가복음 3:22에 기록된 대로 성령 세례를 받은 이후였다. 예수께서는 성령 세례를 받은 사람으로서 자신의 사역을 감당했다.[36]

확실히 코프랜드의 논리에 의하면 예수께서 인간인지 하나님인지는 별로 중요한 것이 못 된다.

하나님의 신이 내게 말씀하셨느니라. 그가 가라사대 "아들아, 이것을 깨달으라(지금 이렇게 나를 따르라. 네 자신의 전통에 따르지 말라)." 그가 가라사대 "이렇게 생각하라. 중생한 사람은 그의 영역에서 사탄을 채찍질했다"라고. 그래서 나는 성경책을 던져 버리고 그와 같이 앉았다. 나는 "무어라 말씀하셨습니까?"라고 물었다.
그가 가라사대 "중생한 사람은 마귀를 이겼느니라. 많은 형제들 중 장자는 마귀를 이겼느니라"라고 말씀하셨다. "너는 그의 참 형상이요, 참 모사품이로다."
나는 "선이란 자비로 인해 사나이다"라고 말했다. 그리고 무슨 일이 일어나는지 보기 시작했다. 그리고 나서는 "아, 주님께서는 이 모든 일을 내가 행할 수 있다고, 바로 내가 행할 수 있다고 말씀 하시는군요"라고 말했다.
그분께서는 "그래, 맞다! 만일 네가 하나님의 말씀에 관해 알고 있기만 하다면, 너도 똑같은 일을 할 수 있느니라. 너 또한 중생한 사람이기 때문이다"라고 말씀하셨다. 계속해서 그분은 "내가 그를 죽음에서 부활시킨 그 힘으로 죄와 허물로 죽었던 너도 부활시키리라", "나는 사탄을 심판하기 위해 그와 같은 복제품과 형상을 가지고 있어야

---

36) 상게서. 예수께서 성육신하셨을 때 신성(神性)을 비우셨다는 생각(신성 포기론으로 알고 있는 신학)은 19세기 자유주의 신학의 지지를 받았다. 보수주의 신학은 그리스도의 자기 비우심(빌 2:7 참조)이 그분이 하나님이심을 포기하셨다는 뜻이 아니라, 신적 성품을 독자적으로 행사하기를 유보하셨다는 뜻으로 이해해 왔다. 그분의 불변성 때문에 신성 포기는 불가능하다. "예수 그리스도는 어제나 오늘이나 영원토록 동일하시니라."(히 13:8; 말 3:6; 약 1:17 참조).

만 한다. 그래서 나는 어린이와 가족과 인류를 완전히 새롭게 재창조할 것이다", 그리고 "너는 그의 형상을 가지고 있느니라"라고 말씀하셨다.[37]

위의 언급은 대단히 신성 모독적이다.[38] 나는 성경의 진리에 대해 가장 선명하게 알고 있는 사람들이 이런 주장을 진정한 계시로 받아들일 수 있다는 사실에 대단히 놀랐다. 그러나 코프랜드의 사역에 대한 반응을 고려해 본다면 수천만의 사람들이 그것을 진정한 계시로 받아들이고 있다.

예수 그리스도의 대속-희생적인 십자가에서의 죽으심-은 우리 주님이 이 땅에 오신 주요 목적이었다. 대속은 신약 성경에서 대단히 강조되고 있으며, 그리스도인인 우리의 신앙과 가르침의 핵심이다. 그러나 그리스도의 사역에 관한 말씀 신앙 운동의 가르침은 신성 모독적인 것으로 일탈해 있다.

코프랜드는 이렇게 말한다.

예수는 죄에서 의로 거듭 태어난 첫 번째 사람이다. 그는 새로 도래할 인간들의 전범이다. 하나님이여 영광 받으소서! 그대는 그가 한 일을 아는가? 새로 중생한 예수의 첫 번째 일은…… 보라, 당신은 그가 죽었다는 것을 깨달아야 한다. 그러나 그분은 거기 머물러 계시지 않았다. 하나님께 감사하라. 그는 무저갱에서 다시 살아나셨다. 하나님의 공의는 죄악이 되었다. 예수는 사탄의 근성인 죄를 자신의 영에 받아들이셨고, 그 순간 예수는 이렇게 울부짖었다. "나의 하나님, 나의 하나님! 어찌하여 나를 버리셨나이까?"

---

37) Kenneth Copeland, "Substitution and Identification" (Forth Worth : Kenneth Copeland Ministries, n.d.), 카세트테이프 #00-0202.
38) 오직 그리스도만이 우리의 죄를 사하실 수 있다(벧전 1:18-19). 그분은 하나님의 독생자이시다(요 1:14 ; 3:16). 신약 히브리서의 주요 메시지 가운데 하나는 그리스도의 탁월성과 그분의 제사장직의 고유함이다(7:22-28; 9:11-15, 26-28; 12:2).

어찌 당신이 알 수 있으리오. 십자가에서 무슨 일이 발생했는지. 왜 모세가 하나님의 지시를 받아 장대 위에 어린양 대신에 뱀을 달았다고 생각하는가? 이런 의문이 나를 괴롭히곤 했다. 난 이렇게 말했다. "왜 당신은 사탄의 상징인 그 뱀을 들어 올리라고 했습니까? 왜 그 막대기에 양을 매달지는 않았나요?"

주님은 "십자가에 달리는 것이 바로 사탄의 표였기 때문이니라"라고 말씀하셨다. 그분께서는 "나는 내 영에 영적 죽음을 받아들였고, 빛이 사라졌느니라"라고 말씀하셨다.[39]

얼마 후에 코프랜드는 다음과 같은 내용을 첨가시켰다.

예수님의 영이 죄악을 받아들였고, 그것을 죄 되게 하셨다. 그는 하나님으로부터 격리되었으며, 바로 그 순간 그는 인간이 되었다. 실패할 수도, 죽을 수도 있는 사람이 되었다. 그것이 전부가 아니다. 그는 지옥의 문턱으로 인도되기에 꼭 알맞게 되었다. 만약 사탄이 그곳에서 그를 굴복시킬 수 있었다면 사탄은 세계를 얻을 수 있었을 것이고, 인간의 운명도 예수의 운명과 같이 되었을 것이다. 예수는 실패할 수 없다고 생각하지 말라. 만약 사탄이 그곳에서 그를 굴복시킬 수 있었다면 사탄은 세계를 얻을 수 있었을 것이고, 인간의 운명도 예수의 운명과 같이 되었을 것이다. 예수는 실패할 수 없다고 생각하지 말라. 만약 그가 실패할 수 없는 분이었다면, 그것은 불법적인 것이기 때문이다.[40]

불법적이란 무슨 뜻인가? 코프랜드는 속전(Ransom)의 속죄론이라고 지칭되는 이단을 수용하고 있다. 이것은 그리스도의 죽음이 아담의 죄 때문에

---

39) Kenneth Copeland, "What Happened from the Cross to the Throne?" (Fort Worth : Kenneth Copeland Ministries, n.d.), 카세트테이프 #02-0017.
40) 상게서.

사탄이 인류에게 제시할 수 있는 법적 요구사항을 해결하기 위해 사탄에게 제공된 속전(Ransom)이라는 이론이다. 이런 견해는 성경의 가르침과는 정면으로 배치된다. 성경 말씀에 따르면, 그리스도의 죽음은 하나님께 드려지는 희생이지 사탄에게 제공되는 속전이 아니다(엡 5:2). 더욱이 코프랜드와 말씀 신앙 운동 교사들은 그리스도의 영혼이 정말 죽으셨다고 가르침으로써 전통적 교리에서 벗어났다. 우리는 때때로 십자가상에서 그리스도께서 아버지와 분리된 것(마 27:46)을 가리켜 영적 죽음이라고 한다. 그러나 그리스도의 영이 (빛이 사라지듯) 소멸되었다거나, 삼위일체가 때때로 와해된다(그분이 하나님과 분리되고, 그 순간부터 운명적인 인간이 되었다)고 가르치는 것은 잘못된 것이다. 더욱 잘못된 것은 그리스도가 사탄에 의해 지옥으로 끌려가 삼일 주야로 고통을 받았다는 주장이다. 다음은 뉴스레터지(newsletter)에 실린 프레드 프라이스의 글이다.

> 우리의 죄에 대한 징벌이 십자가에서 죽는 것이라고 생각하는가? 만약 그렇다면, 다른 두 명의 도적들도 당신의 죄 값을 지불한 것이 된다. 아니다. 죄에 대한 징벌은 지옥에 떨어지는 것이며, 하나님과 분리되어서 지옥에서 시간을 보내는 것이다……. 사탄과 지옥에 있는 모든 마귀들은 예수를 묶어 두었다고 생각했고, 예수에게 그물을 던졌다. 그들은 예수를 무저갱의 가장 깊은 곳까지 끌어내렸다. 그렇게 하지 않으면 우리의 죄 값을 갚을 수가 없기 때문이다.[41]

수없이 많은 강도들이 십자가를 지는 것으로 우리의 죄 값을 치를 수 있을까? 두말 할 것도 없이 아니다. 예수의 신성과 무흠만으로도 그분은 홀로 우

---

41) Frederick K. C. Price, *The Ever Increasing Faith Messenger* (1980년 6월), 7.

리의 큰 대제사장(히 4:14-15)과 완전한 희생-너희 조상의 유전한 망령된 행실에서 구속된 것은 은이나 금같이 없어질 것으로 한 것이 아니요 오직 흠 없고 점 없는 어린양 같은 그리스도의 보배로운 피로 한 것이니라. 그는 창세전부터 미리 알리신 바 된 자나 이 말세에 너희를 위하여 나타내신 바 되었으니-(벧전 1:17-20)이 될 자격이 있다. 그리스도의 죽음을 평가 절하하는 것은 대단히 심각한 것이다.

그럼에도 불구하고, 코프랜드는 담대하게 프라이스의 견해와 유사한 왜곡된 견해를 피력한다.

> 예수께서는 죄의 대가를 지불하기 위해 영적인 죽음을 맛보아야만 하셨다. 죄의 대가를 지불하는 것은 십자가상에서의 육신적인 죽음이 아니다. 그 이유는 만약 육신적 죽음이 죄의 대가를 지불할 수 있는 것이었다면, 예수께서 죽으시기 이전 2000년 동안 죽어갔던 하나님의 다른 예언자들을 통해서도 그 값을 지불할 수 있었을 것이기 때문이다. 죄의 대가를 지불한 것은 육체적 죽음이 아니었다. 어떤 사람도 그와 같은 일은 할 수 있다.[42]

더욱더 나쁜 것은, 코프랜드가 예수께서 "사탄에게 순종하셨고……의 속성 안에 사탄을 받아들였다"라고 가르치는 것이다.[43] 코프랜드는 계속해서 "예수께서는 마치 자신이 그때까지 살았던 죄인들 중에 가장 악한 죄인인 것처럼 사탄이 자신을 무저갱의 가장 깊은 곳으로 끌고 들어가는 것을 허용하셨다…… 예수께서는 사탄의 통제 하에 기꺼이 계셨다…… 지옥에서 3일

---

42) Kenneth Copeland, "What Satan Saw on the Day of Pentecost" (Fort Worth: Kenneth Copeland Ministries, n.d.), 카세트테이프 #02-0022.
43) Kenneth Copeland, *Voice of Victory* (1991년 9월), 3.

동안 그는 마치 자신이 존재하는 모든 죄를 지은 것처럼 고난을 받으셨다"라고 가르친다.[44]

이 모든 가르침이 케네스 하긴의 영향을 받은 것임을 다시 한번 강조한다. 하긴은 이렇게 말한다.

예수는 모든 인간들을 위해 죽음을-영적 죽음-맛보셨다. 보라, 죄는 육체적 행위 그 이상이다. 그것은 영적 행위이다. 따라서 예수께서는 우리의 옛 모습처럼 되셨다. 그것은 우리가 그의 모습과 같이 될 수 있도록 하시기 위함이었다. 하나님을 찬양하라. 그의 영은 하나님과 분리되어 있었다.
왜 예수께서는 수태되어 탄생하셔야 했는가? 그분은 우리의 옛 모습-하나님과 분리된 모습-과 같이 되셔야 했기 때문이다. 그는 모든 사람들을 위해 죽음을 맛보셔야 했기 때문이다. 그리고 그의 영과 대속 사랑은 지옥에 가야 했기 때문이다. 당신들은 왜 이런 점을 간과하는가? 육체적 죽음으로는 당신의 죄를 없앨 수 없다. "그는 모든 사람을 위해 죽음을 맛보셨다." 그는 영적 죽음을 맛보심에 관해 말씀하셨다.
예수께서는 중생한 첫 사람이셨다. 왜 그의 영혼이 다시 중생해야 했는가? 그것은 하나님으로부터 분리되어 있었기 때문이다.[45]

이렇게 해서, 말씀 신앙 운동은 죄인을 신들로 만들고 죄 없는 하나님의 아들을 중생하게 만드는 하나의 신학을 만들어 냈다. 더 나아가서 말씀 신앙 운동 신학은 사탄을 그리스도로부터 죄의 대가를 받는 의로운 재판관으로 만들고 있다. 이와 같은 가르침은 왜곡된 것이며 완전히 비성경적이다. 그것은 우리 주와 주님의 사역을 격하시키는 것이다. 예수께서는 영원한 생명

---
44) 상게서.
45) Kenneth E. Hagin, "How Jesus Obtain His Name" (Tulsa: Rhema), 카세트테이프 #44H01.

을 가지고 계실 뿐 아니라, 우리를 위해 마귀에게 죄 값으로 영원한 생명을 사지도 않으셨다. 예수께서는 요한복음 14:6에서 말씀하신 것처럼 길과 진리요 생명이시다(요 1:4; 5:26; 11:25). 예수께서 성육신하심으로 육체를 입고 십자가에서 우리 죄를 담당하셨다 할지라도 그분께서는 여전히 하나님이시다.

더 나아가서 대속은 지옥에서 이루어지는 것이 아니다. 예수께서 십자가상에서 "다 이루었다(요 19:30),"라고 외치셨을 때 이미 대속은 완성되었다. 베드로전서 2:24에 따르면, 그리스도께서는 지옥에서가 아니라 "십자가에 친히 못 박히심으로 그 몸으로 우리 죄를 담당하셨다." 또한 골로새서 2:13-14에 따르면 예수께서는 우리의 죄 값을 도말하셨고, "제하여 버리사 십자가에 못 박으셨다." 에베소서 1:7에 따르면, "우리가 그리스도 안에서 그의 은혜의 풍성함을 따라 그의 피(여기서 말하는 피는 그의 육체적인 죽음을 말한다—십자가상에서 실제로 흘린 피)로 말미암아 구속 곧 죄 사함(마 26:28; 행 20:28; 롬 3:25; 엡 2:13; 골 1:20; 히 9:22; 히 13:12; 벧전 1:19; 요일 1:7; 계 1:5; 5:9)"을 받았다. 예수님은 십자가상에서 회개한 강도에게 이렇게 약속하셨다. "오늘 네가 나와 함께 낙원에 가 있으리라(눅 23:43)." 분명하게, 예수께서는 지옥에 떨어질 준비를 하고 계시지 않았다. 그 보다는 지옥의 권세가 정복되었음을 지옥에 알리기를 원하셨다(벧전 3:19). 성경에는 말씀 신앙 운동에서 주장하는 것과 같은 어떤 종류의 구속도 등장하지 않는다. 결국 말씀 신앙 운동에서 말하는 예수는 성경에서 말하는 예수가 아니다.

그릇된 신앙

말씀 신앙 운동의 가르침에 의하면, 신앙은 변하지 않는 비개인적인 법칙이다. 즉, 중력의 법칙이나 열역학 법칙처럼 세계를 지배하는 것이다. 신앙은 그것을 움직이는 것이 무엇이든 상관없이 작용한다. 팻 로버트슨(Pat Robertson)은 하나님 나라의 법칙이 비기독교적인 것들에게도 적용이 되는가 하는 질문에 다음과 같이 답변한다. "예, 당연히 이러한 법칙들은 단지 기독교적이거나 유대교적인 원칙만은 아닙니다. 기독교나 유대교의 법칙은 중력의 법칙, 그 이상의 어떤 것이지요. 하나님의 법칙은 그것을 따르려고 하는 사람이면 누구에게나 영향력을 미치지요. 하나님 나라의 법칙은 모든 창조물들에게 적용됩니다."[46]

이와 같은 사실을 신앙의 법칙에 적용해 보면, 그것은 의심 없이 하나님의 은총을 구하는 모든 자들에게 의미 있는 것이며, (그들이 신자이든 불신자이든) 그들이 원하는 것이면 무엇이든 소유할 수 있게 할 것이다.

말씀 신앙 운동의 교리에 따르면, 신앙이라는 것은 하나님께 대한 무조건적인 굴복이 아니다. 그들은 신앙을 하나의 법칙으로 본다. 그것에 의해 세계를 지배하는 영적 법칙을 조정할 수 있다고 말씀 신앙 운동들은 믿는다.

"영적인 법칙에 의해 통제되는 말씀만이 당신을 위해 봉사하는 영력이 될 수 있다. 우둔한 말은 당신에게 대항할 것이다. 영의 세계는 하나님의 말씀에 의해 통제된다. 자연계는 하나님의 말씀을 전하는 사람들에 의해서 통제되어야 한다."[47]

---

46) Pat Robertson, *Answers to 200 of Life's Most Probing Questions* (Nashville: Nelson, 1984), 271.
47) Charles Capps, *The Tongue*, 8-9.

"말씀 신앙"이란 명칭이 암시하듯이, 이 운동은 우리가 신뢰하는 대상이 누구이며, 우리가 믿고 확신하는 진리가 무엇인지에 대해 관심을 갖기보다는 우리가 말하는 것이 무엇인지에 더 관심을 가져야 한다고 가르친다. 말씀 신앙 운동에서 선호하는 용어들 중의 하나는 "긍정적 고백(positive confession)"이라는 것이다. 이것은 말씀이 창조력을 가졌다는 말씀 신앙 운동의 가르침을 지칭하는 것이다. 당신이 말하는 것이 당신에게 일어나는 모든 것을 결정짓는다고 말씀 신앙 운동 교사들은 주장한다. 당신의 "고백들" 즉, 당신이 말하는 것들-특별히 당신이 하나님께 구하는 것들-은 반드시 긍정적으로 언급되어져야 하고 흔들리지 말아야 한다. 그래야만 하나님께서는 간구함에 응답하실 것이다.

케네스 하긴의 기록에 따르면, "말한 것은 가질 수 있다. 하나님과 더불어 자신의 티켓을 쓸 수도 있다. 하나님과 더불어 자신의 티켓을 쓰는 첫 단계는 다음과 같다. 즉, 그것을 말하라."[48]

얼마 후 그는 다음과 같이 부연했다. "만일 시련과 곤란, 그리고 신앙의 결핍과 돈의 부족에 관해 말한다면-신앙은 흔들리게 되며, 건조해 진다. 그러나 하나님을 찬양하라. 만약 하나님의 말씀과 사랑하는 하늘 아버지, 그리고 하나님이 하실 수 있는 일에 관해 말한다면-신앙은 날로 성장할 것이다."[49]

---

48) Kenneth E. Hagin, "How to Write Your Own Ticket", 8. 하긴은 "말하라, 행하라, 받으라, 전하라"는 네 가지 요점으로 열광적으로 설교한다. 그는 예수께서 그에게 "누구든지, 어디서든지 이 네 가지 단계를 취하거나 이 네 가지 원리를 가지고 움직인다면, 그는 나에게 또는 아버지에게 원하는 것 무엇이나 받을 수 있다"라고 말씀하셨다고 주장한다(상게서, 5.).
49) 상게서, 10. 하긴은 마가복음 9장이 전하려는 핵심 메시지를 놓쳤다. 예수께서는 아버지가 "내가 믿나이다. 나의 믿음 없음을 도와주소서"하고 기도하는 소년을 고치셨다(24절). 하긴과 말씀 신앙 운동을 선전하는 사람들은 이런 기도를 "부정적인 마음"이라고 매도할 것이다. 그러나 예수께서는 이 기도를 그 사람의 심정이 그대로 드러난 솔직한 표현으로 높이 사셨다.

이런 견해는 말씀 신앙 운동의 내부에 병적인 미신을 배태시켰다. 말씀 신앙 운동 추종자들은 그들의 모든 말들이 주술적인 주문이며, 그들의 운명을 결정짓는다고 믿는다. 캡스는 부정적인 고백-그것이 비록 고의적인 것은 아닐지라도-의 위험성에 관해 다음과 같이 경고한다.

우리들의 어휘는 사탄의 언어들로 가득하다. 우리는 아픔과 질병, 심지어 죽음 같은 단어를 우리의 어휘 속에 집어넣었다. 많은 이들이 그들 자신을 표현하는 데 사용하곤 하는 단어가 있다면, 그것은 죽음이란 단어이다. 다름 아닌 죽음이란 단어이다. 사람들은 이렇게 말할 것이다. "그것을 하고 싶어 죽겠어", "그 일을 할 수 없으면 죽어 버릴 거야" "죽여 주는군."
친구들이여, 이러한 발언은 부정적인 발언이다. 그것들은 하나님의 말씀과 반대되는 것이다. 죽음은 사탄에 속한 것이다…… 우리는 죽음과 아무런 관계가 없다. 모든 사람은 곧 죽게 될 것이다. 그러니 지금 곧 죽음과 관계를 맺으려 하지 말라.[50]

이 말은 미신이지, 성경적 신앙은 아니다. 긍정적 고백에서는 죄의 고백을 제외시킨다. 사실상, 기도와 영적 성장에 관한 말씀 신앙 운동 저서들은 죄의 고백에 관한 가르침들이 부족하다. 그것들은 요한 1서 1:9의 결정적인 가르침을 무시하는 것이다. 요한 1서 1:9은 믿는 자들이 계속적으로 그들의 죄를 고백해야 함을 말하고 있다.

긍정적 고백이라는 가르침은 실제적으로 믿는 자들로 하여금 자신들의 죄와 그 한계성을 부정하거나 잊게 해 준다. 그래서 부정적 고백들이 자신들에게 불운을 가져온다는 두려움 때문에 진정한 웃음이 아닌 웃음을 짓게 하는 많은 사람들을 생산해 왔다.[51]

---
50) Charles Capps, *The Tongue*, 91.

하긴(Hagin)도 그와 같은 것을 느끼고 있다고 시인한다.

내 자신이 의혹이나 두려움을 가지고 있는지 없는지에 관해 말하고 싶지 않다. 그런 의혹이나 두려움이 나를 엄습하고 있는지에 관해서도 말하고 싶지 않다. 당신도 알다시피 마귀는 모든 종류의 생각들을 마음속에 불러일으키지 않는가?
우리는 말씀의 생산물이다. 성경은 당신의 혀에 건강과 치유의 능력이 있음을 말하고 있다고 생각한 적이 없었는가? 하나님께서 현명한 자의 혀가 건강(개역 성경에는 지혜로운 자의 혀는 양약과 같다고 번역되어 있음-역주)이라고 말씀하신 것을 보지 못했는가? (잠 12:18)
나는 결코 병을 이야기하지는 않는다. 나는 병을 믿지 않는다. 나는 치유를 이야기한다…… 나는 치유함을 믿는다. 나는 건강을 믿는다. 나는 결코 병을 이야기하지 않는다. 나는 치유를 이야기한다.
나는 결코 실패를 이야기하지 않는다. 또한 실패함을 믿지 않는다. 나는 성공을 믿는다. 결코 예배를 이야기하지 않는다. 나는 승리를 믿는다. 예수님이여 찬양받으소서![52]

이러한 관점은 명백한 문제를 야기시킨다. 브루스 바론(Bruce Barron)은 말씀 신앙 운동에 종사하는 한 교회에 관하여 다음과 같이 이야기한다.

그 교회의 목사님은 몹시 부끄러워하시면서 일어나 그의 회중들에게 관계에 대해서 가르쳐 주었다. 그가 듣기에는 교회 회중 중 몇 명은 그들의 병든 아이들을 육아실로 보내서 교회에 다니는 어린이들에게 병을 전염시켰다. 육아실의 자원 봉사자들의 반대에도 불구하고 그들은 그들의 아이들이 건강해 질 것이라고 긍정적으로 고백했던 것이다. 부모들이 그들의 치유를 주장했기 때문에 걱정할 것은 전혀 없었다. 그들은

---

51) 이것은 미신적인 공포로서, "카르마"라고 하는 힌두교적 사상, 또는 "악운(惡運)"에 관한 이교적 견해와 많이 닮았다.
52) Kenneth E. Hagin, "Words"(Tulsa: Faith Library, 1979), 20-21.

징징 우는 소리와 기침들을 흔한 증세라 생각하고 무시했다. 그러나 그 흔한 증세가 전염의 원인으로 판명되었다. 단지 강단으로부터 선포된 단 한 번의 설교만이 그 문제를 해결할 수 있었다.[53]

또한 질병과 문제들을 "거짓 징후"로 판단하고 그것을 거부하는 말씀 신앙 운동의 가르침은, 신자들로 하여금 고통당하는 사람들을 이해하고 그들과 공감할 수 있는 기회를 갖지 못하도록 한다. 만약 당신이 어떤 사람의 징후가 마귀의 거짓말에서 기인된 것-더 나아가서 그것이 병자의 삶 속에 존재했던 죄악된 불신의 결과였다고 한다면-이라고 믿는다면, 어떻게 그 사람을 도와줄 수 있겠는가? 결국 많은 말씀 신앙 운동 추종자들은 그들이 치유함을 선언할 만큼 충분한 믿음이 없다고 생각되는 사람들에게 무감각한 단계를 지나, 거칠고 투박하게 대하는 단계에까지 이르게 된다.

바론은 어떤 목사님 부부에 관해 이야기했다. 그 부부에게는 아이가 없었다. "시무하는 교회의 교인들은 목사님 부부가 임신을 '고백' 할 필요가 있으며, 유모차를 사서 그것을 끌고 다니면서 그들의 믿음을 보여 줄 필요가 있다고 말했다."[54]

몇 년 전에 나는 한 우아한 여인으로부터 아주 비통해 하는 편지를 한 통 받았다. 그녀의 편지에 의하면 그녀는 "긍정적 고백"이라는 신학을 받아들였고, 하나님께서 그녀가 아기를 갖기 원한다면 모든 사람들에게 자신의 아기 가짐을 선포하기를 바란다고 믿고 있었다. 불행하게도 그 불쌍한 여인은 신체 구조상 아이를 가질 수 없었다. 몇 달 후, 그녀는 다시금 모든 사람들에

---

53) Bruce Barron, *The Health and Wealth Gospel* (Downers Grove: Inter-Varsity, 1987), 128.
54) 상게서, 131.

게 그녀가 기대했던 그런 아이를 "믿음"을 통해 얻지 못한 이유를 설명하는 편지를 보내야 했다. 그러나 그녀는 즉시 자신은 여전히 믿음으로 임신할 수 있음을 믿는다고 덧붙였다. 확실히 그녀는 어떤 사람이 그녀의 두 번째 편지를 "부정적 고백"으로 잘못 이해할까봐 두려웠던 것이다. 심지어 하긴은 그의 누이가 만성적 암으로 사망한 것에 대해서도 무감각했던 것처럼 보인다.

내 누이는 79파운드로 몸무게가 감소되었다. 주님은 내게 계속해서 말씀하시기를, 그녀는 곧 죽을 것이라고 했다. 나는 주님께 왜 그 결정을 변경하려 하지 않으시는지 물었다. 주님께서는 내 누이에게 5년간의 시간을 주고 하나님의 말씀을 연구하고 신앙을 돈독히 하도록 했음(그러면 구원을 받았을 것이다)에도 불구하고, 그렇게 하지 않았기 때문이라 말씀하셨다. 주님은 그녀가 곧 죽게 된다고 하셨고, 그대로 되었다. 우울한 예지만 사실이다.[55]

말씀 신앙 운동의 신학은 기적적인 치료가 선포되었을 때 치료자를 영웅시하였다. 그러나 치료가 되지 않으면 믿음이 없다고 정죄하였다. 하긴은 한 사고에 대해 말한다. 그때 그는 관절염에 걸린 여자를 치료하고 있었다. 그녀는 병 때문에 걸을 수 없을 정도로 다리를 절었다. 하긴은 그녀가 휠체어를 버리고 걸으려고 하지 않기 때문에 절망했다.

나는 손가락으로 그녀를 가리키며 이렇게 말했습니다. "자매여, 당신은 믿음이 없군요, 그렇죠?" (그녀는 구원을 받았고, 성령 세례도 받았다. 내가 말하는 것은 그녀에게는 치유 받을 만한 믿음이 없었다는 것이었다) 아무 생각 없이 그녀는 이렇게 대답했다. "물론입니다. 나는 지금까지 내가 치유될 것이라고 믿지 않았어요. 나는 아마

---

55) Kenneth E. Hagin, "Praying to Get Results" (Tulsa: Faith Library, 1983), 5-6.

평생을 앉아서 보내다가 무덤에 갈 거예요." 그녀는 그렇게 말했고, 그렇게 되었다. 우리는 비난하지 말아야 한다.[56]

기억하라! 긍정적 고백을 통해 사람들은 그들의 언어가 결정적 요소임을 배우게 된다. 하나님께서는 더 이상 신앙의 대상이 아니다. 말씀 신앙 운동 추종자들은 자신들의 믿음을 자신들의 믿음으로 표현하는 법을 배운다.[57] 이런 개념을 구체화하려고 하는 하긴의 논리를 주목해 보자.

자신의 믿음을 신뢰하는 데 대해 생각해 본 적이 있는가? 하나님께서는 확신에 찬 언어로 말씀하셨고, 그대로 되었기 때문이었다. 또한 예수께서도 자신의 믿음을 신뢰하셨다. 그가 무화과나무에게 말씀하실 때 그대로 되었기 때문이었다.
다시 말해서, 당신의 언어를 믿는다는 것은 당신의 믿음을 신뢰한다는 것이다.
"나의 믿음을 신뢰한다."라고 크게 말하는 것은 당신의 영혼 속에 믿음을 심는 데 도움을 줄 것이다. 계속 그렇게 말해야 비로소 그 믿음이 당신 삶을 지배하게 될 것이다. 맨 처음 그렇게 말하면 대단히 이상할 것이다. 당신의 지성이 그것을 거부할 것이다. 그러나 우리는 당신의 지성에 관해 말하고 있는 것이 아니다. 우리는 당신 가슴 속에 있는 믿음에 관해 말하는 것이다. 예수께서 말씀하신 것처럼, "…… 마음에 의심하지 말라."[58]

주목해 보라. 또 다시 하긴은 아버지와 아들을 기꺼이 평가 절하한다(하나님께서 믿음을 가지고 계시는가? 우리는 전지하신 주권자 하나님을 확실히

---

56) 상게서, 5. 하긴은 그 여인이 놀랍게도 휠체어에서 일어나기 시작하더니 공중으로 떠올랐다고 주장했다. 그러다가 갑자기 겁을 먹고 휠체어로 다시 주저앉았다고 한다. 그래서 하긴은 그녀를 꾸짖었다.
57) Kenneth E. Hagin, "Having Faith in Your Faith"(Tulsa: Faith Library 1980), 4.
58) 상게서, 4-5.

신뢰한다고 말할 수 있는가?). 그리고 자기 자신을 기꺼이 신뢰할 만한 대상으로 만들어 버린다. 더 나가서 그는 신앙을 주술적 주문으로 우리의 말들을 일종의 주문으로 바꿔 버렸다. 그는 이 주문을 통해서 사람들이 "하나님께로부터 어떤 것을 얻을 수 있으리라."고 말했다.[59]

이런 생각들은 그 어느 것도 성경적이지 못하다. 우리의 신앙에서 유일하게 적절한 대상은 하나님과 그의 확실한 말씀이지, 우리 자신의 말이 아니다.

그럼에도 불구하고, 말씀 신앙 운동 추종자들은 '긍정적 고백'을 일종의 주문으로 여긴다. 즉, 그것을 통해 그들은 자신들이 원하는 것은 무엇이나 얻을 수 있다고 믿는다. 하긴은 이렇게 주장한다. "마음으로 믿고 입으로 시인하라."[60]

이것이 바로 신앙의 원칙이다. 당신은 당신이 말한 것을 이룰 수 있다. 요한복음 14:14의 "내 이름으로"라는 구절이 나타내는 명확한 의미는 외면한 채, 그들은 자신들이 상상하는 모든 물품들을 하나님께로부터 받아 낼 때 사용할 수 있는 불변의 말씀으로 잘못 이해하고 있다.

이러한 가르침으로 인해 많은 말씀 신앙 운동 추종자들이 커다란 물질 숭배자들이 되었다. 아직 얼마 알려지지 않은 말씀 신앙 운동 교사인 존 아반지니(John Avanzini)는 하루 저녁을 삼위일체 방송국에서 보냈다. 거기서

---

59) 하긴은 "Pleading the Blood"라는 장에서 전갈에 물린 선교사가 전갈을 나무라는 말을 들었다고 한다. "예수의 이름으로 나는 전갈을 대적하는 피를 믿노라!" 그는 이어서 이렇게 쓴다. "나는 '예수의 이름으로 피에 호소한다' 하는 문구를 마음에 새겼고…… 그 후로는 언제나 예수의 이름 안에서 피에 호소해 왔다. 그 피에는 능력이 있다. 오 하나님께 영광을! 이 피가 나를 위했으니 여러분들 역시 위할 것이다."(Kenneth Hagin, "The Precious Blood of Jesus"(Tulsa: Faith Library, 1984), 30-31.) 어떤 문구를 계속 반복하면 기적이 일어날 수 있다는 생각은 완전히 미신이다(마 6:7 참조).
60) Kenneth E. Hagin, "You Can Have What You Say"(Tulsa: Faith Library, 1979), 14.

그는 예수께서 그의 지상 사역 기간 동안 부유했다고 주장했다.[61]

그는 유다가 돈주머니를 맡은 자였음을 지적하면서, "예수께서는 돈주머니를 맡는 사람이 필요한 만큼 많은 돈을 다루고 있었다."라고 말했다.[62]

그는 최근에 코프랜드의 방송에서 초대 손님으로 나왔다. 거기서 그는 성경 말씀이 예수께서 큰 집에서 살며, 잘 디자인된 옷을 입고 계셨다고 가르친다고 믿고 있음을 천명한다.[63]

말씀 신앙 운동 교사들은 자신들의 넉넉한 생활과 물질주의적 철학을 정당화하기 위해 위에서 말한 모든 것을 주장하는 것이다.

로버트 틸튼은 조금 더 진보적이다. "하나님께서 부를 약속하셨으므로, 가난하게 지내는 것은 죄이다."[64]

"내 하나님은 부자이시다! 그분은 하늘의 창고에서 당신이 원하는 것을 얻는 방법을 보여 주시기를 원하신다. 그 하늘 창고는 예수께서 갈보리 산에서 당신을 위해 값을 지불하고 사신 것이다.[65]

계속해서 틸튼은 "새로운 집? 새 차? 이것들은 닭 사료 밖에 되지 않는다. 하나님께서 당신을 위해 하시고자 하는 일은 그 무엇과도 비교할 수 없는 것이다."라고 말한다.[66]

그렇다면 어떻게 이 물질들을 얻을 수 있는가? 틸튼은 추종자들이 그의 사역에 헌금하는 형식으로 그들의 "믿음을 맹세"해야 한다고 말한다.

---

61) Trinity Broadcasting Network을 통해 방송된 "Praise the Lord"(1988년 9월 15일).
62) 상게서.
63) Trinity Broadcasting Network을 통해 방송된 "Believer's Voice of Victory"(1991년 1월 20일).
64) Trinity Broadcasting Network을 통해 방송된 "Success in Life"(1990년 12월 2일).
65) Trinity Broadcasting Network을 통해 방송된 "Success in Life"(1990년 12월 5일).
66) 상게서.

나는 1000불의 맹세를 좋아한다. 왜냐하면 나는 "그래, 나는 조금만 해야지……" 하는 미지근한 사람, 혹은 마음이 내키지 않아 하는 사람을 좋아하지 않기 때문이다. 나는 1000불을 헌금하면서 하는 신앙의 맹세를 더 좋아한다…… 나는 성공한 사람들에게 말하는 것이 아니다. 성공한 사람은 내 말에 관심을 기울이지 않을 것이다. 당신이 성공하지 못했다면, 그 길을 가르쳐 줄 것이다. 물론 주의 사역이 한 부분을 담당할 것이다. 그러나 당신이 가장 큰 부분을 담당하고 있다. 당신은 가장 큰 축복을 얻는다. 나는 당신이 들어갔었던 그곳에서 밖으로 나오라고 하고 싶다. 나는 당신에게 훌륭한 차로 들어가라고 말하고 싶다…… 나는 당신을 도와주고 싶다. 나를 저주하지 말라! 나를 저주하지 말라! 젠장, 누가 이 축복을 당신에게서 끌어낼 것인가? 내가 축복한다. 하나님께서 나에게 초자연적으로 복을 주셨다. 오늘 나는 당신을 축복한다. 나는 그것을 안다. 나의 책임은 축복을 당신에게 주는 것이다.[67]

틸튼은 그의 청중들에게 신앙심 있는 기도를 하라고 격려한다. "그것은 '주여 그것이 당신 뜻이라면……' 이란 기도 중 하나는 아니다. 나는 하나님의 의지가 무엇인지 안다. 치유와 번영과 하나님의 인도에 관해서는 그렇다…… 나는 의혹과 불신의 기도를 하지 않는다."[68]

다시 말해서, 로버트 틸튼은 당신이 자신의 사역을 위하여 1000불의 헌금을 하기를 원하는 것이다. 특히 그만한 돈을 헌금할 수 없을 때 그렇게 하라는 것이다. 그는 당신이 그 문제에 관하여 하나님께 기도하기를 원하지 않는다. 결국 당신은 당신이 원하는 것을 요구할 수 있고, 하나님께서는 반드시 그것을 당신에게 주어야만 한다. 1000불을 들여서 당신의 맹세를 보증하라. 그리고 하나님께 돈을 달라고 요구하라. 그것은 기만적이고 신성 모독

---

67) 상게서.
68) Trinity Broadcasting Network을 통해 방송된 "Success in Life"(1990년 2월 14일).

적이다. 그러나 문자 그대로 수백만의 사람들이 그 함정에 빠진다.

리처드 로버츠(Richard Roberts)는 그의 부친의 "종자 신앙(seed-faith)"이란 개념을 그대로 수용하여서 그의 추종자들에게 "마스터 카드나, 비자 카드, 혹은 아메리칸 익스프레스 카드로 씨를 심으면, 하나님께서는 하늘의 창문을 여시고 넘치는 복을 부어 주실 것"이라고 말했다.[69]

오랄 로버츠(Oral Roberts)는 오랄 로버츠 대학교의 생명의 강에서 성수를 플라스틱 통에 담아 우송한 적이 있다. 그 물을 사용하는 방법을 보여 주기 위하여 텔레비전 프로그램 도중에 그의 지갑에 물을 부었다.[70]

만일 물질을 얻기가 쉽다면, 왜 그렇게 많은 말씀 신앙 운동 추종자들이 그들이 결코 받지 못할 물질적 축복에 연연해하는가?[71]

프레드 프라이스는 다음과 같이 설명한다.

만일 당신이 1달러를 헌금할 신앙밖에 안 되면서 10000달러를 요구한다면 그것은 이루어질 수 없는 것이다. 그런 일은 있을 수 없다. 예수님은 말씀하시기를, "만약 그것이 하나님의 뜻을 따르는 것이고, 그분께서 자신의 바쁜 일정 속에 그것을 배려해 놓으셨다면, 그것은 신앙에 따라서 되어지는 것이지 당신에 대한 하나님의 뜻에 의해서 되는 것은 아니다."라고 말씀하셨다. 그분께서는 이렇게 말씀하신다. "너의 믿음대로 될 지어다."

지금 나는 롤스 로이스 차 한 대 갖고 싶다. 그러나 자전거 정도의 신앙을 가졌다. 내가 얻을 수 있는 것은 무엇이겠는가? 자전거이다.[72]

---

69) Kenneth L. Woodward and Frank Gibney, Jr., "Saving Souls-Or a Ministry?" *Newsweek*(1987년 7월 13일), 53.
70) 상게서.
71) 틸톤은 그의 사역을 후원하지 않는 사람들을 호되게 꾸짖는다. 그의 사역이 직면한 가장 큰 문제점 가운데 하나는 약속은 하지만 약속을 가시화하도록 재정적인 후원을 하지 않는 사람들을 어떻게 처리할 것인가 하는 것이다.("Success in Life"(1991년 4월 5일)참조)
72) Trinity Broadcasting Network을 통해 방송된 "Praise the Lord"(1990년 9월 21일).

그러므로 우리에게 복 주시는 하나님의 능력은 우리 신앙에 의해서 좌우된다.

프라이스와 틸튼 모두가 "그것이 당신 뜻이라면……" 이라는 기도를 무시했음을 기억하라. 이것이 말씀 신앙 운동 교사들의 공통점이다. 우리가 아는 것처럼 그들은 요한복음 14:14을 즐겨 인용한다. "너희가 내 이름으로 무엇이든 구하면 내가 다 이루리라." 그러나 요한1서 5:14을 의도적으로 그들의 데이터베이스에서 빼버렸다. 그 말씀은 이렇다. "그를 향하여 우리의 가진 바 담대한 것이 이것이니 그의 뜻대로 무엇을 구하면 들으심이라." 심지어 하긴은 그의 뜻대로 구하면 들으신다는 진리가 신약 성경에는 없다고 주장한다.

> 우리가 예수님께서 말씀하신 것을 이해하지 못하고 신약성서의 가르침 대신에 종교적으로 세뇌되어 있기 때문에 우리는 하나님의 약속을 흐리게 했고, 예수님이 이야기하지 않은 것에 대해서도 덧붙였으며, 그 외에도 더 첨가하였다. "만일 이것이 하나님의 뜻이라면, 그분은 좋아하실 것이다. 그러나 이것이 하나님의 뜻은 아닌 것 같다."라고 사람들은 이야기한다. 그러나 그와 같은 언급은 신약 성경에서 찾아볼 수 없다.[73]

하긴의 기록에 따르면, "'그것이 하나님의 뜻이라면' 이라고 기도하는 것은 비성경적이다. 만약 당신의 기도 중에 '만약' 이란 단어가 들어 있으면, 아직도 의심하고 있는 것이다."[74]

하지만 요한1서 5:14에서는 명확히 '만일' 이란 단어를 내포하고 있다. 더욱이 로마서 8:27에서는 심지어 성령님도 "하나님의 뜻에 따라 성도를 위해

---

73) Kenneth E. Hagin, "How Jesus Obtained His Name"(Tulsa: Rhema), 카세트테이프 #44H01.
74) Kenneth E. Hagin, *Exceedingly Growing Faith* (Tulsa: Faith Library, 1983), 10.

간구하고 계신다."

　야고보서 4:13-16은 말씀 신앙 운동과 무슨 관련이 있는가? 말씀 신앙 운동의 기본적인 가르침들이 이 구절과는 완전히 배치되지 않는가?

　들으라. 너희 중에 말하기를 오늘이나 내일이나 우리가 아무 도시에 가서 거기서 일 년을 유하며 장사하여 이를 보리라 하는 자들아, 내일 일을 너희가 알지 못하는 도다. 너희 생명이 무엇이뇨 너희는 잠깐 보이다 없어지는 안개니라. 너희가 도리어 말하기를 주의 뜻이면 우리가 살기도 하고 이것저것을 하리라 할 것이거늘 이제 너희가 허탄한 자랑을 자랑하니 이러한 자랑은 다 악한 것이라.

　말씀 신앙 운동 중에서 어떤 것이 물질적인 부와 재물을 강조하는가? 그것이 전부 참된 신앙에 관한 것인가? 거의 대부분이 그렇지 않다.
　성경은 부의 중요성을 강조하기 보다는 오히려 부의 추구를 경고한다. 신자들-특히 교회의 지도자들(딤전 3:3)-은 돈을 사랑해서는 안 된다(히 13:5). 돈을 사랑하는 것은 일만 악의 뿌리이다(딤전 6:10). 예수께서는 이렇게 경고하셨다. "삼가, 모든 탐심을 물리치라. 사람의 생명이 그 소유의 넉넉한 데 있지 아니하니라(눅 12:15)." 이생에서의 재산과 돈을 모으는 데 관심을 갖는 말씀 신앙 운동의 복음은 예수님의 가르침과 정반대되는 것이다. 예수께서는 이렇게 말씀하셨다. "너희를 위하여 보물을 땅에 쌓아 두지 말라. 거기는 좀과 동록이 해하며 도적이 구멍을 뚫고 도적질 하느니라(마 6:19)." 말씀 신앙 운동의 복음과 예수 그리스도의 복음 사이에 조화될 수 없는 모순은 마태복음 6:24의 예수님의 말씀에 잘 요약되어 있다. 마태복음 6:24에 따르면, "너희는 하나님과 재물을 겸하여 섬길 수 없느니라."

그리스도인의 감각인가, 아니면 크리스천 사이언스인가?

하나님을 포함하여 이 우주[75]가 비인간적이며 영적인 법칙에 의해서 다스려진다는 주장은 비성경적이다. 이것은 하나님의 섭리와 주권을 부정하는 것이다. 이것은 이신론(理神論)과 다를 바 없다. 더욱이 우리가 말들을 신비적으로 사용하여 실체를 통제할 수 있다는 사상은 성경에서 말하는 신앙의 유형과는 거리가 먼 것이다. 특히 이 사상은 히브리서 11장의 사상과 정면으로 배치된다.[76]

위에서 말한 두 가지 사상 모두 성경적 진리라기보다는 크리스천 사이언스의 이단적 주장과 흡사하다.

대부분의 말씀 신앙 운동 교사들은 그들의 가르침이 크리스천 사이언스나 다른 형이상학적 이단과 관련이 있다는 주장에 격렬하게 반대한다. 찰스 캡스는 다음과 같이 쓰고 있다.

당신도 알다시피 내가 때때로 이것을 가르칠 때 회중들은 마치 크리스천 사이언스의 주장처럼 들린다고 말합니다. 어떤 숙녀는 텍사스에서 있었던 한 집회에서 그녀의 남편을 툭 치면서 이렇게 말했습니다(제 아내가 그 말을 들었지요). "크리스천 사이언스의 주장처럼 들리지 않아요?" 그것은 크리스천 사이언스의 주장이 아닙니다. 나는 형제 케네스 하긴이 말했듯이 "그것이 기독교인의 감각"이라고 말하고 싶습니다.[77]

---

75) 하나님께서 찰스 캡스에게 "너는 지금 악한 자에게 공격을 당하고 있다. 그런데 나는 아무 일도 해 줄 수가 없다. 너는 네 입의 말로 나를 묶어 꼼짝 못하게 했다"하고 말씀하신 듯한 인상을 받는다(Capps, The Tongue, 67).

76) 말씀 신앙 운동을 주장하는 사람들의 정의대로라면, 히브리서 11장이 말하는 많은 신앙 위인들은 사실 전혀 강한 믿음을 가진 사람들이 아니었다. 방황하고 사슬에 매이며 옥에 갇힌 사람들(36절), 낡은 옷을 입고 추방당하고, 고난을 당하고 냉대를 당한 사람들(37절), 광야와 산과 동굴과 굴혈에서 살았던 사람들(38절)은 그들이 처한 환경을 헤쳐 나가는 데 능숙한 사람들이 아니었음이 분명하다. 그렇지만 그들은 하나님의 인정을 받았다(39절). 이것은 히브리서 11장이 진정한 믿음이란 물질이 아니라 하나님께 순종하는 데 그 뼈대가 있음을 가르치기 때문이다.

이어서 그는 다음과 같이 부연한다. "아니다. 그것은 크리스천 사이언스가 아니다. 나는 병의 존재를 부정한다. 나는 이 몸에 그와 같은 병이 존재할 권리가 있음을 부정한다. 왜냐하면 나는 그리스도의 몸이기 때문이다."[78]

여전히 그 구별은 바람직한 것이다. 말씀 신앙 운동의 중심적 교리들 중 많은 것이 크리스천 사이언스의 주장과 흡사하기 때문이다. 왜 크리스천 사이언스의 주장과 말씀 신앙 운동의 주장이 흡사한가? 그것은 말씀 신앙 운동이 크리스천 사이언스를 포함하여 20세기 초에 흥왕했던 형이상학적 종파들과 직접적으로 연관되어 있기 때문이다.

이러한 관계는 말씀 신앙 운동에 관한 비평서인 맥코넬(D. R. McConnell) 저작의 『다른 복음(A different Gospel)』에서 신중하게, 그리고 결정적으로 제시되었다.[79]

맥코넬은 말씀 신앙 운동의 발전사를 연대기적으로 정리했다. 그것은 말씀 신앙 운동의 주요한 전기들이 모두 케네스 하긴과 그의 제자들 중 한 사람에 의해서 이루어졌음을 보여 준다. 말씀 신앙 운동의 중요한 교리적 변별성은 하긴에게서 찾을 수 있다.

게다가 맥코넬은 말씀 신앙 운동의 가르침이 본래 하긴의 것이 아님을 확실하게 보여 준다. 하긴의 이러한 가르침들은 믿음을 중요시하는 복음주의자 케논(E. W. Kenyon)의 글에서 수집한 것이다.[80]

하긴은 케논에게서만 사상을 수집한 것이 아니다. 맥코넬은 수 페이지에 걸쳐서 케논의 주장과 하긴의 주장을 대비시키고 있다. 그것은 하긴이 계속

---

77) Charles Capps, *The Tongue*, 27.
78) 상게서.
79) D. R. McConnell, *A Different Gospel*(Peabody, Mass. : Hendrickson, 1988).
80) 상게서.

적으로 케논의 책에서 축자적으로 많은 부분을 도용했음을 증명해 주는 것이다.[81]

왜 이것이 중요한가? 맥코넬은 케논의 뿌리가 형이상학적인 종파에 두고 있음을 보여 주었기 때문이다. 그는 오순절파에 속하는 사람이 아니었고, 매리 베이커 에디(Mary Baker Eddy)와 크리스천 사이언스에 속한 신앙 요법 치료사였다. 그는 대학에 다녔고, 그 대학은 형이상학적 치료 의식을 위한 강연자들을 전문적으로 훈련시키는 곳이었다. 그는 이런 의식을 체득했고, 형이상학적 종파들이 선전하는 근본적인 생각들의 대부분을 그의 사상 체계 속에 받아들였다.[82] 하긴은 그곳에서 자신의 사상들을 형성했던 것이다.[83]

결국 맥코넬은 그의 책을 통해서 말씀 신앙 운동을 적나라하게 폭로한 것이다. 그것은 말씀 신앙 운동 교사들의 선조가 크리스천 사이언스, 스웨덴보르그 신비주의(Swedenborgianism), 접신론, 심령과학(Science of Mind), 그리고 신사고(New Thought) 운동에 빚을 지고 있지, 전통적인 오순절파에 빚을 지고 있지 않음을 극명하게 보여 주고 있다. 맥코넬의 저서는

---

81) 상게서 8-12. 맥코넬은 하긴이 존 맥밀란(John A. MacMillan)이라는 그리스도인이며 선교 협력 목사의 글을 도용했다고 주장한다. 스콧(W. R. Scott) 역시 이 고소가 충분하고 타당한 근거를 가지고 있다고 옆에서 거든다. 하긴이 그의 책 『The Authority of the Believer』를 쓰는 데 최소한 3/4을 맥밀란이 같은 제목으로 잡지에 기고한 글에서 그대로 베꼈음을 의심할 여지도 필요도 없는 것 같다(W. R. Scott, "What's Wrong with the Faith Movement" 〈미출간자료, n.d〉 Appendix B, 2-10) 스콧은 하긴이 피니스 제닝스 데이크(Finis Jennings Dake)의 책 『God's for Man』(Lawrenceville, Ga.: Dake Bible Sales, 1949), (상게서, Appendix A, 1-2.) 또한 표절했음을 밝힌다. 데이크는 잘 알려진 하나님의 성회 목사이고 유명한 『오순절 학습 성경(Pentecostal Study Bible)』의 저자이기도 하다.
하긴이 남의 책을 표절했다는 사실이 그의 신뢰성에 먹구름을 끼게 하는 것 같다. 특히 그가 영감된 글을 받았다는 수차례의 주장에 치명타를 가한다.
82) D. R. McConnell, A Different Gospel, 15-56.
83) 상게서, 57-76.

말씀 신앙 운동이 근본적으로 부패한 것임을 보여 준다. 그들의 정확한 기원은 기독교가 아닌 이단이다.

슬픈 사실은 말씀 신앙 운동에서 선포하는 복음은 신약 성경의 복음이 아니라는 것이다. 말씀 신앙 운동의 교리는 혼합 사상적 체계이며, 신비주의의 혼합, 그리고 이원론과 신영지주의이다. 여기서 말하는 신영지주의는 형이상학적 이단들의 가르침에서 게걸스럽게 빌려온 것이다. 말씀 신앙 운동의 왜곡된 가르침은 일반적으로 교회 그리고 특히 은사주의자들에게 말할 수 없는 해악을 끼치고 있다. 말씀 신앙 운동은 베드로의 말을 빌리자면 "멸망케 할 이단(벧후 2:1)"이다. 의심의 여지없이 그것은 가장 조잡한 물질 숭배 집단으로서 탐욕과 물질주의로 얼룩져 있으며, 영적인 파멸을 초래한다.

말씀 신앙 운동은 지금까지 은사주의 운동으로 성장해 왔지만 사실은 가장 위험스러운 이단일 수 있다. 많은 은사주의자들은 성경의 완결성을 믿지 않으며, 자신들이 그리스도를 만났다는 사람들의 주장을 무시할 수 없다고 느끼기 때문에 그들은 특히 말씀 신앙 운동의 거짓말들에 쉽게 동조한다. 그리고 가끔은 말씀 신앙 운동의 거짓말들에 대처하는 데 당혹함을 느낀다.

말씀 신앙 운동의 가르침에도 불구하고, 우리 하나님은 단지 물질의 근원만은 아니다. 우리는 하나님의 종이지 우리 자신의 것이 아니다. 하나님께서는 우리를 불러 봉사와 경배를 사랑하며 살도록 하셨지, 하나님과 같은 주권성을 가지라고 하신 것은 아니다. 하나님께서는 우리에게 복을 주시지만 그것이 항상 물질적인 것은 아니다. 우리는 결코 "우리 자신의 티켓"을 쓸 수 없으며 하나님께서 우리가 쓴 것을 따르시리라고 기대해서는 안 된다. 진실한 신자는 그와 같은 시나리오를 믿지 않는다. 기독교인으로서의 삶은 하나님의 뜻을 추구하는 삶이다. 그것이 하나님께서 우리와 동행하도록 하기 위한 전략이 되어서는 안 된다. 근본적 진리를 거절하는 사람은 그 누구나 진정으로 하나님의 영광을 위해 살 수 없다. 하나님의 은혜로 말미암아 죄와 이기심에서 해방되었음을 아는 사람은 누구나 그 자유를 말씀 신앙 운동의 교리에서 말하는 값싼 물질로 바꿔서는 안 된다.

결론
은사주의(Charismatic) 운동에 대한 우리의 대응

이 책의 서문에서 이미 말했듯이 나는 하나님의 말씀에 푹 빠져 있는 헌신적인, 그리고 허탄한 곳에 마음을 두지 않는 존경할 만한 많은 은사주의 지도자들을 알고 있다. 은사주의에 몰입된 수많은 교회와 지도자들은 내가 이 책에서 언급한 많은 잘못된 점들을 받아들이기를 거부한다. 이 책에서 내가 의도한 바는 모든 은사주의 지도자들을 똑같은 범주에 두려는 것이 아니다. 확실히 은사주의 운동 교리의 내면에는 많은 극단적인 주장들이 존재한다. 그것은 복음주의적인 정통적 교회에서건 사이비 종파에서건 동일하게 적용된다.

은사주의 운동의 오류에 대한 대응

나는 모든 은사주의 운동을 성경적 시각에서 행해야 한다고 주장하며, 은사주의 운동의 오류에 과감하게 도전하는 은사주의 지도자들의 용기에 사의를 표하며, 더 많은 은사주의 지도자들이 이들의 반열에 동참하기를 촉구한다. 또한 은사주의 운동이 많은 중요한, 그리고 매우 효과적인 목소리들을 갖고 있는 것도 사실이다. 그 목소리들은 은사주의 운동을 통해 잉태된 이단들에 대항하는 데 있어서 대부분의 평범한 신자들보다 훨씬 더 적극적이며, 말씀 신앙 운동(Word Faith movement)에 관한 거의 완벽한 비판이 일군의 영성 운동 저술가들에 의해 행해져 왔다는 것이 그 한 좋은 예가 된다.[1] 캘리포니아의 코스타 메사(Costa Mesa)에 소재한 갈보리 교회(Calvary Chapel)의 은사주의 운동 지도자인 척 스미드(Chuck Smith) 목사는 은사주의 운동의 극단적 주장들에 대해 직접적인 비판을 서슴치 않았다.[2] 산 호세(San Jose)의 갈보리 교회 목사인 존 굿윈(John Goodwin)은 제3의 물결(Third Wave movement)에 관하여 짧지만 뛰어난 비평을 가했다.[3]

---

1) 이런 류의 책들 중에는 내가 12장에서 이미 추천한 "D. R. McConnell, *A Different Gospel*(Peabody, Mass : Hendrickson, 1988)"이 있다. 그 외에도 다음과 같은 서적들이 있다. Bruce Barron, *The Health and Wealth Gospel*(Downers grove: InterVarsity, 1987) ; Gordon Fee, "The Disease of the Health and Wealth gospels" (Costa Mesa: Word for Today, 1979). 롤리스[Raul Ries]의 은사주의 운동 사역 잡지 또한 말씀 신앙 운동의 잘못된 점을 폭로하는 우수하고 완벽한 논문을 게재하고 있다[Tom Fontanes, "Positive Confession," *Passport*(1988, 1-2월), pp11-17]. 대이저(Albert James Dager)의 뉴스레터인 "Media Spotlight"도 가끔씩 은사주의 운동의 오류에 관한 우수한 분석을 시도해 보인다. 그러나 대이저는 은사주의 운동의 기본적 가르침에는 동감을 표하고 있다. 내가 12장에서 인용한 많은 녹음 테이프에 관한 정보는 기독교 연구소(Christian Research Institute)의 산 죠안 카피스트라노라는 기관에서 공급받은 것들이다. 이 기관 또한 매우 우수한 은사주의 운동 단체이다. 기독교 연구소라는 말씀 신앙 운동을 폭로하는 많은 자료들과 테이프를 만들어 낸다. 그들의 성경적 식별력과 조심스러운 연구는 정평이 나있다.
2) Chuck Smith, *Charisma vis. Charismania* (Eugene, Ore. : Harvest House, 1983).

나는 그들과 그들에게 그 같은 용기를 주신 하나님께 감사드린다. 그러나 그들이 싸우기를 원하는 오류가 은사주의 운동을 특징지어 주는 교리 그 자체에 분장되어 내재해 있다고 나는 또한 확신한다. 그 교리는, 하나님께서 오늘날도 여전히 성경 이외의 방법으로 진리를 계시한다는 사상이다. 그들의 가르침에 따르면 성령 세례는 구원 다음에 오는 것으로 구원과는 별개의 것이다. 그래서 두 종류의 신자들이 생기게 된다. 또한 그들이 가르치는 신비주의는 사람들로 하여금 이성을 경시하게 하며, 감정을 숭상하게 하며, 그들의 지성과 영혼을 그들이 알지 못하는 힘에 내맡기게 한다. 이런 일련의 사상들이 은사주의 운동의 핵심부에 있는 한, 영성 운동의 오류와 극단주의는 은사주의 운동을 계속적으로 괴롭힐 것이다.

이 책은 은사주의를 따르는 많은 신자들이 그들이 믿는 바를 다시 바라보도록 하기 위한 촉구이다. 또한 은사주의와 비은사주의의 교리적 차이가 조화될 수 없다고 생각하는 일반 성도들에게 하나의 자극제가 될 것이다. 진실한 신자라면, 올바른 성경 이해만이 철저하게 방어할 수 있다는 데 동의할 것이다. 신사의 마음을 가진 베리아 사람들처럼 "정말 그것들이 그러한가를 살펴보기 위해서(행 17: 11)" 우리 모두 성경을 조심스럽게, 그리고 열심히 상고하자, 정직하게 스스로에게 물어보라. "내가 정말 성경에 있는 하나님의 살아 계신 말씀에 강조점을 두고 있는가, 아니면 나의 경험이나 감정에 강조점을 두고 있는가?"

---

3) John Goodwin, "Testing the Frute of the Vineyard," *Media Spotlight, Special Report : Latter-Day Prophets*(Redmond, Wash. : Media spotline, 1990), 24-40. 굿윈과 그의 연구진들은 내가 은사(I) 6장에서 인용한 몇 개의 테이프를 위한 기본적인 자료를 구하는 데 매우 큰 도움을 주었다.

결 어

　이와 같은 책을 읽는 많은 사람들은 이와 같은 책이 그리스도의 몸된 교회의 일체성에 어떤 영향을 미치지는 않을까 걱정할 것이다. 그러나 나의 의도는 은사주의자들과 일반 신자들 사이에 어떤 틈을 만들려는 것이 아님을 이해해 주기 바란다. 틈은 신자들이 하나님의 말씀이라는 일반적인 기초 위에서 만나기만 한다면 절대로 생길 수가 없다. 분열이 생기게 되는 때는 어떤 사람이 하나님의 말씀에서 떠나고, 양떼들을 위협하기 위해 오류가 들어오도록 가만히 허용할 때뿐이다. 우리의 주요 관심사는 교회가 성경의 순수성과 권위에 굳게 의존하도록 하는 것이다. 이것만이 진정으로 교회의 일체성을 강화하는 것이기 때문이다.

　은사주의가 교회에 미치는 해악 중에서 가장 심한 것은 이와 같은 단일성의 문제일 것이다. 얼마나 많은 교회들이 은사주의 운동의 가르침 때문에 분열되었는지 모른다. 이루 헤아릴 수조차 없을 정도이다. 은사주의 운동의 교리 자체도 우리가 보았듯이 다양하다. 그 이유는 은사주의 교리가 일반 신도들과 좀 더 높은 차원의 영성을 가지고 있다고 생각하는 사람들 사이에 담을 쌓게 하기 때문이다. 그러므로 은사주의자들과 비은사주의자들 사이의 분리는 사실상 은사주의 운동 조직에 내재한 사상들에 의한 것이다.

　많은 은사주의자들이 그 난점을 날카롭게 인식하고 있다. 그러나 그것은 또 다른 경향에 의해 복잡해진다. 이것이 바로 많은 은사주의자들의 특징이다. 그들은 만약 어떤 사람이 영적 능력의 외적 증거를 가지고 있기만 한다면, 단일화라는 명분으로 그 사람-비록 그가 전체적으로 볼 때 오류가 있는 교리를 주장한다 할지라도-을 기꺼이 수용한다.

이런 교리적 애매성과 포용성, 그리고 다른 배경을 가진 사람에 대한 이타주의적인 경향 때문에, 은사주의는 의식하지 못하는 사이에 세계적인 교회 일치 운동의 중심 세력이 되었다. 그것은 많은 자유주의자들이 세계교회 협의회를 설립할 때 이루어지기를 기대한 것이었다.[4] 구교, 동방 정교회, 신교 그리고 많은 종파들이 이미 은사주의 운동의 깃발 아래 모였다. 이 은사주의 운동의 확장에 관한 긍정적 평가와는 달리 이런 교회 일치 운동은 20세기 은사주의의 운동에 있어 잠재적으로 가장 위험한 영향을 오랫동안 지속시키는 것으로 평가되어야만 한다.

어떤 저자는 은사주의 운동과 교회 일치 운동의 결합이 가지는 아이러니를 이렇게 설명했다.

성령과 직접 교통하고 있으며, 예언과 사도성, 그리고 지식의 단어와 같은 모든 은사들을 가지고 있고, 방언을 통해 하나님과 직접적으로 의사소통한다고 주장하는 은사주의 운동이 동시에 로마 카톨릭과 보수적 혹은 진보적 개신교, 그리고 무천년론자들과 전천년론자들, 또한 칼빈주의자들과 알미니안주의자들, 그리고 성경의 축자영감을 부정하는 사람들과 십자가상에서 그리스도의 대속적 구속을 거부하는 사람들 모두를 포함한다는 것이 합리적인가? 외견상 성령은 이 모든 차이점들을 수정하는 어떤 정보를 전달하는 데 관심이 없는 듯 보인다. 은사주의 지도자들조차도 많은 은사들의 본성과 목적에 관하여 어떤 의견의 일치도 보지 못하고 있다. 이 운동은 어떤 신학적 문

---

4) 그러나 몇몇 경우에 있어서 교회 일치 운동은 막무가내로 이루어지는 것이 아니라, 조심스럽게 계획된 것이다. 예를 들면, 플레시스(David du Plessis)를 포함한 많은 다른 은사주의 운동의 지도자들도 교회 일치 운동을 지지한다는 명분을 내세웠다. 나는 마스터즈(Masters)와 위트콤(Whitcomb)의 다음과 같은 평가에 동의한다.
"대단히 많은 수의 은사주의 운동의 지도자들은 아직도 교황의 지도 아래서 세계적으로 교회가 하나 되기를 희망한다. 은사주의 운동은 확실히 로마 카톨릭 교회 안에 널리 펴져 있다. 그러나 오늘날 많은 수의 사제들이 은사주의 운동에서 사용하는 구호와 예배 방법을 사용하고 있지만 그들의 카톨릭 교리는 아무런 변함이 없다"[Peter Masters and John C. Whticomb, *The Charismatic Phen-omenon*(London Trust, 1988), 9-10]

제도 해결하지 못했고, 성경 지식을 더 확장시키지도 못했으며 더 많은 신령한 기독교인들도 만들지 못했다. 하나님의 성령 충만을 받았음에도 어떻게 그와 같은 일을 하지 못하였을까?[5]

고든 클락(Gordon Clark) 또한 은사주의 운동에 근거한 교회 일치 운동의 위험성에 관하여 비판했다. 그는 은사주의와 관계있는 잡지의 한 논문을 인용하였다. 그 잡지는 오순절 운동이 카톨릭에 흘러 들어갔음을 보여 주기 위한 것이었다. 이 논문을 인용하면서 클락은 이렇게 말했다.

서너 가지 사실이 즉각적으로 깨어 있는 독자들을 자극할 것이다. 먼저, 방언의 경험은 대단히 중요시된다. 그 외의 다른 어떤 것도 중요하지 않다고 말하는 것이 거짓이라 할지라도, 방언이 대단히 중요하다는 것이 진담인 것처럼 들린다. 방언을 말하는 것은 헌신적인 기독교인의 주요 표식이다. 따라서 만약 어떤 사람이 방언을 말한다면 그 사람이 성모 마리아를 섬긴다 해도 반대할 수 없다. 그가 만약 방언만 말한다면 그는 성인들의 보고에서 좀 더 근본적인 면에서 살펴보면, 그는 전통을 성경과 동등한 위치에 올려놓을 수도 있고 하나님의 새로운 계시를 주장할 수도 있다. (문제의 논문에서 언급된) 오순절파의 목사는 이미 잘 알려진 인물로서 이렇게 말했다. "개신교 은사주의자들은 로마 카톨릭의 은사주의자들을 개종시키려고 노력하지 않는 것 같다." 다시 말하면, 만약 로마 카톨릭이 방언을 말하기만 한다면 용납할 수 있다는 말이다.[7]

은사주의 운동에 의한 교회 일치 운동은 지속적으로 은사주의 운동이 성

---

5) Thomas R. Edgar, "The Cessation of the Sign Gifts" *Bibliotheca Sacra*(1988, 10-11월), 385.
6) Edward D. O' Connor, "Gentle Revolution : The Catholic Pentecostal Movement in Retrospect," *Voice*(1971, 9월).
7) Gordon H. Clark, *First Corinthians : A Contemporary Commentary*(Nutley, N.J: Presbyterian and Reformed, 1975), 225.

경적 전통론에 대하여 행해 왔던 어떤 주장을 되풀이하는 것이다. 아시아에서 놀랄 만한 새로운 은사주의 운동의 의식들이 생겨나고 있다. 그것은 불교와 모택동주의 그리고 유교와 다른 헛된 가르침들을 서구의 은사주의자들의 가르침과 혼합시킨 것이다.[8] 일반적으로 은사주의는 그와 같은 영향에 대항할 수 있는 준비가 전혀 되어 있지 않다. 어떻게 은사주의자들이 잘못된 집단-심지어 노골적으로 이교도라고 말하는 사람들을 대처할 수 있는가? 은사주의 운동에 있어서 단일성이란 공유된 종교적 경험에 관한 문제이다. 그것은 가르침이라는 일상성에 관한 문제가 아니다. 만약 교리가 참으로 문제되지 않는다면 왜 불교의 은사주의 집단을 포용할 수 없겠는가? 결국 불교의 은사주의 집단을 포용하는 일이 일어날 수밖에 없다.

그러므로 은사주의 교리가 정통적 신앙 집단들 중에서는 분파주의적인 경향이 있지만, 그렇지 않은 집단들 중에서는 그 반대 효과를 나타낸다. 은사주의는 기독교인들이 가까이 하지 말라고(요2서 9-11) 명령받은 개인들이나 단체들과 다리를 놓는 것이다. 유감스럽게도 이를 통해 많은 은사주의자들이 우리 주의 가르침(11절)을 거절하는 악한 사람들의 행동에 동참자들이 되고 있다.

나는 은사주의자들-심지어 이런 문제점들의 심각성을 인지하고 있는 많은 사람들조차도-이 그들 운동의 결과를 부정적이라기보다는 긍정적이라고 여기고 있음을 본다. 그 증거로, 그들은 소위 은사주의의 재부흥이라는

---

8) 대만에 있는 한 극단적인 은사주의 운동 집단인 신약 교회(The New Testament Church)는 자칭 예언자인 엘리야 홍(Elijah Hong)이 그 수상으로 있다. 그 교회는 대만 중심부에 있는 수앙 리엔(Shuang Lien)산에 정글을 개간하고, 그 산 이름을 시온산이라고 명명했다. 그리고 그곳에서 우리 주께서 곧 오실 것을 고대한다. 수천 명에 달하는 그 집단의 추종자들은 모든 아시아를 개종시키려 하며 그 영향력은 지대하다. [→Alleluia ". - *Asiaweek* [1989. 10월 6일], 46-51.]

세계적 영향력과 은사주의의 세계적 성장을 지적한다. 그들은 은사주의 사역자들이 교회를 재활시키고, 잃어버린 자들을 찾으며, 지구의 끝까지 영향력을 미친다고 말한다. 그러나 은사주의의 재생과 확장이 가진 교회 연합의 속성은 그것이 하나님의 사역임을 부정한다.

슬픈 사실은 은사주의가 대부분 혼란과 교리적 혼선이라는 유물을 만들어 왔다는 것이다. 영력에 관한 은사주의 입장은 불건전하며 잠재적으로 깨질 가능성을 내포하고 있다. 은사주의라는 벽 좌우에서 회의하며, 실망하고, 낙망한 기독교인들이 존재한다. 심지어 그들 중 몇 사람은 절망적이기까지 하다. 그들은 설교와 주일학교의 교육을 통해서 영적인 "선한 삶"에 관해 들었지만 그런 삶은 그들과 관계없는 듯 보인다. 어디에서 그들이 실제적이고 사실적이며 매일매일의 삶에 근거를 둔 기독교인의 신앙을 유지해 나갈 수 있는 열쇠를 발견할 수 있는가?

언제나 가장 적당한 방법은 하나님의 말씀으로 돌아가는 것이었고, 또 돌아가는 것이다. 하나님께서는 친히 우리가 하나님을 경배하며 하나님께 영광을 돌리는 데 필요한 모든 진리를 우리에게 계시해 주셨다. 바로 성경이다. 불행하게도 은사주의 운동은 사람들을 내면으로 내면으로 침잠하게 하고, 신비주의와 주관주의로 빠지게 하며, 하나님의 말씀에서 벗어나게 만드는 경향이 있다. 세이렌(Siren 반인함-역주)의 목소리를 주의하라.

그의 신기한 능력으로 생명과 경건에 속한 모든 것을 우리에게 주셨으니 이는 자기의 영광과 덕으로써 우리를 부르신 자를 앎으로 말미암음이라, 이로써 그 보배롭고 지극히 큰 약속을 우리에게 주사, 이 약속으로 말미암아 너희로 정욕을 인하여 세상에서 썩어질 것을 피하여 신의 성품에 참예하는 자가 되게 하려 하셨으니, 이러므로 너희가 더욱 힘써 너희 믿음에 덕을, 덕에 지식을, 지식에 절제를, 절제에 인내를, 인내에 경건을, 경건에 형제 우애를, 형제 우애에 사랑을 공급하라. 이런 것이 너희에게 있어 흡족한즉 너희로 우리 주 예수 그리스도를 알기에 게으르지 않고 열매 없는 자가 되지 않게 하려……(함이니라)(벧전 1:3-8).

펴낸일 • 1997년 2월 25일 1판 5쇄 발행
    2008년 1월 25일 개정판 1쇄 발행
지은이 • 존 F 맥아더
펴낸곳 • 생명의샘
주 소 • 서울시 송파구 삼전동 103번지
전 화 • 02)2203-2739
팩 스 • 02)2203-2738
등록일 • 1996. 2. 15. 제22-657호

총 판 • 선 교 횃 불
   전 화 : 02)2203-2739
   팩 스 : 02)2203-2738
   홈페이지 : www.ccm2u.com

• 파본은 교환해 드립니다.
• 이 출판물은 저작권법에 의해 보호를 받는
  저작물이므로 무단전재와 무단복제를 금합니다.